Craig Lambert

Zeitfresser

Für meine Eltern, L. William Lambert und Ruth K. Lambert

Craig Lambert

Zeitfresser

Wie uns die Industrie zu ihren Sklaven macht

Übersetzung aus dem Englischen von Petra Pyka

REDLINE | VERLAG

Bibliografische Information der Deutschen Nationalbibliothek:
Die Deutsche Nationalbibliothek verzeichnet diese Publikation in der Deutschen National-
bibliografie; detaillierte bibliografische Daten sind im Internet über **http://d-nb.de** abrufbar.

Für Fragen und Anregungen:
lektorat@redline-verlag.de

1. Auflage 2015

© 2015 by Redline Verlag, ein Imprint der Münchner Verlagsgruppe GmbH,
Nymphenburger Straße 86
D-80636 München
Tel.: 089 651285-0
Fax: 089 652096

© der Originalausgabe 2015 by Craig Lambert
Die englische Originalausgabe erschien 2011 bei Portfolio unter dem Titel *Shadow Work*.

Übersetzung: Petra Pyka
Redaktion: Ulrike Kroneck
Umschlaggestaltung: Melanie Melzer, München
Satz: Carsten Klein, München
Druck: CPI books GmbH, Leck
Printed in Germany

ISBN Print 978-3-86881-593-1
ISBN E-Book (PDF) 978-3-86414-737-1
ISBN E-Book (EPUB, Mobi) 978-3-86414-736-4

Weitere Informationen zum Verlag finden Sie unter

www.redline-verlag.de

Inhalt

Einleitung

Unser Leben wird immer hektischer. Irgendwie vergehen die Tage immer schneller. Dabei sind sie unbestreitbar nach wie vor 24 Stunden lang. In Wirklichkeit ist es aber gar nicht die *Zeit*, die weg ist, sondern nur die *Freizeit*. Aber wie kann das sein? Immerhin leben wir in der wohlhabendsten Epoche der Menschheitsgeschichte und Wohlstand geht doch angeblich mit Freizeit einher. Dennoch haben sich heimlich, still und leise neue Aufgaben in unseren Alltag eingeschlichen, die an unserer Freizeit nagen wie das Meer am Sandstrand. Plötzlich sehen wir uns mit Aufgaben konfrontiert, die wir nie offiziell übernommen haben – Arbeiten, die Eingang in unser Leben finden, ohne dass wir uns dessen richtig bewusst sind. Das sind die überall um sich greifenden Zeitfresser durch *Schattenarbeit*.

Zur *Schattenarbeit* zählen all die unbezahlten Tätigkeiten, die wir für Unternehmen und Organisationen übernehmen.[1] Viele von uns merken oder registrieren gar nicht, wie viel wir da eigentlich tun, wenn wir unser Benzin selbst tanken, unsere Lebensmittel an der Selbstbedienungskasse einscannen und in Tüten packen, unsere Börsengeschäfte online ausführen und unsere Ikea-Möbel zusammenbauen. Eine Fülle solcher Schattenarbeit infiltriert unseren Alltag und wird zur Gewohnheit: ob wir unsere Kinder zur Schule fahren oder uns an der Salatbar unser Mittagessen zusammensuchen. Wir sind vielleicht keine Sklaven oder leibeigene Bauern, wie es sie im antiken Griechenland beziehungsweise im europäischen Mittelalter gab, doch auch wir leisten unbezahlte Arbeit. Die Schat-

---

1 Der hier verwendete Begriff *Schattenarbeit* steht nicht im Zusammenhang mit dem esoterisch verwendeten Begriff der Schattenarbeit.

tenarbeit hat unserem neuzeitlichen Leben ein neues Element hinzugefügt: die Knechtschaft der Mittelschicht.

Dabei sind die Zeitfresser kein randständiger Störfaktor, der sich hie und da mal ein Momentchen von unserem Leben abknapst. Sie sind vielmehr Feuer speiende Ungeheuer und in der industrialisierten Welt rund um die Uhr aktiv. Genau in diesem Augenblick leisten Millionen von Menschen Schattenarbeit: Sie ist so alltäglich wie Ampeln, Facebook oder Diättipps. Die allgegenwärtigen Computer jubeln uns endlose Schattenarbeit unter, denn wir müssen Spam löschen, Reisen buchen und Dutzende von Benutzernamen und Passwörtern verwalten. Geschenkgutscheine, die es *Ihnen* überlassen, sich Ihr Geschenk selbst auszusuchen und zu besorgen, sind ebenfalls verkappte Zeitfresser. Gleiches gilt für endlose Telefonmenüs und aufgenommene Ansagen. Irgendwann kommt unweigerlich die Aufforderung »Bitte hören Sie aufmerksam zu, unser Menü hat sich geändert«, auf die wir eigentlich antworten sollten: »Nein, euer Menü hat sich seit zwei Jahren nicht geändert, und ich werde dieser Roboterstimme *nicht* ›aufmerksam zuhören.‹« Das alles ist Schattenarbeit – ebenso wie das Erstellen Ihrer Steuererklärung.

Recycling? Keine Frage, eine lobenswerte Sache – aber ebenfalls mit Schattenarbeit verbunden. Beim Recycling übernehmen wir Schattenarbeit durchaus *bewusst*. Doch meistens handelt es sich dabei um eine von vielen Aufgaben, die früher Unternehmen oder Organisationen für uns erledigt haben, die jetzt aber wieder dem Verbraucher aufgebürdet werden.

Ehrenamtliche Tätigkeiten für karitative oder gemeinnützige Organisationen wie etwa den Lions Club oder das Rote Kreuz sind wohlgemerkt keine Schattenarbeit, sondern *Spenden*. Freiwillige Helfer arbeiten unbezahlt für Vereine und Verbände. Sie opfern ihre Zeit, so wie andere finanzielle Beiträge leisten. Schattenarbeit kann viele Formen annehmen, stellt aber stets ein *Geschäft* dar, keine freiwillige

Zuwendung. Ehrenamtliche Helfer ziehen aus ihrer Tätigkeit zwar möglicherweise persönliche Befriedigung, doch wie bei allen echten Geschenken gibt es keine Gegenleistung: Das geschäftliche Element fehlt.

Dieses Buch ist eine praktische Einführung in die Schattenarbeit: Es erklärt, was darunter zu verstehen ist, wie sie entstand, wie sie sich auf unser Leben und unsere Welt auswirkt – und wie wir damit umgehen können. Es ist quasi ein Bestimmungsbuch, das Ihnen hilft, Schattenarbeit zu entdecken wie Wildtiere mit dem Fernglas. Schattenarbeit hat viele Folgen – positive, besorgniserregende oder auch einfach störende oder lästige. Oft wird sie als Zumutung empfunden – etwa wenn sich Unternehmen ungeniert unserer Freizeit bedienen. Sie kann Ihnen aber auch mehr Einfluss darauf verschaffen, wie gut oder schnell bestimmte Aufgaben erledigt werden – wenn Sie beispielsweise selbst tanken oder auf kayak.com eine Reise nach Prag buchen. »Ich buche meine Reisen gern selbst«, meint der PR-Spezialist Charles aus Washington. »Ich rufe direkt alle verfügbaren Flüge auf und wähle mir den aus, der mir am besten zusagt. Endlich kann ich selbst bestimmen. Als unsere Firma noch mit einem großen Reisebüro zusammenarbeitete, ging grundsätzlich irgendetwas daneben.« Schattenarbeit kann Ihnen Zeit sparen, wenn Sie im Supermarkt an die Selbstbedienungskasse gehen, oder Geld, wenn Sie Ihre Aktien online verkaufen und dadurch keine hohen Maklergebühren anfallen. Mitunter dient Schattenarbeit auch dem Gemeinwohl: Führen Sie Blechdosen der Wiederverwertung zu, schont das Ressourcen und verringert den Müll auf der Deponie.

Auf jeden Fall haben wir dadurch aber mehr zu tun. Kleine Dinge – etwa, dass wir unseren Einkaufswagen zur Sammelstelle zurückbringen oder unseren Tisch bei Starbucks selbst abräumen – sind uns bereits in Fleisch und Blut übergegangen. »Warum mache ich das?«, wollte Daniel wissen, seines Zeichens Philosophieprofessor aus Massachusetts, als er seinen leeren Einkaufswagen zurückstellte.

»Wo sind die Teenager hin, die das früher übernommen haben? Ich habe immer gern zugesehen, wie sie an die 20 ineinandergeschobene Wagen über den Parkplatz bugsierten.« Zur Routine geworden sind uns aber auch größere Zeitfresser wie die Strecken, die wir als unbezahlte Schulbusfahrer für unsere Kinder zurücklegen, oder das (x-te) Ausfüllen ellenlanger medizinischer Fragebögen im Rahmen von Anträgen auf Kranken- oder Lebensversicherungen. Schattenarbeit verlängert ständig die To-do-Listen von Menschen, deren Tage ohnehin schon komplett verplant sind. Sie läutet im 21. Jahrhundert ein paradoxes Zeitalter ein, in dem Menschen an Autonomie gewinnen, weil sie immer mehr Kontrolle über ihr Leben aufgeben.

Den Begriff *Schattenarbeit* habe ich dem Buch *Shadow Work* des österreichischen Philosophen und Sozialkritikers Ivan Illich[2] entnommen. Illich verstand unter Schattenarbeit all die unbezahlte Arbeit, die in einer lohnbasierten Wirtschaft erbracht wurde, wie zum Beispiel Hausarbeit. In einer *Subsistenzwirtschaft* dient Arbeit unmittelbar dem Lebensunterhalt: Man sammelt Nahrung, betreibt Landwirtschaft, baut Häuser, schürt Feuer. Doch sobald Geld und Gehalt ins Spiel kommen, tauchen jede Menge Aufgaben auf, die nicht der Befriedigung unserer Grundbedürfnisse dienen. Stattdessen ermöglichen uns solche Arbeiten, Geld zu verdienen, um uns Notwendiges zu *kaufen* – und vielleicht auch den einen oder anderen Luxus.

Dabei handelt es sich um *bezahlte* Arbeit, die nicht unser Thema ist. Dieses Buch ermittelt und beschreibt die *unbezahlten* Tätigkeiten (wie Pendeln), die in einer industriellen Wirtschaft für die Bürger anfallen. Sie bleiben oft unbemerkt, da sie sich hinter den Kulissen des Theaters abspielen, während wir vom Drama unseres Lebens auf der Bühne vollkommen in Anspruch genommen werden. Sie exis-

---

2 Schattenarbeit oder vernakuläre Tätigkeiten. Zur Kolonisierung des informellen Sektors. In: Freimut Duve (Hrsg.): Technologie und Politik. 15/1980, S. 40–63.

tieren im Schatten. Dennoch sind sie ebenso real wie alles, was im Rampenlicht geschieht.

Sie erweitern auch das ohnehin schon breite Spektrum unserer Verpflichtungen. Sehen wir den Tatsachen ins Gesicht: Liebe mag uns am meisten bedeuten, doch die meiste Zeit verbringen wir bei der *Arbeit*. Abgesehen vom Schlaf widmen die Menschen keiner anderen Aktivität mehr Lebenszeit. Niemand wendet 40, 50 oder gar 60 Stunden pro Woche für Essen, Sport, Sex oder Internet auf – jedenfalls niemand, der noch richtig bei Verstand ist. »Ich verbringe viel mehr Zeit mit meinen Kollegen als mit meiner Familie«, erklärt Andrew, der zwei Wellness-Klubs am Rande von Michigan betreibt. »Sie sind wie eine zweite Familie für mich.«

Alles dreht sich um die Arbeit. Sie ist der Mittelpunkt unserer Wirtschaft und unserer Gesellschaft und sie ermöglicht das Familienleben. Sie stattet uns mit finanziellen Mitteln aus und gibt unserem Leben Sinn. Angesichts der überragenden Bedeutung von Arbeit müssen wir unbedingt die tief gehenden, weitreichenden Veränderungen erkennen, die Schattenarbeit herbeiführt, und die Art und Weise, wie sie unsere ureigene Vorstellung von Arbeit neu definiert. Wir spüren Schattenarbeit in ihrer natürlichen Umgebung auf, also dem vertrauten Umfeld des täglichen Lebens: zu Hause, in der Familie, im Büro, beim Einkaufen, im Restaurant, auf Reisen und in der digitalen Welt der Computer und des Internets.

Schattenarbeit stellt etliche grundlegende, fest etablierte Muster auf den Kopf. Das klassische Konzept vom Markt beispielsweise beruht darauf, dass dort Produzenten und Verbraucher zusammengebracht werde: Die Produzenten liefern Waren und Dienstleistungen und verkaufen sie gegen bar an die Verbraucher. Schattenarbeit wirft diese ungeschriebene Regel über den Haufen. Inzwischen zahlt eine Konsumentin nicht nur für ihre Einkäufe, sondern hilft dem Verkaufspersonal noch dabei, sie an den Mann zu bringen. In der

Lebensmittelabteilung des Bioladens etwa übernimmt sie das Verpacken: Sie schaufelt ihr Kirsch-Mandel-Müsli in eine Tüte, verschließt sie mit einem Clip und etikettiert sie mit einer SKU (Stock Keeping Unit), damit ihr Einkauf an der Kasse identifiziert werden kann.

Schattenarbeit verwischt die Grenzen zwischen Arbeit und Freizeit. Unlängst behaupteten verschiedene Organisationsanalysten, das Leib-und-Magen-Thema der Frauenzeitschriften, die »Work-Life-Balance«, sei bereits obsolet, da es keinen nennenswerten Unterschied mehr gebe zwischen »Arbeit« und »Leben«. Handys klingeln und vibrieren, weil praktisch jederzeit Anrufe oder Nachrichten aus dem Büro eingehen, was unseren Arbeitstag verlängert. »Ich spielte gegen 20 Uhr im Klub mit meinem Sohn Tennis, als eine Nachricht von meinem Chef kam. Er wollte Erläuterungen zu einem Bericht, den ich geschrieben hatte«, erzählt Finanzanalyst Ron, der in einem Vorort von Chicago lebt. »Das war nicht weiter ungewöhnlich. Und mir machte das nichts aus – vielleicht zu Unrecht.« Der Lebensstandard ist in modernen Industrieländern eindeutig höher als bislang in jeder früheren Gesellschaft, doch reine Freizeit wird trotz unseres nie da gewesenen Wohlstands erstaunlicherweise knapp – unter anderem, weil sich unaufgefordert so viel Schattenarbeit aufdrängt wie ein unliebsamer Gast auf einer Grillparty.

Durch eine von Schattenarbeit durchdrungene Gesellschaft gehen soziale und psychologische Welleneffekte. Menschen geraten in die Isolation, weil sie im Zuge der Schattenarbeit Dinge alleine erledigen, die vordem zwischenmenschliche Kontakte oder Zusammenarbeit erforderten. Wenn wir auf Expedia.com eine Europareise buchen, plaudern wir nicht mehr mit der netten Dame vom Reisebüro über ihren Eindruck vom Elsass oder von der Amalfiküste. Wir fragen nicht mehr, ob sie uns einen Abstecher nach Andalusien empfiehlt. »Meine Reisevermittlerin Nina hat mich früher immer in diese kleinen Landgasthöfe eingebucht, deren Inhaber sie persönlich kannte«, erinnert sich Anästhesistin Sheila aus Toronto. »Sie gab mir Namen mit und trug mir Grüße auf. Inzwischen ist sie in Rente, und so etwas kommt einfach nicht mehr vor.« An der Selbstbedienungskasse im Supermarkt können wir die studentische Aushilfskassiererin nicht mehr fragen, was sie nach ihrem Abschluss vorhat. Der unablässige Vormarsch der Robotik dünnt aber nicht nur Kontakte zu anderen Menschen aus, sondern schneidet Analphabeten, Senioren, Arme und im Umgang mit hoch entwickelter Technik Überforderte komplett ab.

In der Welt der Technik und der Unternehmen kursiert inzwischen ein Wort aus der Landwirtschaft, das voneinander abgetrennte Einheiten bezeichnet: *Silo.* Schattenarbeit ist eine Kraft, die Menschen unabhängiger machen kann, sie dabei aber in Silos abschließt. Zwiesprache mit einem Roboter ist etwas ganz anderes als ein Dialog mit einem Menschen. Die Siloisierung Einzelner durch Schattenarbeit hat einen maßgeblichen und kumulierenden Effekt auf das Gefüge des Gemeinschaftslebens.

Dieses Buch wirft ein neues Licht auf Ihre Aktivitäten. Es zeigt auf, welche Schattenarbeiten Sie bereits gewohnheitsmäßig ausführen – unter Umständen ohne dass Sie es gemerkt haben. Die vermittelten Erkenntnisse geben Ihnen die Möglichkeit der Wahl – sofern eine *Wahlfreiheit* besteht.

Ein Beispiel ist Ihr täglicher Arbeitsweg. Das Pendeln – also die Aufgabe, *zur Arbeit* zu gelangen – ist eine unbezahlte Tätigkeit, die Ihrem Arbeitgeber dient. Sie gehört schon so zum Leben, dass wir sie kaum noch als das wahrnehmen, was sie eigentlich ist: ausgesprochen kostenintensive und zeitraubende Schattenarbeit. Der Pendler erträgt entweder tapfer die Unannehmlichkeiten des öffentlichen Nahverkehrs oder er muss sich ein Auto kaufen, es versichern, warten lassen, betanken – und fahren! –, um zum Arbeitsplatz und wieder nach Hause zu kommen. 2005 meldete ABC News, dass der durchschnittliche amerikanische Pendler reichlich 25 Kilometer zur

Arbeit zurücklegt – und nach Hause noch einmal so viel. Bei den aktuellen Kilometergeldsätzen von 35 Cent pro Kilometer schlagen die insgesamt 50 Kilometer pro Tag mit 17,60 Dollar zu Buche, pro Woche mit 88 Dollar und pro Jahr mit 4400 Dollar. Hin und zurück braucht der Durchschnittspendler dafür jeden Tag 52 Minuten, also rund 217 Stunden pro Jahr. Das sind mehr als *fünf 40-Stunden-Wochen* unbezahlte Fahrzeit. Wer von zu Hause aus arbeiten kann, spart sich Tausende von Dollars im Jahr und hat unzählige Stunden Zeit zur Verfügung, die er nicht auf der Straße verbringen muss, sondern produktiver Arbeit widmen kann.

Angesichts der Kosten könnten Arbeitnehmer versuchen, zumindest ein oder zwei Tage die Woche Telearbeit zu leisten. Andere nutzen flexible Arbeitszeiten, um auf ihrem Arbeitsweg berufsverkehrsbedingte Spitzen zu meiden und Sprit und Zeit zu sparen. Wer die Schattenarbeit des Pendelns reduziert, gewinnt Lebensqualität.

Die wenigsten Pendler sind mit dem Flugzeug unterwegs, doch die Flughäfen sind voller Geschäftsreisender, und auch dort hält die Schattenarbeit Einzug. So lösten etwa die Terroranschläge vom 11. September 2001 unverzüglich enorm verstärkte Sicherheitsvorkehrungen an US-Flughäfen aus. Im Herbst 2001 richteten die USA eine neue Behörde ein, das Department of Homeland Security, das einem zweiten Verteidigungsministerium gleichkommt. Dazu gehört auch die Transportation Security Administration (TSA). Dieses bürokratische Gebilde ist für die Sicherheitskontrollen an Verkehrsknotenpunkten wie Flughäfen zuständig. Diese Kontrollen erhöhen die Reisezeit erheblich. Im Zuge der Sicherheitsüberprüfungen wird den Passagieren nebenbei auch beträchtliche Schattenarbeit aufgehalst. Es müssen nicht nur Koffer und Handgepäck durchleuchtet werden, sondern aus Sicherheitsgründen auch Schuhe, Jacken und Gürtel ausgezogen, Laptops ausgepackt und mit Metalldetektoren überprüft sowie Leibesvisitationen vorgenommen werden.

Unlängst führte die TSA ein Programm namens TSA Precheck ein, um diese Verfahren für Reisende mit geringem Gefährdungspotenzial – sogenannte Low-risk Travelers, also US-Bürger und Militärangehörige mit blütenweißer Weste – zu beschleunigen. Solche VIPs dürfen die Sicherheitskontrolle mit Jacke, Gürtel und Schuhen über eine sogenannte Precheck-Schlange passieren. (Wer dazugehört, genießt gewisse Privilegien – er muss sich nicht auszuziehen!) Der eigentliche Clou dabei ist aber: Wer sich für *jeden* Flug für den TSA Precheck qualifizieren möchte (ein paar Glückliche werden mittlerweile nach dem Zufallsprinzip ausgewählt), der muss eine nicht erstattungsfähige Antragsgebühr von 85 Dollar zahlen und bei einer TSA-Niederlassung einen Termin machen, um sich die Fingerabdrücke nehmen und eine Nummer zuweisen zu lassen – die Known Traveler Number oder KTN. Diese gilt dann fünf Jahre. So lange gibt es das Precheck-Verfahren noch nicht, doch uns ist ja wohl allen klar, dass der Staat solche KTNs keinesfalls gebührenfrei erneuern wird …

Nach dem 11. September 2001 waren Passagiere in aller Welt im Interesse der Sicherheit selbstverständlich zu Kontrollen bereit. Vor den Anschlägen konnte jedermann bequem mit Jacke, Gürtel und Schuhen ein Flugzeug besteigen, ohne dass er für dieses Vorrecht 85 Dollar berappen musste. Die veränderten Normen schleusten in die Routineabläufe für Flugreisende Schattenarbeit ein – beziehungsweise eine Gebühr für ihre *Vermeidung*.

Manchmal bleibt uns gar nichts anderes übrig. Dann müssen wir notgedrungen Schattenarbeit leisten. In anderen Fällen gibt es Alternativen – wenn auch manchmal kostenpflichtige. (Doch schließlich ist es bloß Geld.) Vielleicht wird so ein Flug aber durch einen netten Plausch mit dem Gepäckträger, abgerundet durch ein fürstliches Trinkgeld, zu einem angenehmeren Erlebnis als durch den Automaten-Check-in am Selbstbedienungsschalter. Vielleicht überlassen Sie ja auch Ihre Steuererklärung lieber einem Profi. Oder Sie setzen Ihre Tochter in den Schulbus, statt sie selbst zu chauffieren. An anderer

Stelle entscheiden Sie sich womöglich bewusst *für* Schattenarbeit – wenn Sie Ihr Haus selbst verkaufen, um sich die Maklergebühr zu sparen und dabei noch etwas über den Immobilienmarkt zu lernen. Schattenarbeit kann uns neue Aufgaben aufbürden, aber auch Chancen eröffnen.

Der Flut von Schattenarbeit liegen vier Hauptfaktoren zugrunde. An erster Stelle stehen dabei *Technologie* und *Robotik*. Reiseseiten im Internet beispielsweise ermöglichen es den Schattenarbeitern unter den Verbrauchern, den Job des Reisevermittlers zu übernehmen und sich ihre Flüge selbst zu buchen. Zweitens hat die enorme Fülle öffentlich verfügbarer Informationen eine *Demokratisierung des Fachwissens* bewirkt. Jeder normale Bürger kann sich heute Wissen beschaffen, das früher Experten vorbehalten war – und dann Schattenarbeit ausführen, indem er sich eine Vorlage aus dem Internet herunterlädt, um ohne Anwalt einen Vertrag aufzusetzen. Drittens hat der explodierende Wert von Daten einem *Schleppnetz für Informationen* Vorschub geleistet: Alle möglichen Einrichtungen sammeln laufend Daten auf allen möglichen Wegen. Dieses Schleppnetz oktroyiert Konsumenten eine ganze Reihe von Schattenarbeiten auf, die nicht nur die Bereitstellung persönlicher Daten beinhalten, sondern auch die Verwaltung der Datenmengen, mit denen die Informationswirtschaft unsere Computer und Handys überschwemmt. Viertens sind es die sich ständig weiterentwickelnden sozialen Normen, die unser Verhalten beeinflussen. Eine neue Norm wie übertriebene elterliche Fürsorge für die Kinder kann ein ganz neues Schattenarbeitsbiotop hervorbringen – mit Aufgaben, die es zuvor noch gar nicht gab.

Sich gegen solche Veränderungen zu wehren, ist ein Kampf gegen Windmühlen. Wir können die Zeitfresser auch nicht in die Illegalität abdrängen. Kein Gesetz der Welt wird soziale Strömungen aufhalten, die die Wirtschaft belohnt. Dennoch ist Schattenarbeit einfach eine evolutionäre Entwicklung, und wie alle solche Trends kann sie in ganz unterschiedliche Richtungen gehen. Zu wissen, was Schattenarbeit ist, wie sie aussieht, wo sie vorkommt und welche Folgen sie hat – sprich ein Bewusstsein dafür zu entwickeln –, ist der erste Schritt zu ihrer Bewältigung. Kennen wir das Phänomen, dann können wir es in produktive und wünschenswerte Bahnen lenken.

Trotz ihrer Störeffekte dürfen wir Schattenarbeit nicht pauschal als *Problem* betrachten. Die »Problemlösung« ist eine intellektuelle Falle, die unser Denken auf die Parameter des vermeintlichen »Problems« einengt. Stattdessen sollten wir das Auftreten von Schattenarbeit als *Chance* auffassen. Wenn Roboter und Verbraucher Arbeitsplätze vernichten, stellen sie Erwerbstätige für kreativere Aufgaben frei, die nicht so leicht mechanisiert oder delegiert werden können – für wertintensivere Jobs also, die denkende Menschen erfordern.

Ich verfolge hier in einer Hinsicht eine ganz ähnliche Absicht wie Sigmund Freud mit seiner Psychoanalyse: *Ich möchte das Unbewusste bewusst machen.* Dieses Buch eröffnet Ihnen ganz neue Blickwinkel auf vertraute Fakten des täglichen Lebens. Wie ein Teleskop, ein Fernglas oder eine Lupe kann es überraschende Aspekte an Dingen erkennbar machen, die sich direkt vor Ihren Augen befinden. Dieses Buch soll ausloten, zu welchen Vorteilen, Chancen und Fallstricken die weitgehend unbekannte Straße der Schattenarbeit führen könnte. Begehen müssen wir diese Straße – wir haben gar keine andere Wahl. Ich will dem Reisenden aber mit diesem Buch zumindest eine Karte an die Hand geben.

Erstes Kapitel: Die Knechtschaft der Mittelschicht

Wäre Tom ein großer und weiser Philosoph gewesen, wie der Verfasser dieses Buches, würde er nun verstanden haben, daß Arbeit immer nur das ist, was man tun muß, und Vergnügen das, was man gern tut. […] Es gibt in England viele Leute, die im heißen Sommer einen Vierspänner an einem Tag zwanzig oder dreißig Meilen weit kutschieren, nur weil das Anrecht darauf sie eine ungeheure Summe Geld kostet. Wenn man ihnen aber vorschlagen wollte, dasselbe um Lohn zu tun, dann würden sie sich weigern, denn dann würde sich das »Dürfen« in »Müssen« und damit das Vergnügen in Arbeit verwandeln.[3]

Mark Twain, Die Abenteuer des Tom Sawyer

In seinem 1876 veröffentlichten Roman *Die Abenteuer des Tom Sawyer* erschafft Mark Twain eine Figur, die zu den Pionieren der Schattenarbeit zählt. In einer berühmten Passage des Buches erhält Tom Sawyer von seinem Vormund Tante Polly die Anweisung, am Samstag den Zaun zu streichen. »Fünfunddreißig Meter Gartenzaun! Neun Fuß hoch!« Zu allem Überfluss ließ sich der Samstag auch noch als herrlicher Sommertag an: »Der Samstag brach an. Die sommerliche Welt leuchtete frisch und sprudelnd vor Leben. Jedes Herz war voll Gesang, und wenn das Herz jung war, strömte er über die Lippen.« Tom, der am liebsten mit seinen Freunden gespielt hätte, macht sich verdrossen an die lästige Streicharbeit – bis ihm der rettende Einfall kommt. Zufällig geht sein Freund Ben Rogers auf dem Weg zum Schwimmen vorbei und zieht Tom prompt auf mit Sprüchen wie »Aber ich glaube, du arbeitest lieber, was? Viel lieber, nicht?«.

---

3 Alle Sawyer-Zitate aus: *Tom Sawyer und Huckleberry Finn*, Tosa Verlag, Wien, S. 20f.

Tom weist weit von sich, dass Zaun streichen Arbeit wäre, und erklärt dem verblüfften Ben, er streiche gern: »›Kriegt unsereiner vielleicht jeden Tag einen Zaun zu pinseln?‹ Das setzte die Sache in ein neues Licht«, schreibt Twain. Ben vergisst sogar, seinen Apfel zu essen. Tom streicht weiter und gibt sich als Künstler: »Tom schwang den Pinsel 'rauf und 'runter, trat zurück, um die Wirkung zu prüfen, fügte hier und da einen Strich hinzu, kritisierte wieder das Ergebnis«, und weckt damit Bens Interesse. Es dauert gar nicht lang, bis Ben für Tom streicht und ihm für dieses Privileg auch noch seinen Apfel überlässt.

Den Rest des Tages lockt er »Opfer für seine Schlachtbank« an und überzeugt eine nicht enden wollende Phalanx von Jungen, dass die Chance zum Zaunstreichen ein Opfer wert sei. Am Nachmittag war nicht nur der Zaun gestrichen, sondern Tom war »buchstäblich ein Kapitalist geworden, der im Reichtum schwamm«, besaß er doch neben anderen begehrenswerten Dingen zwölf Murmeln, einen Zinnsoldaten, sechs Knallerbsen und ein lebendiges Kätzchen, das nur ein Auge hatte. »Wenn nicht schließlich die Farbe ausgegangen wäre, hätte er bestimmt sämtliche Jungen des Ortes bankrott gemacht«, schreibt Twain.

Diese Großtat gelingt Tom Sawyer, weil er *Arbeit* neu definiert. Er überzeugt die anderen Jungen, dass Streichen Spaß macht und kreativ ist – keine stupide Zwangsarbeit. So wird Arbeit zum *Spiel,* und die Jungen, die von Natur aus gern spielen, stürzen sich an jenem Samstag begeistert aufs Zaunstreichen.

Wenn wir etwas neu definieren, ändern wir unsere Wahrnehmung. Das Konzept der *Schattenarbeit* kann viele Tätigkeiten neu definieren. Dabei handelt es sich um Aufgaben, die wir vielleicht nie als *Arbeit* betrachtet haben – selbst wenn viele Menschen dafür bezahlt werden. In den letzten 20 Jahren hat das Phänomen der Schattenarbeit rasch um sich gegriffen. Um seine Bedeutung zu verstehen, können wir als Maßstab anlegen, wie wir gelebt haben, als es noch keine Schattenarbeit gab.

Das Leben vor der Schattenarbeit

Die Sunoco-Tankstelle, an der mein Vater und ich jeden Samstagmorgen unsere Familienkutsche volltankten, lag auf einer kleinen Anhöhe an der Schnellstraße in Denville, New Jersey. Der Mann im Overall, der das Benzin für uns abfüllte, hieß Ralph und war Ende 60. Sein faltenreiches Gesicht lächelte freundlich. Das Motoröl hatte seine Finger dauerhaft eingefärbt. Man sah Ralph an und wusste: Der Mann ist ein *guter* Mechaniker.

Persönlich legte er bei Reparaturen kaum noch Hand an, doch er stand den Jüngeren mit Rat und Tat zur Seite, und mit dem Knarrenschlüssel konnte er noch umgehen. Das Benzin füllte er mit beiläufigem Geschick ein. Dann öffnete er die Haube unseres 1949er Plymouth, zog den Ölmessstab heraus und prüfte den Ölstand. Er putzte die Vorder- und Rückscheibe mit einem Abzieher. Als ich sieben Jahre alt war – 1955 –, kostete das Benzin 29 Cent pro Gallone, und mein Vater zahlte selbstverständlich bar. Ich liebte den Benzingeruch. Für mich birgt er süße Erinnerungen – ein Aroma, um das moderne Gasrückführungssysteme die Erfahrung an der Zapfsäule geschmälert haben.

Heute übernehme ich Ralphs Aufgaben. Ich zapfe Benzin und prüfe Öl. Ich ziehe die Scheiben ab. Ich mag einen Doktortitel haben und eigentlich Bücher schreiben, doch anders als Ralph werde ich von der Tankstelle nicht bezahlt. Ich betanke nur *mein* Auto, als Amateur. Und das habe ich mir nicht ausgesucht. In meiner Heimat Massachusetts sind Tankwarte rar geworden.

Tja, seit den 1950er-Jahren hat sich vieles verändert. Verschiedene Jobs gibt es gar nicht mehr. Lästige Pflichten wie das Tanken bleiben uns überlassen. Blicken wir kurz auf die amerikanische Gesellschaft Mitte des 20. Jahrhunderts zurück als Referenz dafür, wie sich unsere Arbeitswelt seither verändert hat.

1955 blieben die meisten Mütter wie meine zu Hause, versorgten den Haushalt, kochten und kümmerten sich um die Kinder. Das war die traditionelle »Frauenarbeit«, die Ehefrauen und Mütter seit jeher übernahmen. Für die Hausarbeit erhielten sie natürlich keinen Lohn – es sei denn, sie verrichteten sie für andere. Es war die »Frauenarbeit«, in der das Familienleben verankert war. Seit der industriellen Revolution konnten Männer dadurch *außer Haus* gegen Bezahlung arbeiten gehen. Hausarbeit wurde zwar nicht bezahlt, doch Institutionen wie die Ehe, die Familie und sogar die Wirtschaft hätten ohne sie nicht überlebt. Für die wichtigsten Arbeiten, die wir erledigen, werden wir nicht unbedingt bezahlt. Hausarbeit ist die ureigentliche und grundlegendste Form der Schattenarbeit.

In den 1950er-Jahren waren es im Großen und Ganzen die Männer, die das Familieneinkommen erwirtschafteten. Sie *gingen* arbeiten. Dass jemand sein Büro zu Hause hatte, kam selten vor – höchstens bei Zahnärzten oder anderen Medizinern, die ihre Praxis in Anbauten untergebracht hatten. Telearbeit gab es nicht: Die Menschen pendelten noch mit Autos und Zügen und kommunizierten nicht über Glasfaserkabel. In den Büros gab es »Hilfskräfte« wie Sekretärinnen, Datentypistinnen, Büroleiter, Boten, Hausmeister – die das übrige Personal unterstützten, indem sie Routinearbeiten übernahmen. All diese Aufgaben erledigen Sie in Ihrem Homeoffice heute alleine. Und auch in den Büros in den Innenstädten werden solche Stellen immer seltener.

Zum Einkaufen ging man auch in den 1950er-Jahren schon in einen *Shop*. Dass es sich dabei um ein reales Gebäude handelte, muss wohl nicht eigens erwähnt werden, denn etwas anderes gab es nicht. Ja, man kannte wohl schon Versandhauskataloge, doch vom Online-

Handel träumte man noch nicht einmal. Homeshopping trat in Gestalt der Avon-Beraterin, des Fuller-Brush-Manns oder der Vertreter auf den Plan, die die *Encyclopaedia Britannica* feilboten – oder auf Tupperpartys. Handlungsreisende, die Sie zu Hause aufsuchten, waren wie die Verkäufer in den Läden gut ausgebildet und kannten ihre Produkte aus dem Effeff. Sie konnten jede Ihrer Fragen beantworten. Es war ihr Job, die Informationen zu beschaffen, die Sie sich heute im Internet oder auch in Großmärkten selbst besorgen müssen, wo fachkundige Verkäufer mitunter so selten anzutreffen sind wie eine Scharlachtangare im Stadtpark. Im Supermarkt klingelten die Kassen im eigentlichen Wortsinn (mechanische Registrierkassen machten tatsächlich ein Klingelgeräusch!), und die Kassiererinnen nahmen das Geld entgegen. Ein Trinkgeld erhielten sie dafür nicht. Selbstbedienungskassen gab es keine.

Alles, was wir nach Hause schleppten, produzierte tonnenweise Abfall. Den warfen wir weg. Er wurde auf Deponien gekippt, die im Müll einer Konsumgesellschaft erstickten. Recycling kannte man noch nicht.

In den 1950er-Jahren gingen wir nicht oft essen. Gehörte man nicht zu den ganz Reichen, war ein Restaurantbesuch ein besonderes Ereignis. Die wenigen Fast-Food-Ketten, die es gab, waren lokal oder regional tätig, nicht landesweit. Ging man zum Essen aus, war Selbstbedienung die Ausnahme. In Restaurants brachten Kellner und Kellnerinnen das Essen an den Tisch – auch den Salat, denn eine Salatbar suchte man vergeblich. Nach dem Essen zahlten Sie, standen auf und gingen. Zum Abräumen gab es Personal.

In Ermangelung des Onlinehandels mussten Sie in die örtliche Drogerie oder an den Kiosk gehen, um peinliche Dinge wie Kondome, Diaphragmen, Hämorrhoidenmittel, Schundromane oder Pornohefte zu kaufen. Schwangerschaftstests für zu Hause gaben Frauen noch nicht das Vorrecht, sich als Erste und vielleicht Einzige über ihren Fortpflanzungsstatus zu informieren. In der Kleinstadt war das Diskretionsproblem ungleich größer, denn wer hinter dem Ladentisch stand, der kannte Sie und Ihre Familie meist – und wusste womöglich ganz genau, warum Sie einen bestimmten verfänglichen Artikel erstehen wollten.

Damals erledigten die Menschen ihre Geldgeschäfte, indem sie *in* ein Bankgebäude gingen. Sie tätigten Einlagen oder kauften Anleihen von einem Bankmitarbeiter am Schalter und warteten in einer Schlange, wenn viel los war. Geldautomaten? Fehlanzeige. Der Bankangestellte konnte einen Scheck für Sie einlösen und Ihnen – anders als der Geldautomat – beliebige Scheine oder auch eine Rolle Münzen zum Telefonieren aushändigen. (Bevor das Handy die Erfahrung des Telefonierens privatisierte und allgegenwärtig machte, gab es öffentliche Fernsprecher in Telefonzellen.) Der Dover Trust, dessen Geschäftsführer mein Vater war, bot weitere Extras, die kein Geldautomat leisten kann. So spielte beispielsweise zur Weihnachtszeit eine pensionierte Musiklehrerin aus dem Ort auf einer kleinen Orgel im Foyer der Bank Weihnachtslieder.

Heute gehen viele Kunden gar nicht mehr zur Bank. Bankgeschäfte erledigen sie online, an ihrem Rechner. Sie sind ihre eigenen Bankberater, Buchhalter und Kreditsachbearbeiter und das Foyer der Bank wird durch Flachbildschirme ersetzt. Weihnachtslieder tönen, wenn überhaupt, aus den Ohrstöpseln eines iPod. Musiker aus Fleisch und Blut, die man um bestimmte Titel bitten kann, sind Geschichte. Und die unsichtbare virtuelle Bank ist anders als der Granitbau meines Vaters rund um die Uhr geöffnet. (Oder jedenfalls bis zum Crash – des Rechners oder des Instituts.)

Geschäfte waren seinerzeit nicht 24 Stunden lang geöffnet. Sie schlossen abends. Man konnte Hustensaft, Cheerios, Zeitschriften oder Lottoscheine (staatliche Lotterien gab es in den USA ohnehin noch nicht) nicht kaufen, wann man wollte. Man musste die eigenen

Gewohnheiten an den Öffnungszeiten der Geschäfte ausrichten. Das beschränkte die Menschen auf bestimmte Zeiten. Es war aber auch eine gewisse Erleichterung. Es gab noch Auszeiten, um dem ständigen Gewummere der Konsumwirtschaft zu entkommen. Das war einmal. Heute fühlt es sich deshalb so an, als wäre man ständig auf dem Markt aktiv, Tag und Nacht. Man produziert entweder oder man konsumiert – oder *könnte* es zumindest. Heutzutage gibt es keine Pause, weder in der Arbeit noch im Konsum.

Die Weltwirtschaft brummt ständig im Hintergrund. Die Händler der Wall Street stehen vor Sonnenaufgang auf, um die Kurse auf den Märkten von Berlin oder Tokio zu prüfen. Sie *arbeiten* – im Gegensatz zu dem Privatanleger, der um 2 Uhr früh eine Pharma-Aktie googelt und dann beim Online-Broker Scottrade auf eine Schaltfläche klickt, um bei Marktöffnung 400 Stück davon zu kaufen. Er leistet *Schattenarbeit*. Früher war es sein Makler, der diese Dinge für ihn erledigte.

Scottrade und andere virtuelle Maklerhäuser ermöglichen es Anlegern, Wertpapiere für nur 7 Dollar Transaktionsgebühr zu kaufen oder zu verkaufen – ein Bruchteil dessen, was Full-Service-Makler berechnen. Übernehmen Sie diese Schattenarbeit, ruht die gesamte Last der Verantwortung für die Anlage auf Ihren Schultern. Doch zum Glück sind Online-Investments nicht unbedingt eine Wissenschaft. Was in diesem Modus des Alleinemachens hauptsächlich abhandenkommt, ist das Gefühl, mit einem Partner zu arbeiten – einem Makler, mit dem man seine Entscheidungen diskutieren kann. Es ist grundsätzlich eine gute Idee, Anlageentscheidungen mit *irgendeinem* intelligenten Erwachsenen zu besprechen (insbesondere einem, mit dem man verheiratet ist). Doch die Diskussion mit einem Makler dürfte die Wertentwicklung Ihres Portfolios vermutlich nicht verbessern. Mit der professionellen »Kompetenz« von Aktienmaklern verhält es sich leider so ähnlich wie mit des Kaisers neuen Kleidern. Statistische Untersuchungen ergeben immer wieder, dass die große Mehrheit der berufsmäßigen Stock-picker und Vermögensverwalter Anlageerträge erzielt, die hinter Indexfonds zurückbleiben. Anders ausgedrückt: Wenn sich *gar niemand* um Ihr Geld kümmert, ist das gemeinhin besser, als einen der Revolverhelden der Wall Street zu beauftragen. (Zeitschriften wie *Money* veröffentlichten alljährlich Listen der »erfolgreichsten fünf Fondsmanager« und deren Ergebnisse schlagen den Index tatsächlich. Das Problem dabei: *Im nächsten Jahr sieht die Liste ganz anders aus.*)

Es gibt wohl *herausragende* Investoren, darunter sogar legendäre wie Warren Buffett von Berkshire Hathaway und Peter Lynch von Fidelity. Doch Wall-Street-Daten belegen, dass maximal 20 Prozent der professionellen Kapitalverwalter beständig besser waren als die Marktindizes. Dass Leute wie Buffett und Lynch genial sind, wissen wir *heute*, weil es durch ihre Erfolgsbilanzen belegt wird. Doch solche Investoren zu Anfang ihrer Karriere ausfindig zu machen, ist weitaus kniffliger und gelingt den wenigsten. Statistisch liegt ihre Chance, auf den Richtigen zu setzen, bei eins zu fünf. Und der Einsatz ist hoch.

Daher entscheiden Sie sich vielleicht durchaus begründet dafür, in Schattenarbeit Ihr eigener Makler zu werden. Bei kostengünstigen Fondsanbietern wie Vanguard sparen Sie eine Menge Gebühren und erzielen am Ende vermutlich die besseren Ergebnisse – bei minimalem Zeitaufwand. Diese Art Schattenarbeit ist für die meisten von uns eine gute Wahl.

In den 1950er-Jahren verbrachten Kinder viel mehr Zeit mit anderen Kindern und weniger Zeit mit ihren Eltern als heute. Ich fuhr mit dem Schulbus zur Schule und zurück – mit einer ganzen Schar von Kindern aus unserer Gegend. Auf der 45-minütigen Fahrt stiegen noch einige Schüler zu. Es war eine lange, aber sehr kurzweilige Fahrt. Weil sie sich Jahr für Jahr täglich im Schulbus trafen, kannten sich die Jungen und Mädchen richtig gut. Nach der Schule trafen wir uns in unserem Viertel zum Spielen.

In jenen glücklichen Tagen gehörten die Feiertage und Wochenenden uns. Wir konnten sie nutzen, wie wir wollten. Wenn man arbeitete, dann *arbeitete* man. In der Freizeit hatte man wirklich *frei*. Das lief nicht ineinander. Ein abendliches Softball-Match oder ein Picknick am Wochenende am See wurde nicht von einer SMS aus dem Büro unterbrochen. Tagsüber schuftete man in der Fabrik oder im Büro, doch die Nächte und Wochenenden waren unantastbar und man konnte sich zu Hause entspannen. 1955 war das Leben gemächlicher, und in unserer Kleinstadt im nördlichen New Jersey herrschte ein starkes Gemeinschaftsgefühl.

In den 1950er-Jahren wurden Arbeiten wie Tanken, das Tippen von Briefen, das Sammeln von Informationen über Produkte, das Abkassieren im Lebensmittelladen, das Mischen eines Salats, das Entsorgen von Dosen und Flaschen, die Buchungen auf einem Bankkonto und die Fahrten zur Schule von Tankwarten, Sekretärinnen, Verkäufern, Kassiererinnen, Kellnerinnen, Müllmännern, Bankangestellten und Busfahrern übernommen. Heute bleiben diese Arbeiten an *Ihnen* hängen. Es sind Schattenarbeiten geworden.

Tatsächlich sind viele Aufgaben, die wir neben unserer beruflichen Tätigkeit erledigen, Schattenarbeit. Die 24-Stunden-Wirtschaft hat für all diejenigen die Arbeit nach Hause gebracht, die beispielsweise von einem Markt-Crash in Singapur betroffen sein könnten. Über Handys sind Menschen mit Kollegen vernetzt, für die die Arbeit *grundsätzlich* an erster Stelle steht. Wenn Ihnen Ihr Chef um 20 Uhr eine Nachricht schickt, wenn Sie gerade mit Ihrem Mann an einem Tisch im Restaurant Platz nehmen – sind Sie dann bei der Arbeit oder nicht? In vielen Bereichen haben sich die Erwartungen so verändert, dass solche Störungen als normal erachtet werden. Neue Sitten können Türöffner sein für Mehrarbeit – und für mehr Schattenarbeit.

Die Erosion der Freizeit vollzieht sich wie jede Form der Erosion schleichend, Sandkorn um Sandkorn. Ihre Kraft liegt in der *Stetigkeit*. Jeden Tag verschwindet ein Körnchen Sand nach dem anderen aus der Sanduhr Ihres Lebens.

Auch das Meer der Schattenarbeit ist unermüdlich am Werk. Wären all die Extraaufgaben auf einmal auf uns zugekommen, hätte es sicherlich lautes Protestgeschrei geben. Doch dass sie uns unmerklich eine Sekunde nach der anderen kosten, nehmen wir stillschweigend hin. Das erinnert an Silicon Slim, den in dem satirischen Song auf John Forsters CD *Entering Marion* porträtierten Cyber-Dieb:

> Well, you've heard of Jesse James and you've heard of Robin Hood
> Here's a ballad of a bad man who was every bit as good
> This guy held up Chase Manhattan unarmed and all alone
> With just a trusty home computer that was hooked up to his phone
> In the dead of night he'd access each depositor's account
> And from each of them he'd siphon off the teeniest amount
> And since no one ever noticed that there'd even been a crime
> He stole forty million dollars, a penny at a time.

Der Geruchssinn des Menschen gewöhnt sich nach einer Weile an fremde Gerüche. Nase und Gehirn akklimatisieren sich sogar an ekelhaften Gestank und nehmen ihn nicht mehr wahr – so wie wir die Tapete im Esszimmer. Ebenso gewöhnen wir uns an die Allgegenwart der Schattenarbeit. Sie wird zur Routine. Und irgendwann finden wir es ganz normal, uns unseren Frozen Yogurt selbst zu portionieren – oder unser Benzin an der Tankstelle zu zapfen.

Wer Millionen von Menschen dazu bringen will, Schattenarbeit zu leisten, darf dem Verbraucher keine Wahl lassen. Er muss dafür sorgen, dass nie offiziell über solche neuen Aufgaben »abgestimmt« wird. Das Gegenmittel ist *Bewusstsein* – denn das ermöglicht es Ihnen, selbst zu entscheiden – manchmal zumindest. In manchen Fällen sagt

Ihnen die Schattenarbeit womöglich sogar zu. Aufgaben selbst zu erledigen – wie beim Schwangerschaftstest für zu Hause – hat mitunter durchaus seine Vorteile: Es ist so einfach – und billiger, bequemer und intimer als der Gang zum medizinischen Fachlabor. Das Löschen von Spam aus Ihrem Posteingang dagegen ist Schattenarbeit, die wenige Vorzüge bietet – aber es gibt eben keine Alternative.

Arbeit – eine Liebesgeschichte

Wir Amerikaner betrachten Arbeit wie Franzosen den Wein: durch und durch positiv. Für uns ist Arbeit die Grundlage für unseren materiellen Wohlstand. In den USA arbeiten die Beschäftigten mehr als in den meisten anderen Industrieländern. Sie erhalten – und nehmen – auch weniger Urlaub als ihre ausländischen Kollegen. In Amerika huldigen wir im Tempel der Arbeit.

In ihrem Buch *The Overworked American* beschreibt die Ökonomin Juliet Schor, wie die Arbeitszeit der Amerikaner nach einem Rückgang von etwa 1850 bis 1950 seit der Nachkriegszeit stetig *aufwärts* tendiert. Ihre Daten reichen zurück bis in das vergleichsweise gemächliche Mittelalter, als Bauern im 13. Jahrhundert 1620 Stunden pro Jahr arbeiteten. Ihr Arbeitsjahr ließe sich auch in sieben Monate mit Fünf-Tage-Wochen und 60 Arbeitsstunden aufteilen – und fünf Monate Müßiggang.

Mit dem Einzug der Maschinen verlängerte sich die Arbeitszeit der Menschen – unter anderem, weil die Tätigkeit unter einem Fabrikdach nicht mehr jahreszeitabhängig war. 1850 hatte die industrielle Revolution dafür gesorgt, dass die Amerikaner erstaunliche, nie da gewesene 3650 Stunden im Jahr arbeiteten, basierend auf 52 70-Stunden-Wochen. Es wurde nur noch gearbeitet. Im folgenden Jahrhundert bekamen immer mehr Amerikaner unter dem wachsenden Einfluss von Gewerkschaften und anderen Faktoren die Wochenenden frei und erhielten bezahlten Urlaub. Schor hat jedoch ausgerechnet, dass ihre jährlichen Arbeitsstunden in der zweiten Hälfte des 20. Jahrhunderts von 1969 bis 1987 von 1876 auf 1949 stiegen – um 163 Stunden beziehungsweise einen *ganzen Extra-Voll-zeit-Arbeitsmonat* pro Arbeitnehmer. Schor zitiert eine Harris-Poll-Erhebung aus dem Jahr 1988, die eine parallele Entwicklung belegt: Die Freizeit der Amerikaner ging in den 15 Jahren seit 1973 um fast 40 Prozent zurück – von 26 auf 17 Stunden pro Woche.

New York Times-Reporter Steven Greenhouse schrieb in seinem Buch *The Big Squeeze* 2008 über die Misere der amerikanischen Arbeiter und stellte fest, dass die Arbeitszeit 2006 leicht zurückgegangen war – auf 1.804 Stunden im Jahr und damit unter das Niveau von 1969. Dennoch arbeiteten die Amerikaner »drei ganze Wochen pro Jahr mehr als der durchschnittliche britische Arbeitnehmer, sechs Wochen mehr als der durchschnittliche französische Arbeitnehmer und neun Wochen mehr als der durchschnittliche deutsche Arbeitnehmer«, hält er fest. Weiter heißt es in seinem Buch: »Die USA sind das einzige hoch entwickelte Land, in dem es keine gesetzlichen Mindestvorgaben zu Urlaubstagen gibt. Im Durchschnitt bekommen US-Arbeitnehmer zwölf Tage Urlaub im Jahr. Dabei gaben 36 Prozent der Amerikaner an, ihnen zustehende Urlaubstage nicht vollständig in Anspruch zu nehmen.«

Hinter dieser Arbeitswut steht nicht immer wirtschaftliche Notwendigkeit. Nehmen Sie beispielsweise William Gross, Chef der Pacific Investment Management Company. Man sollte meinen, dass ein 68-Jähriger, der 200 Millionen Dollar im Jahr verdient und in Laguna Beach an der südkalifornischen Küste lebt, Zeit hat, um zu entspannen. Weit gefehlt. Einem Bericht der *New York Times* von 2012 zufolge sitzt Gross um 5:30 Uhr am Schreibtisch, nachdem er auf dem Weg dorthin seinen Kollegen Mohamed El-Erian begrüßt hat, der schon um 4:30 Uhr anfängt. Früher stahl sich Gross am Nachmittag für eine Runde Golf davon und kam danach ins Büro zurück.

Doch das war einmal. »Manchmal wünschte ich, ich könnte um halb vier ein paar Bälle schlagen«, erzählte er der *Times*, »doch ich war seit dreieinhalb Jahren nicht mehr auf dem Golfplatz.«

Sein persönlicher Wohlstand und die Hingabe an seine Arbeit mögen Gross besonders auszeichnen, doch die ihm eigene Arbeitsmoral entspricht dem allgemeinen Ethos. Viele junge Investmentbanker, Unternehmer und Anwälte arbeiten 14 Stunden am Tag und verzichten auf Urlaub, um Reichtümer anzuhäufen, die sie nie genießen können. Wirtschaftlich ist das nicht mehr zu begründen: Unserem beinahe schon religiösen Arbeitseifer liegen tief greifende soziale und kulturelle Kräfte zugrunde.

Schattenarbeit ist in den genannten Zahlen natürlich nicht erfasst, denn darüber wird nicht Buch geführt. Wie viel Mehrarbeit auf sie entfällt, darüber können wir nur spekulieren. Fest steht aber, dass sich bezahlte Beschäftigte, vom Hausmeister bis zum Profisportler, organisieren können, um ihre gemeinsamen Interessen zu schützen, und Tarifverhandlungen führen können, die begrenzen und regeln, wie viel und was sie arbeiten. Angestellte sind seltener gewerkschaftlich organisiert, arbeiten aber ebenfalls im Rahmen eines etablierten Systems von Standards, die häufig von Fach- oder Berufsverbänden festgelegt werden. Schattenarbeiter genießen keinerlei Schutz. Sie sind eine politisch und sozial nicht organisierte Menge von Menschen, die einander nicht kennen, sich nicht zusammenschließen und kein Vehikel für koordinierte Aktionen haben. (Ihre einzige machtvolle Waffe ist der Boykott, doch selbst er erfordert gewöhnlich eine organisierte Führung.) Daher haben Schattenarbeiter in aller Regel niemanden, der ihre Interessen vertritt oder die kontinuierliche Einführung neuer Schattenjobs eindämmt.

In einer Reihe von Experimenten, die 2013 in *Psychological Science* veröffentlicht wurde, untersuchten Wissenschaftler das Verhältnis zwischen Arbeit und Freizeit. Sie setzten Testpersonen mit Headsets an Computerterminals. Die Probanden konnten sich schöne Musik anhören (»Freizeit«) oder nach Wahl zwischendurch Lärm einblenden lassen (»Arbeit«). Hatte sich eine Gruppe (die Gutverdiener) 20-mal den Misston angehört, bekamen die Mitglieder ein Stück Schokolade. Die andere Testgruppe (die Geringverdiener) musste sich den Lärm 120-mal anhören, um sich die Schokolade zu verdienen. Das entspricht einem niedrigeren Stundensatz.

Die Testpersonen durften die Süßigkeiten aber erst in der nächsten Phase des Experiments verzehren. Nicht aufgegessene Schokolade durfte nicht mit nach Hause genommen werden. Nicholas Hune-Brown, der die Studie im Auftrag des kanadischen Online-Magazins *Hazlitt* auswertete, berichtete, dass die Forscher ihre Studie als »Simulation ›eines mikrokosmischen Lebens von begrenzter Dauer‹ bezeichnet hatten. Zunächst hatte man die Wahl zwischen Freizeit und Arbeit, dann konnte man konsumieren, was man erwirtschaftet hatte. Und wie im wirklichen Leben konnte man nichts mitnehmen.«

Überraschenderweise verdienten sich die Studienteilnehmer nicht nur so viel Schokolade, wie sie mit Genuss verzehren konnten, um dann wieder schöne Musik zu hören. Stattdessen häuften die Gutverdiener im Schnitt 10,74 Stück Schokolade an, aßen aber nur 4,26 und ließen das meiste der sauer verdienten Süßigkeit liegen. Die Geringverdiener brachten nicht ganz so viel Schokolade zusammen, wie sie essen konnten, hörten aber in etwa genauso oft den Misston wie die Gutverdiener. Hune-Brown gelangte zu dem Schluss, dass »beide Gruppen nicht über das optimale Ergebnis nachdachten, sondern darüber, wie viel Arbeit sie bewältigen konnten. Statt für eine möglichst angenehme Lebenserfahrung zu sorgen, arbeiteten sie unwillkürlich so viel wie möglich und häuften nutzlose Reichtümer an.« Dieses Phänomen bezeichneten die Forscher als »stupide Bereicherung« und verglichen den Überverdienst mit Überfütterung. Beides beschrieben sie als spezifische Probleme der Moderne, die mit dem materiellen Überfluss unserer Zeit einhergingen.

Tatsächlich scheint Arbeit in der heutigen Zeit wichtiger als alle anderen Werte. In manchen gesellschaftlichen Gruppen richtet sich die Aufmerksamkeit der Menschen nahezu vollständig auf die Arbeit, und zusammen mit ihrem Nebenprodukt, dem Geld, könnte sie zum *einzig wahren* Wert werden. Schauen wir uns ein paar Indizien für die Bedeutung an, die wir der Arbeit beimessen.

Im Profisport gilt es als eines der größten Komplimente, die Sportreporter einem Athleten machen können, wenn sie ihm eine »großartige Arbeitsmoral« bescheinigen. Amateure treiben aus Spaß Sport, Profis dagegen mit guter *Arbeitsmoral*. Talent mag eine Gottesgabe sein, doch für Arbeitsmoral entscheidet sich der Sportler bewusst selbst. Fleiß bei der Arbeit ist eine Tugend: Moralisch setzen wir Arbeit mit Charakterstärke gleich. (Ironischerweise erfordert es in den Vereinigten Staaten auch eine gewisse Charakterstärke, sich der sozialen Norm zu widersetzen und *nicht* so hart zu arbeiten.)

Wir bewundern Eltern, die zwei oder drei Jobs annehmen, um ihre Familie zu ernähren: Ihre Bereitschaft, viele Stunden pro Woche zu arbeiten, zeugt davon, dass sie in der Lage sind, Freizeit und/oder Vergnügen zu opfern, um andere zu unterstützen. Gewöhnlich fragen wir aber nicht nach, was die Menschen zur Arbeit *treibt*. Und das ist nicht immer Selbstlosigkeit oder ein bewundernswerter Charakterzug. Es gibt auch Menschen, die schlicht lieber außer Haus sind und nicht bei Ehepartnern und Kindern. (»Ich nehme diesen neuen Job an, damit ich *nicht so viel* Zeit mit meiner Familie verbringen kann.«) Manche arbeiten nebenher schwarz, um sich einen höheren Lebensstandard zu sichern, ungeachtet der zwischenmenschlichen Kosten. Kinder wünschen sich vielleicht gar nicht so viele Fernsehgeräte und digitale Spielzeuge, sondern würden lieber mehr Zeit mit Vater und Mutter verbringen. In manchen Unternehmen herrscht auch das »Last Man Standing«-Ethos – in der Filmproduktion zum Beispiel. Es animiert Mitarbeiter, extrem viel zu arbeiten, nur um zu zeigen, dass sie härter (oder zumindest länger) arbeiten als ihre Kollegen. Ungeachtet ihrer Motive, gearbeitet werden muss auf jeden Fall.

Es grenzt schon an *Arbeitssucht* – ein extremer Zustand, der das Leben von Menschen dominieren kann wie eine Zwangsneurose oder Essstörung –, wie Arbeit als solche universellen Respekt einfordert. Unsere Ehrfurcht vor der Arbeit bereitet den Boden für unsere unkritische Übernahme von Schattenarbeit. Wir bewundern Arbeit nicht nur, wir verehren sie. Und was verehrt wird, ist uns irgendwann heilig. Heiligkeit aber entzieht sich aller Kritik und Ablehnung, sodass wir hinnehmen, was immer sie sanktioniert.

Seit Jahrhunderten ist Religion eng mit Arbeit verflochten. Der amerikanische Kult um die Arbeit kam schon mit den Puritanern auf der *Mayflower* ins Land, die Arbeit weitaus höher schätzten als Vergnügen. Denken Sie nur an Thomas Macaulays Anmerkung, dass die Puritaner die Bärenhetze nicht etwa deshalb ablehnten, weil die Tiere gequält wurden, sondern weil sie den Zuschauern Vergnügen bereitete. Max Webers Klassiker der Soziologie, *Die protestantische Ethik und der Geist des Kapitalismus*, eine Essay-Reihe, die er 1904 und 1905 verfasste, brachte die Ethik harter Arbeit und weltlichen Erfolgs mit bestimmten Aspekten der protestantischen Theologie zusammen – etwa der calvinistischen Weltsicht, dass weltlicher Wohlstand eher dafür sprach, dass jemand erlöst als verdammt wurde. Wer hart arbeitete, der huldigte Gott. Verschiedene protestantische Lehren waren sogar eher gegen Spenden an die Kirche (weil sie Ikonen missbilligten und Götzendienst witterten) oder an die Armen (um Bettelei und Müßiggang nicht zu fördern). Sie sprachen sich auch gegen den Erwerb von Luxusgütern als sündige Schwelgerei aus. Weber legte das Fazit nahe, dass die *Investition* des eigenen Vermögens gefördert werden sollte, was der Entwicklung des Kapitalismus Vorschub leistete.

Wie für alle Protestanten (und für Christen im Allgemeinen) war Vergnügen Sünde. Nehmen Sie die klassischen »sieben Todsünden«, eine Liste, die auf den Mönch Euagrios Pontikos zurückgeht (345–399 nach Christus). Zu den aktuellen tödlichen Sieben gehören Zorn, Geiz, Faulheit, Hochmut, Wollust, Neid und Völlerei. Dabei sind das schlicht Züge des menschlichen Charakters. Und mal abgesehen von Zorn und Neid könnte man sie alle als *Vergnügungen* interpretieren statt als Sünden – das ist lediglich eine Frage der Semantik. (Selbst der Neid könnte als vergnüglich durchgehen, wenn wir ihn auf Fernsehsendungen wie *Access Hollywood* beziehen.) Übersetzen Sie doch Geiz, Faulheit, Hochmut, Wollust und Völlerei mal mit *Ehrgeiz, Entspannung, Selbstvertrauen, Leidenschaft und Appetit*. Schon wird aus der Sünde eine Lebensäußerung. Offenbar verstehen es nur die Sünder, richtig zu leben.

Vielleicht handelt es sich aber auch nur um graduelle Unterschiede. In Maßen sind Vergnügungen positiv besetzt, doch im *Übermaß* sind sie sündig. Klingt vernünftig, doch diese Betrachtungsweise lässt unsere kulturellen Werte bewusst außer Acht. Ungeachtet des Ausmaßes: Entspannung und Ruhe bringen niemals so viel Ansehen wie Fleiß und Arbeit. Die Eigenliebe gilt nirgendwo so viel wie die Bescheidenheit, und ein schlanker Mensch wird viel eher bewundert als ein »pfundiger«, der sinnlich seinen Gelüsten nachgibt. Sünde ist daher keine Frage der »Ausgewogenheit« oder der Mäßigung, sondern vielmehr ein moralischer Kompass – und wie alle Moralüberzeugungen zeigt er nur schwarz und weiß an, keine Zwischentöne.

So wie Sünden niemals so hoch im Kurs standen wie Tugenden, wurden Vergnügungen nie so sehr geschätzt wie Arbeit. Mit Arbeit verdient man seinen Lebensunterhalt: Sie bringt Geld und versorgt die Familie. Arbeit bildet den Charakter. Arbeit holt Sie von der Straße und bewahrt Sie vor Ärger. Arbeit stützt die Wirtschaft – und Produktivität die Stärke einer Nation. Wir arbeiten aber nicht nur für den eigenen Lohn: Arbeit leistet auch Beiträge für andere. Teamarbeit verbindet die Menschen und lehrt Selbstlosigkeit. Ar-

35

beit unterhält und stärkt soziale Bindungen und baut dadurch eine Gemeinschaft auf. Arbeit gibt dem Leben einen Sinn.

Das ließe sich noch lange fortsetzen. Arbeit verkörpert fast alle Tugenden, die in der westlichen Kultur hochgehalten werden. Aus diesem Grund haben wir von vornherein eine positive Einstellung zu allem, was sich als Arbeit definieren lässt. Manche Arbeiten bringen Geld ein. Andere, wie Hausarbeit, tun das nicht. Doch so oder so – Arbeit ist grundsätzlich etwas Ehrenhaftes. Der Philosoph John Locke behauptete sogar, Arbeit sei die Grundlage für Eigentum. Indem man ein Stück Land bebaut, nimmt man es in Besitz.

Unsere Kultur diskreditiert aber nicht nur das Vergnügen, sondern misst dem Schmerz einen hohen Wert bei. Manchmal wird er sogar zu etwas Erstrebenswertem hochstilisiert: »No pain, no gain«, wie es im Englischen heißt. Die katholische Kirche glorifiziert Märtyrer und spricht sie mitunter sogar heilig. In der christlichen Kultur ist es das höchste Zeichen der Liebe, wenn sich ein Mensch opfert: der Tod eines Unschuldigen durch Folter. Das Kruzifix überragt nicht nur die Altäre, sondern es hängt in der abstrakteren Form eines Anhängers an unzähligen Hälsen. Die westliche Gesellschaft zollt dem Schmerz Tribut und setzt ihn häufig gleich mit besonderem Verdienst.

Dass wir Arbeit so verehren, liegt möglicherweise zum Teil daran, dass sie uns *tatsächlich* oftmals emotionalen, seelischen und spirituellen Schmerz zufügt. Empirische Daten belegen, dass amerikanische Arbeitnehmer die produktivsten der Welt sind. Gleichzeitig gehören sie zu den unglücklichsten. Eine 2011 vom Conference Board durchgeführte Umfrage ergab, dass lediglich 45 Prozent der Amerikaner in der Arbeit »Erfüllung« fanden – der niedrigste Wert seit der ersten Erhebung dieser Art 1987 und ein deutlicher Rückgang gegenüber den damals verzeichneten 61 Prozent.

Für eine glückliche Minderheit ist Arbeit gleichbedeutend mit Vergnügen. Im Herbst 2011 zeigte NFL den Dokumentarfilm *A Football Life: Bill Belichick*. Er warf mit dem gefeierten Trainer der New England Patriots einen Blick hinter die Kulissen. Am Ende des Films umreißt Belichick kurz seine Aufgaben, während er im Dunkeln zum Gillette Stadium fährt, wo um 5 Uhr früh sein normaler Arbeitstag beginnt. Er erwähnt ein paar negative Seiten seiner alles verzehrenden Karriere, etwa dass er vergleichsweise wenig Zeit mit seiner Familie verbringen konnte. Doch am Ende zuckt er die Achseln und meint: »Ich weiß nicht … ist auf jeden Fall besser als Arbeit.« Ihm macht seine Tätigkeit als Football-Coach so viel Spaß, dass sie für ihn keine *Arbeit* ist.

Arbeit kann sehr viel Freude machen – und ein Spiel kann zum Lebenswerk werden, wie für den Poker-Profi Amarillo Slim oder den Harvard-Absolventen Steven Crist, der gerne auf Pferde wettete und Herausgeber des *Daily Racing Form* wurde. Es gibt Menschen, deren Liebe zu Hunden damit endet, dass sie Hundepensionen eröffnen, Hunde züchten oder Tierärzte werden. Arbeit lässt sich von Spiel nicht dadurch unterscheiden, dass man Aktivitäten in die eine oder andere Spalte schreibt. Es gibt professionelle Frisbee-Spieler und Buchhalter, die so gerne Bilanzen aufstellen, dass sie das auch unentgeltlich tun würden. Es kommt nicht darauf an, *was* man macht – sondern es ist die *Beziehung*, die man zu einer Aktivität hat. Sie bestimmt, ob etwas Spiel ist oder Arbeit.

Dinge, die wir um ihrer selbst willen tun – bei denen quasi der Lohn schon in der Ausführung liegt –, sind *Spiel*. Wir spielen, wenn wir an einem Sommertag mit der Familie ein Picknick veranstalten und unserer Tochter einen Ball zuwerfen: Das machen wir nur, weil es uns Spaß macht. *Arbeit* ist dagegen ein *Mittel zum Zweck*: Wir arbeiten nicht um der Arbeit willen. (Wenn doch, dann sind wir Workaholics.) Vielleicht macht uns unsere Arbeit ja Spaß, wie es für viele Künstler oder Sportler gilt. Doch Picasso malte, um ein Bild zu erschaffen. Fred Astaire tanzte, um einen Film zu machen, und Tom Brady wirft einen Football, um ein Spiel zu gewinnen. In den meisten Fällen tun die Menschen solche Dinge auch, um Geld zu verdienen. Wir arbeiten, um etwas zu *erreichen*. Vielleicht haben wir dabei Spaß oder können uns selbst verwirklichen, aber das ist nicht der Grund für unsere Aktivität. Arbeit verfolgt ein *Ziel*.

Doch trotz unserer Liebe zur Arbeit und trotz des Umstands, dass wir Arbeit brauchen, um persönlich und als Gesellschaft produktiv zu sein, scheint die Arbeit irgendwie zu versiegen. Die Weltbevölkerung wächst seit Jahren, doch effizientere Formen der Produktion haben dafür gesorgt, dass viele Industriezweige weniger arbeitsintensiv geworden sind. Deshalb werden weniger Arbeitskräfte benötigt. Unternehmen wollen Lohnkosten senken. Und auch die Schattenarbeit leistet einen neuen Beitrag zur strukturellen Arbeitslosigkeit.

Kybernetische Arbeitslosigkeit

Die 23-jährige Justine Forriez aus dem französischen Lille nahe der belgischen Grenze hatte erst eine zweijährige Lehre gemacht und dann Gesundheitsverwaltung studiert und mit dem Master abgeschlossen. Dennoch konnte sie sich mit staatlicher Unterstützung und Nebenjobs wie Kellnern und Babysitten gerade so über Wasser halten. Als Hundebetreuerin verdiente sie 6,50 Dollar am Tag. Forriez belegte einen Kurs zur Stellensuche, stellte sich bei zehn Personalvermittlern vor und verschickte 200 Bewerbungen. Dennoch blieb sie arbeitslos. In ihrer Freizeit malte sie Aquarelle, »um nicht verrückt zu werden«.

Von ihr handelte »Jung, gut ausgebildet und arbeitslos in Frankreich«, eine Geschichte, die Steven Erlanger von der *New York Times* 2012 veröffentlichte. Danach belief sich die Arbeitslosenquote für junge Erwachsene in Frankreich auf 22 Prozent, in Italien auf 36 Prozent und in Spanien auf 51 Prozent. Die Europäer bezeichnen diese Kohorte als die treibende Generation: Sie treiben von Praktika zu Projekt- oder Teilzeitjobs zu Weiterbildungen, ohne dass sich je eine Vollzeitstelle abzeichnet.

Dass es junge Leute heutzutage so schwer haben, ins Berufsleben einzusteigen, stellt uns vor ein ernstes wirtschaftliches Dilemma. Strukturveränderungen an der Art und Weise, wie Arbeit erledigt wird, das Phänomen der Schattenarbeit eingeschlossen, können dazu führen, dass die verfügbare Menge an bezahlter Arbeit schrumpft. Verbreitete Arbeitslosigkeit droht, sich in der sozialen Landschaft fest zu etablieren.

In der modernen Wirtschaft gibt es kein größeres Problem als Arbeitsplätze und Personalkosten, und die Schattenarbeit verschärft dieses Problem. Bei den meisten Unternehmen, Schulen und gemeinnützigen Organisationen sind die Personalkosten der größte Aufwandsposten. Das umfasst natürlich Gehälter und andere Leistungen. (Diese werden auch als Lohnnebenkosten bezeichnet, doch das Präfix »neben« wird dieser Kategorie kaum mehr gerecht.) Auch die Anwerbung, Aus- und Weiterbildung und Überwachung von Beschäftigten erhöht die Personalkosten. Weitere Aufwendungen entstehen, wenn Arbeitnehmer in den Ruhestand gehen – Renten, regelmäßige Zahlungen und bei manchen Arbeitgebern auch enorme Gesundheitskosten schlagen dann bis zum Ende ihres Lebens heftigst zu Buche, und das ist eine lange Zeit, denn viele Menschen werden inzwischen über 80 oder sogar 90.

In den letzten Jahren sind die Gehälter der meisten Erwerbstätigen in realen Dollars entweder stagniert oder sogar zurückgegangen. Doch die galoppierenden Lohnnebenkosten – die nach einer Faustregel 40 Prozent der Bezüge ausmachen – setzen die Arbeitgeber ständig unter Druck. Insbesondere die Gesundheitskosten treiben diesen Posten in die Höhe. In den USA ist der Gesundheitssektor enorm und scheinbar unkontrollierbar angewachsen. Er expandiert unablässig und wächst schneller als die übrige Wirtschaft – wie ein Krebsgeschwür, ohne Bezug zu den Nachbarzellen.

Wenn es nicht zu einer revolutionären Umwälzung kommt wie einer universellen Einzahler-Krankenversicherung mit Preiskontrollen für Medikamente und Verfahren, wird sich der Aufwärtsdruck auf die Lohnebenleistungen fortsetzen. Fazit: Es besteht ein gewaltiger Anreiz, Vollzeitbeschäftigte durch Teilzeitkräfte zu ersetzen, Stellen – ins Ausland – auszulagern oder Arbeiten an Subunternehmer zu vergeben, die keine Zusatzleistungen erhalten. Noch besser ist es, Leute einfach zu entlassen – und die Arbeit als Schattenarbeit den Kunden aufzuhalsen.

Politiker und Experten, die angesichts der hartnäckig hohen Arbeitslosenquoten ratlos den Kopf schütteln, wollen oder können das Offensichtliche nicht erkennen: Unser wirtschaftliches und politisches System ist so angelegt, dass Unternehmen dafür belohnt werden, wenn sie Arbeitnehmer *entlassen*, nicht *einstellen*.

Es gibt drei Hauptstrategien zur Senkung der Personalkosten, von denen zwei wohlbekannt sind. Ein Klassiker ist das *Downsizing*. Man kündigt Arbeitnehmern und überträgt ihre Aufgaben auf die verbleibende geschrumpfte Belegschaft. Noch vor nicht allzu langer Zeit ersetzte ein nicht gewinnorientierter pädagogischer Newsletter aus Boston seine drei Vollzeitkräfte durch eine neue Vollzeitstelle für die Redaktion und eine Teilzeit-Assistentenstelle. Die beiden sollten hinfort bewerkstelligen, was bislang mit doppelter Besetzung erledigt worden war. Die verbleibenden Mitarbeiter hatten keine Wahl. Sie mussten mehr arbeiten. Vermutlich waren sie sogar froh, noch einen Job zu haben. Downsizing ist eine intern gezüchtete Gattung der Schattenarbeit, die durch Ausdünnung leitender und untergeordneter Mitarbeiter entsteht.

Dann ist da noch die *Automation*. Sie ersetzt Menschen durch Maschinen. Das geht schon seit Jahrhunderten so – zumindest seit der industriellen Revolution, vermutlich aber schon länger. Die Automation erobert die Produktion und viele Dienstleistungsbranchen. Roboter verlangen keine Gehälter, gehören keiner Gewerkschaft an und benötigen auch keine Nebenleistungen. Sie müssen gewartet werden, brauchen aber keinen Urlaub, werden weder krank noch schwanger und – das Beste! – sie benötigen keine Krankenversicherung. Roboter sind »Teamplayer« par excellence, ohne persönliche Hintergedanken. Sie arbeiten rund um die Uhr und am Wochenende zum üblichen Stundensatz. Wenn es finanziell machbar ist, wird ein Unternehmen daher sofort Roboter einsetzen statt menschlicher Arbeitskräfte.

Die dritte, weniger bekannte Methode zur Personaleinsparung ist die *Auslagerung von Tätigkeiten durch Schattenarbeit*. Kunden arbeiten Hand in Hand mit Robotern, wenn sie Geschäfte am Automaten tätigen. Der neue Check-in-Automat in der Hotellobby beispielsweise bedeutet, dass ein Mensch weniger an der Rezeption steht. Dieser Eingriff löst Arbeitslosigkeit aus, die von Dauer sein könnte, denn sie wird von der Technologie angetrieben, nicht von der Konjunktur. In der Vergangenheit hat Automation in der *Produktion* Arbeitsplätze abgeschafft, beispielsweise in Fabriken. Schattenarbeit verdrängt dagegen Arbeitsstellen an der Schnittstelle zum Kunden – beispielsweise an der Kasse in der Drogerie. Noch gibt es keine statistischen Daten zur Schattenarbeit. Deshalb ist es schwer zu sagen, wie viel Arbeitslosigkeit sie verursacht. Was wir jedoch mit Sicherheit sagen können, ist, dass es viel mehr Kassen gibt als Arbeitsplätze in der Produktion.

Schattenarbeit stellt daher eine maßgebliche Kraft dar, die den Arbeitsmarkt dezimiert und im Verborgenen wirkt. Insbesondere vernichtet sie Jobs auf der Einstiegsebene, auf der zahllose Karrieren begonnen haben. Solche Jobs bilden das Fundament der Wirtschaftspyramide. Sie sind schlecht bezahlt, aber die Grundlage für alles, was danach kommt. Und wie bei jedem Bauwerk gilt: Bröckelt das Fundament, kann auch der Überbau zusammenstürzen. Einstiegsjobs liefern aber mehr als nur einen Gehaltsscheck: Sie sind der Bahnsteig der Arbeitswelt, auf dem man in alle etablierten Unternehmen einsteigen kann.

Mein Vater ist ein Beispiel dafür. Er begann 1937 auf der untersten Sprosse der Leiter als Bote einer Kleinstadtbank in New Jersey. 1963 wurde er Chef, Verwaltungsratsvorsitzender und CEO, nachdem er sich als Schalterbeamter, Buchhalter, Kreditsachbearbeiter und Geschäftsführer hochgedient hatte. Er kannte jede Facette des Bankgeschäfts, als er die Dover Trust Company übernahm. Stellen Sie diesen Werdegang der Ausbildung gegenüber, die viele Führungskräfte heute genießen: ein MBA-Programm mit Schwerpunkt Finanzwesen und eine Neigung zu hochriskanten Derivaten. Hätten solche Banker wie seinerzeit mein Vater Hunderte von Hypothekenbewertungen vorgenommen, die Häuser mit eigenen Augen gesehen, für die sie Geld verliehen, und die Kreditnehmer real und persönlich kennengelernt, ob es dann wohl 2008 zur Bankenkrise gekommen wäre?

Anfängerstellen wie Sommer- und Teilzeitjobs bieten jungen Menschen Gelegenheit zu lernen, wie man sich in einem richtigen Job bewährt. (Will heißen: einem *bezahlten* Arbeitsplatz, keiner ehrenamtlichen Tätigkeit, keinem unbezahlten Praktikum, keinem NRO-Projekt in einem Entwicklungsland.) Dabei lernen sie, pünktlich, angemessen gekleidet und gepflegt zur Arbeit zu erscheinen und eine professionelle Einstellung mitzubringen. Sie eignen sich Routinen an wie Zusammenarbeit, Stechuhrdrücken und Freundlichkeit gegenüber den Kunden. Doch wie soll sich ein Bankmitarbeiter vom Schalter hocharbeiten, wenn Geldautomaten und die Schattenarbeiter unter den Kunden solche Schalter überflüssig machen? Wie kann aus einer Sekretärin eine Büroleiterin und später eine Führungskraft werden, wenn Schattenarbeit solche Verwaltungstätigkeiten verdrängt – und es schlicht keine solchen Stellen mehr gibt?

Für Menschen ganz ohne weiterführende Bildung oder Qualifikation sind solche niedrig angesiedelten Positionen häufig alles, was ihnen an *Karriere* möglich ist. Verschwinden sie, sitzen bald jede Menge junger Menschen auf der Straße, mit wenig Geld und zu viel Zeit. Eine solche Entwicklung ist für jede Gesellschaft gefährlich. In der arabischen Welt ist es zu Unruhen und Gewaltausbrüchen gekommen, weil es auf den Straßen nur so wimmelt von jungen Männern ohne Arbeit – zornigen Jugendlichen, die sich online über soziale Medien zusammenfinden. Solche Mobs sind schwer beherrschbar. 2003 wurden mit der Auflösung der irakischen Armee 400.000 junge Männer arbeitslos, was blutige Aufstände auslöste, die immer wieder aufflackern. In der modernen Welt, die ja bekanntermaßen ein Dorf ist und in der sich Bürger vernetzen und zu politischen Flashmobs zusammenrotten, können wir nicht riskieren, dass eine Unterschicht unterbeschäftigter junger Leute entsteht.

Doch genau das tun wir. Junge Menschen zwischen 15 und 24 stellen nach Angaben des Weltwirtschaftsforums 17 Prozent der Weltbevölkerung, doch 40 Prozent der Arbeitslosen. 2013 lag ihre Arbeitslosenquote (mit 12,6 Prozent) etwa dreimal so hoch wie der globale Wert für Erwachsene mit 4,5 Prozent. Die Jugendarbeitslosigkeit hat in Nordamerika 17,1 Prozent erreicht, in der Europäischen Union 21,4 Prozent, in Lateinamerika und der Karibik 14,3 Prozent, in Nordafrika 27,9 Prozent, im Nahen Osten 26,5 Prozent und in Ostasien 9 Prozent.

In manchen Ländern leiden die besser Ausgebildeten unter den Betroffenen außerdem unter psychischen Belastungen. Schließlich hatte man ihnen erzählt, eine gute Ausbildung sei die Garantie für beruflichen Erfolg. Viele haben College- und Universitätsabschlüsse und durchaus auch »harte« Kompetenzen wie Computerkenntnisse. Trotzdem ziehen sie zwangsläufig wieder bei den Eltern ein. In den USA flattern Studenten ebenfalls von Praktikum zu Praktikum und weiteren Studienprogrammen, da lohnenswerte bezahlte Stellen weiter rar sind. Die 28-jährige Emily lebt wieder bei ihren Eltern in der Bostoner Innenstadt, die inzwischen in Rente sind. Sie hat einen Collegeabschluss in Psychologie der Universität von Virginia und hangelte sich von einem Praktikum zum nächsten in Bereichen wie Werbung und Marktforschung. Inzwischen steht sie vor einem weiteren Abschluss als zugelassene medizinische Assistentin in der Hoffnung, dass diese »handfeste« Qualifikation ihr endlich den Berufseinstieg ermöglicht.

Leider ist Schattenarbeit ein mögliches wirtschaftliches Handicap für diese Generation. Sie bleibt oft jahrelang in Praktika hängen und stellt am Ende fest, dass sie nur Schattenarbeit geleistet hat, statt eine Karriere aufzubauen.

Aber es ist noch nicht alles verloren. Schattenarbeit vernichtet zwar Arbeitsplätze, doch sie schafft auch welche. Greifen wir noch einmal die automatisierten Zapfsäulen auf, die den Tankwart ersetzen – ein Job, den oft unqualifizierte Jugendliche ausübten. Mit dem Einzug der Selbstbedienung an der Tankstelle entstanden auch neue Jobs – etwa für die Designer, Produzenten, Monteure und Wartungstechniker der Zapfsäulen. Außerdem werden die Zahlkartendaten beim Benzinverkauf über Satellit an Finanzinstitute weitergeleitet, ein Prozess, der technische und unternehmerische Überwachung erfordert, die von Mitarbeitern ausgeführt werden muss. Das Gleiche gilt für Anbieter wie orbitz.com und kayak.com: Sie nehmen den Reisebüros zwar Geschäft ab, indem sie Schattenarbeit auf den Kunden übertragen, doch sie produzieren Arbeit für Webdesigner, Softwareentwickler, Online-Marketing-Spezialisten und Werbeprofis.

Solche qualifizierten Tätigkeiten erfordern eine Ausbildung und technische Schulungen. Und sie werden deutlich besser bezahlt als der Tankwart-Job. Doch um solche Chancen effektiv zu nutzen, müssen wir unser Bildungssystem reformieren und auf die Kompetenzen ausrichten, die die neuen Berufe erfordern und honorieren. Das klassische Bildungssystem hat sich noch nicht auf die Informationswirtschaft eingestellt. Und es berücksichtigt auch nicht die steigende Flut der Schattenarbeit. Online-Kurse und neuartige Lehrmethoden können dazu beitragen, Studenten mit den Chancen zusammenzubringen, die sich eröffnen – manchmal auch durch Schattenarbeit.

Eine Schattenarbeitssaga: Der Don Quichotte der Ölbranche

Ende der 1940er-Jahre lebte in Winnipeg, der Hauptstadt und Metropole der kanadischen Provinz Manitoba, ein eigenwilliger Tankstellenbesitzer namens Bill Henderson. Der 1900 geborene Henderson hatte drei Töchter und einen ruhelosen Erfindergeist. Er war zwar nur neun Jahre zur Schule gegangen, hatte aber dennoch einen ganzen Schrank voller Patente. Er war ständig auf der Suche nach der besseren Mausefalle. Bills Vater hatte Jahrzehnte zuvor die Henderson Oil Company gegründet und sein Sohn trat in dieser Branche in seine Fußstapfen. Er interessierte sich für Möglichkeiten, die Preise zu senken, um mehr Kunden an seine Tankstelle zu locken.

Wie viele Erfinder war Henderson ein Einzelkämpfer, ein Kleinunternehmer, der seinen Betrieb nach seinen Vorstellungen führte. Henderson Thriftway Petroleum trug den Namen seiner Familie und hieß nicht Texaco, Esso, Shell oder Imperial Oil. Nein, er war der aufsässige Benzinverkäufer, der sich ständig Grabenkämpfe mit den Ölriesen lieferte, die den Produktfluss auf dem Markt kontrollierten.

1949 kostete Benzin in den USA im Schnitt 26 Cent pro Gallone, in Kanada sogar noch weniger: die Imperial Gallon war für 17 kanadische Cent zu haben und hatte 20 Prozent mehr Volumen als die US-Gallone. Henderson fand Mittel und Wege, diesen Preis noch zu verringern. So schloss er nach Möglichkeit die Zwischenhändler aus und bezog sein Benzin direkt von der Raffinerie. Henderson hatte seine eigenen Tanklaster und importierte Benzin aus North Dakota und später aus Blaine im US-Bundesstaat Washington, direkt südlich der kanadischen Grenze. Außerdem entwickelte er einen Spender mit Griff und Abzug, der einen Viertelliter Öl aus einem großen Öl- fass abzapfen konnte und Motoröldosen überflüssig machte. Eine von Bills Ideen aber veränderte grundlegend, wie Menschen welt- weit Benzin beziehen.

Henderson glaubte, eine neue Abgabemethode könne die Benzin- preise drücken und Kunden anlocken. Von 1946 bis 1948 arbeitete er mit Elektroningenieuren an der Entwicklung eines Systems, das Daten zum Benzinpreis und zur Anzahl der an einer Zapfsäule abge- gebenen Gallonen an einen Mitarbeiter übermitteln konnte, der auf einem erhöhten Podest saß. Über eine pneumatische Leitung, die zu ihm nach oben führte, konnte er das Bargeld der Kunden ansau- gen und Wechselgeld zurückgeben. Die SB-Tankstelle war geboren.

Henderson Thriftway berechnete 3 Cent pro Gallone weniger als die großen Benzinanbieter und machte ihnen damit sofort Kunden abspenstig. Zu den Preisen von 1949 bedeuteten 3 Cent eine Einspa- rung von knapp 20 Prozent. »Er hat eine Menge Benzin verkauft«, berichtet Al Chalkley, Hendersons Schwiegersohn und Mitarbeiter. »Er war so viel billiger als alle anderen.« Bills Tankstelle mit ihren sieben Zapfsäulen war rund um die Uhr geöffnet, sieben Tage die Woche. Er betrieb dort auch einen kleinen Laden, der Chips und an- dere Snacks feilbot. Bill Henderson war seiner Zeit weit voraus.

Die Autofahrer tankten nicht nur wegen der niedrigen Preise bei Henderson Thriftway, sondern auch wegen der einzigartigen Er- fahrung, selbst zu tanken. Das konnte man sonst nirgendwo. Henderson hatte seine Erfindung patentieren lassen. Später brachte er das Henderson Electronic Control System auf den Markt, eine vollständig elektronische Konsole, über die zwei bis zwölf Zapfsäulen autorisiert und überwacht werden konnten, mit Schnittstelle für Kreditkartengeräte und Sprechanlage.

Es machte Spaß, selbst zu tanken – auch wenn die Technik noch primitiv war. Der Benzinfluss wurde mit einem Abzug am Handstutzen gesteuert und schaltete nicht automatisch ab. Erst wenn man losließ, hörte das Benzin auf zu fließen. Wann der Tank voll oder fast voll war, war schwer zu sagen. Ein erfahrener Tankwart kannte das typische Geräusch, das im Zulauf des Fahrzeugs entstand, wenn sich der Tank füllte, und hörte rechtzeitig auf zu zapfen. Ungeübte Kunden hörten das nicht. Es konnte daher vorkommen, dass das Benzin überlief, am Fahrzeug herunterfloss und auf den Boden tropfte – oder gar auf die Schuhe oder die Kleidung des Fahrers.

Die Feuerwehr sah Sicherheitsrisiken in der Selbstbedienung an der Kraftstoffsäule und forderte einen Sensor, der anzeigte, wann der Tank fast voll war, verbunden mit einer automatischen Abschaltung, um zu verhindern, dass Benzin austrat. Das stellte technisch kein größeres Problem dar. Bald wurden solche Verbesserungen verfügbar, sodass auch ungeübte Fahrer leichter selbst Hand anlegen konnten.

Das Selbstbedienungsmodell war ein Erfolg. In Winnipeg brachen Benzinkriege aus, weil Konkurrenten versuchten, mit Hendersons Niedrigpreisen mitzuhalten. Er eröffnete 1957 eine zweite Tankstelle in Vancouver, die ihren Mitbewerbern ebenfalls jede Menge Kunden abjagte. Wie in Winnipeg fand sein Selbsttankkonzept aber bald Nachahmer, die Hendersons Patente verletzten.

Große Ölgesellschaften eröffneten drei Tankstellen gleich gegenüber seiner Niederlassung in Vancouver und boten Benzin dort sogar unter Preis an. Ölriesen wie Imperial Oil konnten es sich leisten, einzelne Tankstellen befristet zu solchen Bedingungen zu betreiben. Das Ziel war natürlich, Henderson in den Ruin zu treiben und dann die Preise wieder anzuheben – ohne Angst vor Konkurrenz durch den »Abtrünnigen«. Selbstbedienung war für den Anbieter wirtschaftlich sinnvoll, doch anders als Henderson hatten die Ölriesen kein Interesse daran, diese Einsparungen auch an die Verbraucher weiterzugeben.

Henderson erhielt sogar anonyme Morddrohungen. Ob diese von der Konkurrenz kamen oder »bloß von Gewerkschaftlern, die ihm Angst einjagen wollten«, wie Chalkley vermutet, blieb ungeklärt. Da SB-Tankstellen Jobs vernichteten, gehörten sie zu den Neuerungen, die die Gewerkschaften zum Aufschrei veranlassten.

Hinzu kam, dass Imperial Oil und Shell eigene Anwälte hatten, die sich gegen Henderson stellten, wenn er sie wegen Patentverletzungen oder Verstößen gegen das Kartellrecht verklagte. Bill fehlten entsprechende finanzielle Mittel. Er hatte die Ölriesen auf dem Markt geschlagen, doch im Gerichtssaal war er ihnen unterlegen. Mitte der 1960er-Jahre machte Henderson seine Tankstellen dicht.

Im Laufe seiner Karriere hatte er ein Vermögen verdient und wieder verloren. »Er war zwei- oder dreifacher Millionär«, erzählt Chalkley. In den 1950er-Jahren hatte Henderson stets eine Rolle Dollarscheine in der Tasche und fuhr einen gelben Thunderbird. Er zog sich nach Winnipeg zurück, in sein Haus mit Blick auf den Red River. Er war ein umgänglicher Mann, der die Menschen mochte. Er hatte eine Menge Freunde und gab viele Partys. Bis in die Nacht war sein Haus hell erleuchtet. Und Partys feierte Bill, bis er 1976 verstarb.

Ungefähr zur gleichen Zeit wie Henderson eröffnete in den USA Frank Urich 1947 die erste Selbstbedienungstankstelle im kalifornischen Los Angeles. Die Zeit war reif für diese Idee und die Technik zu ihrer Umsetzung stand an mehr als einem Standort zur Verfügung.

Bis in die 1970er-Jahre wurde der amerikanische Markt von Tankstellen mit Komplettservice beherrscht, doch seither haben sich die Selbstbedienungszapfsäulen verbreitet und sind in den USA wie in Europa die dominierende Abgabemethode für Benzin.

Diese Umstellung vollzog sich etappenweise. Am Anfang wurden die Zapfsäulen von einem Mitarbeiter aus der Tankstelle heraus gesteuert. In den 1970er- und 1980er-Jahren mussten die Kunden in aller Regel Vorkasse leisten und dem Tankstellenmitarbeiter, sagen wir, 20 Dollar in die Hand drücken, bevor sie die entsprechende Menge Benzin abfüllen konnten. Wer volltanken wollte und deshalb nicht so genau wusste, wie hoch der Endbetrag ausfiel, konnte seine Kreditkarte an der Kasse hinterlegen und musste dann nach dem Tanken noch die Quittung unterzeichnen.

Das war viel aufwendiger, als einfach im Auto sitzen zu bleiben, während das Auto betankt wurde, und die Rechnung am Autofenster zu begleichen. Um die Kunden für die Unannehmlichkeit zu entschädigen, fuhren viele Tankstellen zweigleisig, mit niedrigeren Preisen für Selbsttanker. Indirekt wurde der Kunde also dafür bezahlt, dass er die Zapfarbeit übernahm.

Dass die Kunden nun die Tankstellen betreten mussten, veränderte den Einzelhandel für Benzin letztlich grundlegend. Als es noch Tankstellen mit Komplettbedienung gab, blieben die Fahrer in ihren Autos sitzen oder stiegen höchstens kurz aus, um sich die Beine zu vertreten und frische Luft zu schnappen. Nach Einzug der Selbstbedienung mussten sie das Gebäude aufsuchen, um zu bezahlen. Den Tankstellenbesitzern wurde schnell klar, dass sie ihren Kunden nun mehr verkaufen konnten als nur Benzin. In der guten alten Zeit befanden sich im »Büro« einer Tankstelle kaum mehr als ein Schreibtisch, eine Kasse und vielleicht noch ein Münzfernsprecher oder ein Cola-Automat. Doch die Scharen von Selbsttankern ebneten den Weg für weitere Verkaufsautomaten und veränderten am Ende die gesamte Tankstellenarchitektur. Heute haben sich viele Tankstellen zu ausgewachsenen Verbrauchermärkten entwickelt und bieten neben Autozubehör wie Motoröl und Scheibenklar eine breite Palette von Lebensmitteln und Getränken, Sandwiches, Kaffee und Gebäck an. Trotz der Warnung des Gourmetgurus Michael Pollan, dass man »Körper und Fahrzeug nicht am selben Ort auftanken« sollte, tun viele Fahrer genau das.

Aus gesellschaftlicher Sicht schadete es dem Ansehen, wenn man aus dem Fahrzeug steigen und selbst tanken musste. Statt sich bedienen zu lassen, übernahm man damit eine »niedere« Tätigkeit. An der SB-Tankstelle waren alle sozialen Schichten und beide Geschlechter gleichgestellt. Der Kunde verzichtete auf Privilegien, die vor allem *die Kundinnen* schmerzlich vermissten. Diese neue Gattung der Schattenarbeit widersprach einer überlieferten kulturellen Norm: *Frauen tun keine schmutzige, manuelle Arbeit* – jedenfalls nicht in der Öffentlichkeit. Frauen arbeiteten auch nicht an der Tankstelle – Benzinzapfen war *Männersache.*

1982 veröffentlichte die Schauspielerin Joyce Jillson, die für mehrere Zeitungen als Kolumnistin tätig war, *Echte Frauen mögen keine roten Rüben.* Genau wie Bruce Feirsteins Bestseller *Echte Männer mögen keine süßen Feigen* versetzte Jillsons fröhliches Buch dem Feminismus vermeintlich einen herben Rückschlag, indem es auf die Wiederherstellung der Vorrechte »echter Frauen« pochte, die eine Gleichstellung ablehnen, die mit der Aufhebung der Gegensätzlichkeit der Geschlechter einhergeht. Dabei spricht aus Jillsons Texten kaum je die Vorstellung von weiblicher Unterlegenheit. So erklärt sie beispielsweise von vornherein:

> Gott sei gedankt für Linda Evans, Kate Hepburn und Miss Piggy –
> alles echte Frauen. Frauen, die ihr Benzin nie selbst zapfen wür-

den – und auch nicht ständig beweisen müssen, dass sie Männern ebenbürtig sind, weil sie sich ihrer Überlegenheit bewusst sind.

Im selben Kapitel umreißt Jillson ihre Philosophie in einem Gespräch zwischen zwei Frauen an der Tankstelle. Protagonistin Jennifer fährt ihren »schnittigen graphitfarbenen Audi 5000« an der Selbstbedienungszapfsäule der Exxon-Tankstelle vor. Wir erfahren, dass Jennifer eine wahre Überfrau ist: Sie arbeitet als Partnerin in einer der größten Anwaltskanzleien an der Wall Street, die die Zerschlagung von AT&T arrangierte, sie sorgt dafür, dass ihr Mann Medizin studieren kann und bäckt »die beste Quiche westlich von Paris«. Außerdem hat sie gerade eine Stunde Training im Fitnessstudio hinter sich. Als ihre Partnerin Kristin die Beifahrertür öffnet und sagt: »Ich geh tanken«, reagiert Jennifer knallhart.

»Auf keinen Fall«, entgegnet sie, packt Kristin am Arm und zieht sie ins Auto zurück. »Irgendwann ist Schluss. Und für uns ist an der SB-Tankstelle Schluss. Wir müssen uns wieder auf die Zeit der Weiblichkeit besinnen. Meinetwegen leiten wir die ganze verdammte Ölgesellschaft – aber Benzin zapfen werden wir nicht! Wenn wir nur lang genug warten, kommt schon ein großer Kerl daher, der uns für hilflose Geschöpfe hält und das stinkende Zeug *für* uns in den Tank füllt.«[4]

Die SB-Tankstelle war demnach nicht nur ein wirtschaftliches Thema, sondern auch ein gesellschaftliches und ein kulturelles. Jahrzehnte-, wenn nicht gar jahrhundertlang war für bestimmte Aufgaben ein Geschlecht, eine soziale Schicht oder eine bestimmte Person zuständig gewesen. (Babysitter waren beispielsweise grundsätzlich junge Mädchen.) Es sind einflussreiche soziale Normen, die Rollen im

---

4 Übersetzung aus dem amerikanischen Original, d. Ü.

Berufsleben prägen. Erst mussten sich die Erwartungen der Gesellschaft verändern, bevor diese neue Art der Schattenarbeit etablierte Gepflogenheiten verdrängen konnte. Der technische Fortschritt tat das Seine. Modernere kybernetische Ausrüstung machte das Benzinzapfen leichter und sauberer und damit mit dem traditionellen Frauenbild besser vereinbar.

Insbesondere setzte sich im Benzingeschäft ab den 1990er-Jahren die Option durch, gleich an der Zapfsäule zu bezahlen. Immer mehr Menschen zahlten Benzin mit Kredit- oder Bankkarte. Eine neue Generation computergesteuerter Zapfsäulen kam auf den Markt, ausgestattet mit interaktiven Bildschirmen. Im Grunde war aus der Pumpe ein Roboter geworden. Um den Tank zu füllen – die häufigste Transaktion – , musste der Kunde nur die Kreditkarte an der Zapfsäule durchziehen. Über ein Computernetz wurde der Kauf autorisiert. Die Robotersäule zeichnete die Transaktion genau auf und spuckte eine gedruckte Quittung aus. Über einen Zahlenblock konnte der Roboter noch Daten zur Postleitzahl erfassen, bevor er den Kauf genehmigte. Dadurch konnten Tankstellenbetreiber eine nützliche Datenbank aufbauen und Umsätze weiter aufschlüsseln, etwa nach Tageszeiten oder Wochentagen.

Die Robotik vereinfachte und beschleunigte die Selbstbedienungsoption. Kein Kunde musste mehr in die Tankstelle, um Vorkasse zu leisten. Heute erhalten die Kunden kaum noch Preisnachlässe dafür, dass sie selbst zapfen. Sie gewinnen höchstens *Zeit* durch schnellere und bequemere Geschäftsabläufe. Sie müssen nicht warten, bis ein Tankwart den Tank füllt oder Geld entgegennimmt. Im Anschluss setzten sich SB-Tankstellen in ganz Amerika durch.

In ganz Amerika? Nicht ganz.

Zwei Bundesstaaten, nämlich Oregon und New Jersey, verboten sie gesetzlich.

Die Lobbyarbeit von Tankstellenbesitzern bewirkte, dass New Jersey Selbstbedienung 1949 per Gesetz untersagte, angeblich aus Sicherheitsgründen und zum Schutz der Arbeitsplätze von Tankwarten. (Damit rechnete man in New Jersey, denn inzwischen hatten Henderson in Winnipeg und Urich in Los Angeles die Selbstbedienung ja bereits eingeführt.) 1950 gelang es einer kleinen freien Tankstelle nicht, das in New Jersey geltende Gesetz juristisch zu kippen. Jahrzehnte später versuchte Jon Corzine, Gouverneur von New Jersey, 2006 am New Jersey Turnpike ein Pilotprojekt mit Selbstbedienungszapfsäulen zu starten mit dem Argument, Autofahrer könnten dadurch 5 bis 6 Cent pro Gallone sparen. Der bundesstaatliche Gesetzgeber lehnte das ab. Der Vorsitzende des Verkehrsausschusses, der Abgeordnete John Wisniewski, erklärte: »Wer einem Autofahrer erzählt, er kann durch Selbstbedienung an der Zapfsäule Geld sparen, der kann den Leuten genauso gut erzählen, sie könnten beim Hausbau sparen, indem sie sich ihr Haus selber bauen.« Den kleinen Unterschied zwischen dem Befüllen eines Tanks und dem Errichten eines Hauses übersah der Abgeordnete dabei offenbar geflissentlich. So oder so – Corzines Vorstoß lief ins Leere.

In Oregon führte das 1951 erlassene Gesetz ganze 17 Gründe auf, weshalb Selbsttanken verboten war, unter anderem: die Entflammbarkeit von Benzin, seine giftigen Dämpfe, das durch das Verlassen des Fahrzeugs steigende Kriminalitätsrisiko und der Erhalt von Arbeitsplätzen, etwa für Teenager, die nach der Schule an Tankstellen jobbten. 1989 focht die Ölgesellschaft ARCO die Verfassungsmäßigkeit des Oregoner Gesetzes gerichtlich an – erfolglos. Tankstellen mit Komplettservice gehören in Oregon zur Kultur. 1982 lehnten die Wähler des US-Bundesstaats eine von Tankstelleninhabern initiierte Maßnahme zur Legalisierung der Selbstbedienung ab. Der PR-Experte Dan Lavey aus Portland sagte der *New York Times* dazu: »Der Witz dabei ist: Kommt in Oregon ein Baby zur Welt und der Arzt versetzt ihm einen Klaps aufs Hinterteil, so heißt das quasi: ›Keine Selbstbedienung, keine Umsatzsteuer.‹ Es ist ebenso sehr eine kulturelle wie eine wirtschaftliche Frage. Es ist Lebensart.«

Die vorgeblichen Bedenken wegen der Sicherheit, der Schadstoffbelastung und der Kriminalität haben die übrigen 48 Staaten nicht davon abhalten können, schon vor Jahrzehnten Selbstbedienung zuzulassen – ohne nennenswerte Katastrophen. Öffentlich propagierte Gründe wie Sicherheit oder »giftige Dämpfe« sind nur Vorwände, um den wahren Grund zu verschleiern: den Schutz der Arbeitsplätze. Einzelne Städte wie Huntington auf Long Island untersagen Selbstbedienung an der Tankstelle explizit, um Jobs zu retten. Die Kommune erließ diese Bestimmung während einer Rezession Anfang der 1970er-Jahre und schaffte sie nie wieder ab. Es gibt im ganzen Land nach wie vor Tankstellen mit Komplettservice, gewöhnlich in reicheren Gegenden, in denen die Kunden davon ausgehen, dass sie bedient werden, und bereit sind, dafür zu zahlen.

Lektionen von der Tankstelle

Die Geschichte vom SB-Konzept an der Tankstelle lehrt uns so einiges über Schattenarbeit.

Erstens kann neue Technik neue Zeitfresser durch Schattenarbeit hervorbringen. Elektronische Schaltkreise, die Informationen von der Zapfsäule an die Kasse übermitteln, ermöglichten es Bill Henderson, bei Henderson Thriftway Selbstbedienungsoptionen anzubieten. Derartige Technik ist zunächst meist bruchstückhaft und schwerfällig, wie Hendersons pneumatische Röhre, die das Geld zur erhöht konstruierten Kasse beförderte. Doch mit fortschrittlicherem Gerät, das Verbrauchern solche Aufgaben vereinfacht, wird der Boden bereitet für die Einführung von Schattenarbeit.

Zweitens kann sich Schattenarbeit, *die keine Ausbildung erfordert,* schnell verbreiten. Die eingesetzten Mechanismen müssen im Grunde idiotensicher sein. Denken Sie nur an die Sorgen um das Verschütten von Benzin und die Feuergefahr in Hendersons Anfangszeit, als die Zapfpistolen noch nicht automatisch abschalteten. Je mehr Intelligenz, Qualifikation oder Schulung eine Arbeit erfordert, desto enger ist ihr Markt.

Drittens kann der technische Fortschritt auch zusätzliche *Vorteile* für Schattenarbeit bringen. Im Benzineinzelhandel etwa bietet Selbstbedienung durch die Möglichkeit der Kreditkartenzahlung an der Zapfsäule und durch Bildschirme und Tastaturen, über die Kunden alle Phasen der Benzinabgabe und der Verkaufstransaktion ausführen können, deutliche Zeitersparnis gegenüber dem Komplettservice – und damit einen Wettbewerbsvorteil. Tankstellenbesitzer profitieren ferner von Informationen über ihre Kunden durch die laufende Erfassung eines Stroms von Absatzdaten.

Viertens können Traditionen und kulturelle Normen Schattenarbeit entgegenstehen, sie einschränken oder unterbinden. Ein Beispiel dafür ist, dass die guten Sitten verlangen, dass Frauen keine schmutzige manuelle Arbeit verrichten wie Benzinzapfen. Verändern sich solche Normen in der breiteren Gesellschaft, eröffnet das Möglichkeiten für neue Arten von Schattenarbeit. Der Feminismus hat der Akzeptanz selbst tankender Frauen in der Gesellschaft womöglich Vorschub geleistet, weil er die Aufgabe zu einer umdefiniert hat, die Kompetenz und Selbstvertrauen erfordert. Gleichzeitig gilt: Neue Entwicklungen wie das Zahlen an der Zapfsäule können die Aufgabe so modifizieren, dass sie nach geltenden Normen akzeptabler wird.

Fünftens können etablierte Interessen neuen Arten von Schattenarbeit entgegenstehen – bisweilen mit Erfolg, wie in New Jersey und Oregon. Spart Schattenarbeit dem Kunden jedoch Geld oder Zeit, setzt sie sich früher oder später durch – wie in den übrigen 48 US-

Bundesstaaten. Am Ende wird sie zu einer festen Norm, sodass Alternativen – wie Tankstellen mit Bedienung – ganz verschwinden oder auf elitäre Enklaven beschränkt werden.

Sechstens kann Schattenarbeit Arbeitsplätze vernichten – etwa an den Tankstellen, die ohne Tankwarte auskommen. Das ist vergleichbar mit den Stellenstreichungen infolge von Automation, obwohl in diesem Fall neben dem Roboter auch der Kunde einspringt, um den Mitarbeiter zu ersetzen.

Siebtens verringert Schattenarbeit in aller Regel die Interaktion zwischen Menschen und kann sie sogar komplett ausmerzen. An der Selbstbedienungstankstelle haben wir es heute mit Robotern zu tun statt mit Menschen. Das freundliche Gespräch mit dem Tankwart fällt ersatzlos aus. Ralph ist Geschichte. Er hat seinen Job an Sie verloren.

Zweites Kapitel: Schattenarbeit im häuslichen und familiären Umfeld

Im großen und ganzen sind die Mütter und Hausfrauen die einzigen arbeitenden Menschen, die keine geregelte Freizeit haben. Sie sind die große Klasse der Ferienlosen.
Anne Morrow Lindbergh, Muscheln in meiner Hand, (Piper, 2006)

Vor allem anderen kommt Schattenarbeit zu Hause und in der Familie vor. Dort ist sie am häufigsten und am üblichsten und hat die weitreichendsten Effekte. Hausarbeit gibt es in unterschiedlichen Formen schon seit Jahrhunderten. Die Geschichte der Hausfrau geht zurück bis ins 13. Jahrhundert. Werfen wir einen Blick auf die Entwicklung der Hausarbeit, um zu sehen, ob sie ein wenig Licht in die moderne Schattenarbeit bringen kann.

In ihrem bahnbrechenden Buch *More Work for Mother: The Ironies of Household Technology from the Open Hearth to the Microwave* erzählt Ruth Schwartz Cowan die Entwicklungsgeschichte der Hausarbeit in Amerika. Bis zur industriellen Revolution verrichtet die *ganze* Familie – Männer, Frauen und Kinder – »Hausarbeit«, die damals praktisch die *einzige* Arbeit war. Zur Hausarbeit zählten alle Aktivitäten, die das Überleben einer Familie oder Gemeinschaft sicherten: die Bereitstellung von Nahrung, Wasser, Unterkunft, Wärme, Möbeln und Kleidung zum Beispiel. Die Männer pflügten, betrieben Viehzucht, schlachteten, sägten Bäume und spalteten Holz. (Das englische Wort *husband* für Ehemann setzt sich aus *hus* zusammen, einer altertümlichen Variante von *Haus*, wie Cowan erläutert, und dem *Band* an dieses Haus.) Die Frauen spannen und kämmten Wolle, nähten Kleider, versorgten den Gemüsegarten, kochten, wuschen und schöpften Wasser aus Bächen oder Brunnen – nur ein paar Punkte auf ihrer To-do-Liste.

Mit der Industrialisierung entstanden Jobs in Fabriken und Büros, für die man sein Heim verlassen musste. Die häusliche Arbeit wurde dadurch ganz neu definiert und die *Hausarbeit* im jetzigen Wortsinn wurde geboren. Im 19. Jahrhundert vollzog sich in den USA (und im Westen) die Urbanisierung. Die Größe amerikanischer Familien sank von rund sieben Kindern pro Haushalt im Jahr 1800 auf durchschnittlich 3,6 Kinder 100 Jahre später. Industrieprodukte wie Mehl verdrängten das Getreide, das die Männer zu Hause zuvor noch selbst gemahlen oder zur örtlichen Mühle geschleppt hatten. Kohleherde aus Gusseisen traten an die Stelle von Feuerstellen und Brennholz, das die Männer zum Kochen und Heizen schlugen. Im Gegensatz zur offenen Feuerstätte mussten solche Öfen täglich gereinigt werden – von den Hausfrauen. Woll- und später Baumwollstoffe aus den Textilfabriken ersetzten Selbstgesponnenes, wenngleich die Frauen die Kleider für die Familie zunächst noch selbst nähten, bis dann im weiteren Verlauf des Jahrhunderts fertige Kleidungsstücke angeboten wurden. Mit den ersten Artikeln von der Stange steigerte sich die Zahl der Kleidungsstücke, die man besaß und trug. Das bedeutete mehr Näharbeit – und mehr Wäsche.

Auf einem Hof beteiligten sich noch Männer, Frauen und Kinder an der Hausarbeit. In der industrialisierten Welt teilte sich die Arbeitssphäre in eine männliche und eine weibliche. Die *Hausarbeit* blieb dabei an den Frauen hängen, allen voran an den Müttern. »Erwachsene Männer und kleine Kinder beiderlei Geschlechts wurden für die Hausarbeit nicht mehr benötigt: Es musst kein Holz mehr gehackt werden, kein Wasser getragen und kein Korn mehr zur Mühle geschafft«, schreibt Cowan. »Männer und Kinder waren abkömmlich und konnten in die Schulen, die Fabriken und die Büros der aufkeimenden industriellen Wirtschaft gehen. Erwachsene Frauen und ihre größeren Töchter dagegen blieben unentbehrlich: Es mussten noch immer Mahlzeiten gekocht, kranke Kinder versorgt, Säuglinge gepflegt, Kleider genäht, geflickt und gewaschen werden – und zur Erleichterung dieser Plackerei hatte die Industrialisierung gar nichts beigetragen.« Währenddessen oblag es den Männern, das Geld für die Anschaffung all der neuen industriellen Güter zu verdienen – und zwar außer Haus.

Cowan zitiert aus einem Brief, den die junge norwegische Immigrantin Gro Svendsen 1862 an ihre Eltern schrieb: »Wir hören, die amerikanischen Frauen hätten viel Freizeit. Ich habe noch keine Frau getroffen, die das findet! Hier muss die Hausfrau alle Arbeit leisten, die in jeder bessergestellten Familie zu Hause Köchin, Hausmädchen und Haushälterin übernehmen. Hinzu kommt, dass sie allein diese Aufgaben genauso gut erledigen muss wie das norwegische Hauspersonal zu dritt.«

Die Frauen erbten somit die enorme Last der häuslichen Schattenarbeit, die es ihren Familien ermöglichte, in einer industrialisierten Wirtschaft zu überleben. Sie arbeiteten nicht direkt für Schulen, Fabriken oder Büros oder für die Industriezweige, die Güter herstellten und vertrieben, doch ohne die Schattenarbeit von Millionen Ehefrauen, Töchtern und Müttern hätte keine dieser Einrichtungen fortbestehen können.

Natürlich wurden viele Haushalte, auch solche aus der Mittelschicht, mit der vielen Hausarbeit fertig, indem sie sich Hilfe von außerhalb holten. Es wurden Dienstboten verpflichtet, die gerade aus Europa gekommen waren. Andere halfen für Kost und Logis bei der Hausarbeit. Es gab auch Arrangements auf Gegenseitigkeit mit anderen Familien. Der US-Zensus von 1870 »listete eine Frau als Haushaltshilfe für jeweils 8,4 Familien in der Bevölkerung« auf, wie Susan Strasser in *Never Done: A History of American Housework* schreibt. »Vor allem in städtischen Regionen (wo die Menschen mehr Geld ausgeben konnten), im Süden (wo viele schwarze Frauen für niedrige Löhne arbeiteten) und in Orten mit hohem Immigrantenanteil an der Bevölkerung stellten Bedienstete eine mögliche Lösung zur Erledigung der Hausarbeiten des 19. Jahrhunderts dar – allerdings keinesfalls eine universelle. Fast bis ins nächste Jahrhundert waren Dienstboten billiger als technische Alternativen. Tatsächlich gehörten die meisten Häuser mit Gaslicht, Sanitäranlagen und Stromversorgung den ganz Reichen, die sich auch viel Hauspersonal leisten konnten.«

Im 19. und 20. Jahrhundert stieg der Lebensstandard. Damit nahm auch das Spektrum häuslicher Arbeiten zu. Die Haushalte konsumierten mehr Waren und Dienstleistungen, und verstärkter Konsum führt gewöhnlich zu mehr Schattenarbeit. Die Sauberkeitsansprüche stiegen und die Wohnungen wurden größer. Deshalb brauchte man mehr Möbel und es gab mehr Gegenstände und Flächen, die geputzt und gründlicher in Ordnung gehalten werden mussten. Arbeitssparende Geräte wurden ihrer Bezeichnung nicht immer gerecht. Für das 19. Jahrhundert galt Cowan zufolge: »Es gab handbetriebene Waschmaschinen und Hähne für Innenzisternen, Schneebesen und Butterstampfer mit Antrieb, Dosenmilch und Fertigmehl, Eierquirls und emailliertes Kochgeschirr, luftdichte Heizöfen und viele weitere große und kleine Gerätschaften, vom Apfelschäler bis zu Kohlegas aus der Leitung, die die Hausarbeit erleichtern sollten.« Für die Frauen des 19. Jahrhunderts wurde diese jedoch »keinen Deut bequemer – oder weniger anstrengend –, und zwar bis Ende des Jahrhunderts. Was für ein seltsames Paradox, dass angesichts so vieler arbeitssparender Hilfsmittel offenbar nur wenig Arbeit gespart wurde!«

Im 21. Jahrhundert werden die Wohnungen weiter größer und füllen sich mit noch mehr Mobiliar und Elektronik, wodurch immer mehr Schattenarbeit anfällt. Gleichzeitig gibt es immer weniger Mütter, die Nur-Hausfrauen (oder Väter, die reine Hausmänner) sind und sich dieser Arbeiten annehmen. (Inzwischen arbeiten zwei Drittel aller Mütter mit Kindern im Schulalter außer Haus.) In Familien, in denen beide Elternteile voll berufstätig sind, bleibt immer weniger Zeit für Haushalt und Kinder. Es beteiligen sich zwar mehr Väter an der Kindererziehung und am Haushalt als zu Zeiten ihrer Väter, doch die Schattenarbeit zu Hause ist längst nicht hälftig aufgeteilt. Verschiedene Studien belegen, dass Frauen nach wie vor 70 bis 80 Prozent der Hausarbeit übernehmen.

Ein Beispiel dafür sind berufstätige Eltern, die man eigentlich für progressiv halten könnte: Junior- und Seniorprofessoren an der Harvard University, von denen im Studienjahr 2012/2013 2295 befragt wurden (und 72 Prozent an der Erhebung teilnahmen). Für ihre bezahlten Jobs opferten Männer wie Frauen ungefähr gleich viele Stunden – nämlich zwischen 60 und 70 pro Woche. Unter den Professoren mit Kindern und berufstätigem Partner (oder ohne Partner) leisteten Frauen wöchentlich zehn Stunden mehr Hausarbeit als Männer. Bei den Juniorprofessoren fiel dieser Unterschied doppelt so groß aus. In diesen anstrengenden Jahren des Kampfes um Stellen leisteten die jüngeren Frauen 20 Stunden mehr Arbeit im Haushalt, in der Kinderbetreuung und in der Altenpflege als ihre männlichen Kollegen. (Selbst Frauen, deren Partner *nicht* berufstätig waren, verwendeten jede Woche 17 Stunden mehr auf solche Schattenarbeiten.)

In einem Brief, der im *Harvard Magazine* veröffentlicht wurde, erinnert sich der Augenarzt John Gamel aus Louisville, Kentucky, an eine Geschichte, die diesen Unterschied zwischen den Geschlechtern verdeutlicht. Während seiner Zeit als Leiter der Facharztausbildung an der ophthalmologischen Fakultät der Universität von Louisville, so berichtet er, »war meine unliebsame Aufgabe, die Teilnehmer zur Ordnung zu rufen, die nicht unseren Standards entsprachen. Männer, die unangenehm auffielen, taten das auf unterschiedliche Art und Weise: Manche kamen zu spät zu Sprechstunden oder reagierten nicht auf Notrufe. Andere kleideten sich unpassend oder behandelten Techniker oder Kolleginnen nicht mit dem nötigen Respekt.

Gab es bei einer Teilnehmerin Probleme, dann immer aus demselben Grund: Ihre Bewertungen bei dem Programm zur Überprüfung ophthalmologischer Kenntnisse waren unter aller Kanone – manchmal unterhalb des zehnten Perzentils. Die Mädels lernten nicht genug.

Wenn ich sie zum Quartalsgespräch in mein Büro bestellte, erzählten sie immer die gleiche Geschichte: Sie mussten sich zu viele Stunden am Tag ums Essen für die Familie kümmern, das Haus putzen, die Kinder baden und so weiter, und fielen danach erschöpft ins Bett. Als ich fragte, was ihre Männer denn machten, hörte ich stets dieselben Klagen: Sie saßen entweder vor dem Fernseher oder lernten für ihre eigenen Prüfungen. Manche Teilnehmerinnen baten mich sogar, ihre widerspenstigen Ehemänner für ihre Eigensucht zurechtzuweisen.

Vergessen Sie nicht – diese Frauen waren die Crème de la Crème: Nur die allerbesten Studenten wurden zum Medizinstudium zugelassen und in unserer Abteilung kamen auf jeden Ausbildungsplatz 100 Bewerber«, schließt Gamel. »Hier nun also die Frage, die mich seit Jahrzehnten umtreibt: Warum fanden sich diese intelligenten, ehrgeizigen Frauen mit so einer schlechten Behandlung ab? Rückblickend wünschte ich, ich hätte meinen Stiefsohn Arthur – er war 1,98 Meter groß, 150 Kilo schwer und hatte zehn Jahre lang aus Rausschmeißer gearbeitet – bestochen, sich diese Faulpelze mal zur Brust zu nehmen.«

Dass Frauen im späten 20. Jahrhundert beruflich mehr Möglichkeiten offenstehen, hat die asymmetrische Verteilung der Hausarbeit insgesamt nicht verändert: Für Kinder und Haushalt sind nach wie vor in erster Linie die Frauen zuständig. Neben den Ansprüchen eines Vollzeitjobs und der Rund-um-die-Uhr-Aufgabe der Kinderbetreuung versuchen Frauen, auch noch jede Menge Hausarbeiten zu stemmen, für die sich ihre Männer nicht zuständig fühlen. (Über die Abonnentinnen von *Martha Stewart Living*, die noch Zeit finden, Kerzen zu ziehen oder Wildblumen zu trocknen und zu pressen und daraus kunstvolle Alben zu erstellen, kann man sich nur wundern.)

Neben den physischen Belastungen »übernehmen Frauen auch die gesamte Organisation«, berichtet die Schauspielerin Elizabeth, Frau und Mutter von zwei Kindern in Albany, New York, und eine der beiden Leiterinnen einer Kindertagesstätte. »Sie müssen alles im Auge behalten, von Arztterminen für ihre Männer und Kinder bis zu Elternabenden – einfach alles! Bei der Kalenderführung wird nichts mit dem Vater abgesprochen – der weiß nicht einmal, wann er selbst zum Arzt muss. Für solche Dinge ist die Mutter zuständig. Das bringt uns wirklich auf, denn diese Bürde ist unfair. Die Frauen sind außer sich. Wenn ich bei einer anderen Familie anrufe, um zu fragen, ob ein Kind Zeit zum Spielen hat, sagt der Vater prompt: >Ja klar< – und danach stellt sich dann heraus, dass seine Frau etwas anderes auf dem Plan stehen hat. Inzwischen lasse ich mir immer gleich die Frau geben. Für solche Spielchen fehlt mir die Zeit.«

Die steigende Flut der Schattenarbeit, die dieses Buch thematisiert und die durch Technologie und gesellschaftlichen Wandel auf uns zurollt, könnte der Tropfen sein, der das Fass zum Überlaufen bringt. Schattenarbeit könnte ja zu gleichen Teilen auf beide Geschlechter entfallen. In Wirklichkeit landet sie bei den Frauen, insbesondere bei den berufstätigen Ehefrauen und Müttern – also auf den Schultern, die ohnehin schon mit anderen Pflichten überlastet sind.

Leben – an- und abgekoppelt

Betrachten wir zwei Extrembeispiele für einen Lebensstil ganz ohne oder mit einem Minimum an Schattenarbeit. Sie sind einander diametral entgegengesetzt: Man kann beispielsweise einen Lebensstil pflegen, der ohne Schattenarbeit auskommt, indem man eine Ethik der Genügsamkeit pflegt. Die andere Methode ist, Schattenarbeit nahezu komplett zu delegieren. Erwartungsgemäß sind diese beiden Varianten jeweils am anderen Ende des wirtschaftlichen Spektrums eines Landes angesiedelt.

In Reinkultur manifestiert sich die erstgenannte Methode in einem Leben »ohne Versorgungsnetz« – also ohne Stromanschluss und möglichst ohne Erdgas oder Heizöl. Wer sich aus dem Netz ausklinkt, tut das gewöhnlich aus Umweltgründen – um seinen CO_2-Ausstoß zu minimieren. Das sind in der Regel junge Idealisten, die sich mitunter auch den großen kommerziellen Systemen des Nahrungsmittelvertriebs und des üblichen Handels entziehen. Auf diese Weise kommen sie mit einem sehr geringen Einkommen aus und ziehen Befriedigung aus einem bodenständigen Leben, inspiriert von Thoreaus *Walden oder Leben in den Wäldern*. In der grünen ländlichen Gegend um Amherst, Massachusetts, teilt sich der 27-jährige Steele, Absolvent des unweit gelegenen Hampshire College, ein Bauernhaus mit vier Mitbewohnern – einem verheirateten Paar, einem männlichen und einem weiblichen Single. Sie betreiben gemeinsam Landwirtschaft und verkaufen den Großteil ihrer Ernte auf Bauernmärkten in der Region. Steele spielt Bass in einer erfolgreichen Reggae-Band.

Die Solarmodule auf dem Dach generieren ausreichend Strom für ihren geringen Bedarf. »Man baut sie ein und ist sofort vom Stromnetz unabhängig«, sagt Steele. Zu dem Anwesen gehört eine größere Waldung. Sie liefert Holz für den energieeffizienten Ofen, mit dem die Gruppe ihr gut isoliertes Haus beheizt. Jeder hilft beim Sägen, Spalten und Stapeln. Das Wasser kommt aus dem eigenen Brunnen. So ist die Gruppe auf keines der großen Versorgungsnetze angewiesen. Auch ihre Nahrungsmittel baut sie überwiegend selbst an und hält Hühner als Eierlieferanten.

»Wir versuchen, so weit wie möglich nur zu produzieren statt zu konsumieren«, erklärt Steele. »Wir kaufen nur sehr wenig im Laden. Selbstgezogenes ist von weitaus besserer Qualität. Und wir verbringen gern unsere Zeit damit. Es ist psychisch, physisch und spirituell so viel erfüllender. Man gibt weniger Geld aus und hat viel körperliche Bewegung. Das tut gut. Und weil wir unsere Energie selbst erzeugen, müssen wir keine Angst haben vor Stromausfällen. Unser Lebensstil ist rundum gesund.«

Diese Hausgemeinschaft verrichtet sicherlich eine Menge unbezahlter Arbeit. Das ist aber keine Schattenarbeit, weil sie nicht im Dienste eines institutionellen Herrn geleistet wird. Es handelt sich dabei vielmehr um eine zeitgenössische Variante der Subsistenzwirtschaft: Sie erzeugt, was sie selbst zum Leben braucht – bei minimalen Ausgaben.

Am wohlhabenden Ende des Spektrums lässt sich das Problem dagegen finanziell lösen. In Beverly Hills (oder BH, wie die Einheimischen sagen) pflegen gut betuchte, statusbewusste Zeitgenossen einen Lebensstil, der Schattenarbeit tunlichst umgeht. Auch die Heimwerkermentalität wird in der BH-Subkultur gemieden: Ziel ist vielmehr, am besten *gar nichts* selbst zu machen. Finanzkräftige Amerikaner, vor allem die Neureichen (was in Beverly Hills auf viele zutrifft), halten dieses Prinzip hoch. Und das ist gar nicht so schwer – vorausgesetzt, man hat das nötige Kleingeld.

Vor ein paar Jahren ging ich mit meinem Freund Alan, einem jungen Anwalt, der aus BH stammt, durch ein Villenviertel von Beverly Hills. Wir bewunderten das üppig grüne Gras auf dem Streifen zwischen dem Fußweg und dem Bordstein. Alan wies auf die geraden Kanten und stellte trocken fest: »Das haben die Ner gemacht.« Mit »Ner« meinte er »Gärt*ner*«.

Das Delegieren von Arbeiten in Haus und Garten oder Tätigkeiten wie Kinderbetreuung an »die Ner«, kurz für Haushaltshilfen, Köche und Kindermädchen, ist eine Möglichkeit, dem Ansturm der Schattenarbeit zu entgehen. Durch die Beschäftigung von Dienstboten kehrt sich die Gleichung der Schattenarbeit um: Statt selbst Aufgaben zu übernehmen, die früher von anderen verrichtet wurden, bezahlt man andere für die Erledigung häuslicher Pflichten und macht so aus unbezahlter bezahlte Arbeit.

Im klassischen Beverly-Hills-Haushalt gibt es für jede Aufgabe einen Angestellten. Sie bepflanzen und pflegen Ihren Garten nicht – das überlassen Sie den »Nern«. Sie kochen auch nicht selbst: Sie gehen entweder ins Restaurant oder, wenn Sie denn unbedingt zu Hause speisen müssen, lassen Sie sich das Essen kommen. Oder noch besser: Sie engagieren einen Koch. Sie geben eine Party? Dann stellen Sie sich bloß nicht in die Küche oder schenken Getränke aus! Beauftragen Sie einen teuren Caterer, möglichst mit sexy gekleidetem Personal. Auch das ist Statuskonsum, denn Sie zeigen damit, dass Sie sich solche Extras leisten können. Am besten lassen Sie Ihre Party gleich komplett von Veranstaltungsplanern organisieren – inklusive Blumen, Musik, Einladungen, Unterhaltungsprogramm und natürlich einem Parkservice. Sie müssen dann selbst nur noch pünktlich erscheinen, die Gäste begrüßen und die Schecks ausstellen. Na ja, vielleicht sollten Sie noch die Gästeliste schreiben – es sei denn, es handelt sich um eine geschäftliche Veranstaltung (doch das ist eine Party ja immer irgendwie, oder?). Das Gleiche gilt für die obligatorischen alljährlichen Kindergeburtstage.

Ihr Schwimmbecken reinigt der Mann vom Poolservice. Das Saugen, Staub- und Bodenwischen und Saubermachen in Ihrem von der Innenarchitektin eingerichteten Haus übernimmt die Haushälterin. Das Kindermädchen betreut Ihren Nachwuchs. Und der benötigt natürlich auch Reitlehrer, Schwimm- und Tennistrainer und Geigen- und Klavierlehrer. Ihr Auto wird von Spezialisten gewaschen und poliert. Der Dog Walker führt Ihren Hund spazieren. Doch wer all diese Aufgaben fremdvergibt, merkt irgendwann, dass der Schuss nach hinten losgeht: Auf den ersten Blick haben Sie sich ein perfektes Leben organisiert. Das Problem ist nur: *Sie leben es nicht.*

Aus diesem Lebensstil sprechen bestimmte Werte. Seine Verfechter gehen davon aus, dass Kochen, Bettenmachen, Unkrautjäten, Hundespaziergänge oder Kinderbetreuung nicht so sinnvoll sind wie beispielsweise Restaurantbesuche, Yogakurse, das Redigieren eines Drehbuchs oder ein Einkaufsbummel am Rodeo Drive. Sie haben dann Zeit, sich die Realitysoap *Keeping Up with the Kardashians* anzuschauen oder selbst nachzuleben. »Wenn wir uns Haushaltspersonal leisten können – und das können wir –, warum sollten wir das nicht tun?«, fragt Elaine, verheiratete Mutter, die als Maklerin Wohnimmobilien in den teureren Vierteln von Santa Monica und Bel Air vermittelt. »In der Zeit, die ich sonst mit Hausarbeit zubringe, kann ich Häuser verkaufen und damit *viel mehr* verdienen als meine Haushaltshilfe. Und mein Job verschafft mir weitaus mehr Befriedigung als Staubsaugen.«

Dem liegt die Auffassung zugrunde, dass das Essen schmackhafter, die Blumenarrangements geschmackvoller und die Kinder besser erzogen sind, wenn das jemand übernimmt, »der das beruflich macht«. Die Auslagerung solcher Tätigkeiten bedeutet, dass sie mit professionellem Standard ausgeführt werden. Lassen Sie uns nicht um den heißen Brei herumreden: Sie sind doch bloß *Amateur*, wenn Sie Ihren Hund ausführen. Ein hauptberuflicher Dog Walker kann das mit Sicherheit besser, oder?

Die wenigen, die finanziell so gestellt sind, dass sie diesen Lebensstil pflegen können, ob in Beverly Hills oder anderswo, können Schattenarbeit ins Gegenteil verkehren. Sie delegieren solche Tätigkeiten an ihr Personal und halten sich selbst für vermeintlich höhere Aufgaben frei, wie Elaine erklärte. Sie bilden den Gegenpol zu den Pionieren, die sich vom Netz abkoppeln und alles alleine machen. Da die beiden Gruppen monetär betrachtet an entgegengesetzten Enden des wirtschaftlichen Spektrums liegen, wird ihrer Zeit ein ganz anderer Wert beigemessen. Der Schattenarbeit haben sich aber beide Gruppen erfolgreich entledigt – die einen, indem sie einfach alles selber machen, die anderen, indem sie es an bezahlte Hilfskräfte delegieren.

Der Wert der Zeit

Arbeitsmarkttheoretiker wie Richard Freeman von der Harvard University denken dauernd über Zeitallokation nach. Vielleicht orientieren sie sich ja an dem Rat, den Benjamin Franklin 1748 in seinen Ratschlägen für junge Kaufleute (*Advice to a Young Tradesman*) gab: »Zeit ist Geld.« Franklin wollte damit wohl sagen, dass sich jede Stunde in Geld umwandeln lässt – und umgewandelt werden sollte.

Neoklassische Ökonomen pflichten der Gleichsetzung von Zeit und Geld bei. Allerdings schießt der Wert Ihrer Zeit mit steigendem Einkommen entsprechend in die Höhe. Das ist die Argumentationsgrundlage für die Fremdvergabe von Arbeiten. »Wer reich ist, fährt mit dem Taxi zum Flughafen, weil seine Zeit sehr wertvoll ist«, erklärt Freeman. »Jemand mit einem niedrigeren Stundensatz nimmt die U-Bahn. Erkundigt sich die Fluggesellschaft, ob ein Reisender bereit ist, seinen Platz in der Maschine abzutreten und den nächsten Flug zu nehmen, werden sich Passagiere melden, deren Zeit weniger wertvoll ist und die daher bereit sind, ein paar Stunden zu warten.«

Jeder Kauf hat zwei Aspekte: Das Geld, das Sie dafür bezahlen, und die Zeit, die der Abschluss der Transaktion in Anspruch nimmt, wie Freeman darlegt. Der *Zeitaufwand* gehört zu den »Opportunitätskosten«, denn die für A aufgewendete Zeit nimmt Ihnen die Gelegenheit, Aktivität B nachzugehen. Die wohlhabende Verbraucherin kann Opportunitätskosten, wie sie sich häufig durch Schattenarbeit ergeben, vermeiden. Sie kann jemanden dafür bezahlen, sich für sie in die Warteschlange zu stellen, um Karten für ein Rockkonzert zu erstehen, denn was sie dafür zahlt, ist ihr weniger wichtig als die Möglichkeit, währenddessen andere Dinge zu erledigen. (Mit dem Online-Kauf von Tickets werden solche Warteschlagen natürlich obsolet.) Je reicher jemand ist, desto sinnvoller erscheint ihm die Ausmerzung der Transaktionszeit für Schattenarbeiten. Sind Sie Milliardär und nehmen pro Tag, sagen wir, allein 10.000 US-Dollar an Zinsen ein, und es gibt Kinokarten für 10 Dollar und für 50 Dollar, dann sind die 50 Dollar für Sie vollkommen unerheblich. Sie interessiert nur, was es Sie an Zeit kostet.

»Die Zeit der Reichen ist so kostbar, dass sie jede Menge niederer Arbeiten fremdvergeben«, meint Freeman. »Besteht an Ihnen persönlich großes Interesse, bekommen Sie früher oder später den Eindruck: >Meine Zeit ist ja so wertvoll – bei mir müssen die Leute *Schlange stehen.*<« Andere sollen ruhig auf mich warten. *Ich warte auf niemanden.* Als die ehemalige Außenministerin Hillary Rodham Clinton eine Medaille University of California, Los Angeles, annahm und einen Vortrag zum Thema Führung halten sollte, verlangte sie dafür nicht nur 300.000 Dollar Honorar, sondern hatte noch eine ganze Liste weiterer Forderungen. »Clinton ist offenbar stets in Eile«, stand im *Boston Globe,* und »wollte, dass sich alle Beteiligten für Gruppenfotos schon im Vorfeld aufstellen sollten, damit sie nicht herumstehen musste >bis diese Leute in die Puschen kommen.< Die frühere First Lady >wartet nicht gern auf andere<, wurde der UCLA mitgeteilt.«

Dann ist da noch das gesellschaftliche Prestige des Statuskonsums, wie es der Soziologe Thorstein Veblen 1899 in seinem Meisterwerk *Theorie der feinen Leute* beschrieb. Die ostentative Zurschaustellung von Wohlstand und Müßiggang, die er als demonstrativen Konsum definierte, beinhaltet auch das Statussymbol von Bediensteten, dessen sich die Reichen schon immer bewusst waren. Der durch die Fremdvergabe von Arbeiten geprägte Lebensstil verkörpert ein Ideal, das bereits die Pharaonen kannten.

In seinem Buch *The Harried Leisure Class* von 1970 erklärt der schwedische Ökonom Staffan Burenstam Linder, inwiefern Haushaltshilfen zur Förderung des Konsums beitragen:

>»Der Durchschnittsbürger kann sich heute nicht mehr persönliche Dienstleistungen leisten als in der Steinzeit. Einkommensoligarchen dagegen können ohne Weiteres gewaltige Summen für den Konsum aufwenden. Alle dafür nötigen Arbeiten können abgegeben werden, und es bleiben nur die angenehmen Seiten des Konsums. Ferienhäuser und Skihütten und die mit dem Aufenthalt dort und woanders verbundenen Aspekte sind weitaus reizvoller, wenn die Eigentümer nicht selbst abwaschen, sauber machen, schrubben, polieren und aufpassen müssen. Der ultimative Luxus ist, wenn man noch nicht einmal mehr selber einkaufen muss. Reibungsloser kann Konsum nicht ablaufen.«

Die Ironie dabei: Auch die Beaufsichtigung einer ganzen Schar von Hilfskräften kann zu einer größeren Aufgabe werden und bringt ihre ganz eigene Form der Management-Schattenarbeit hervor. Um das zu vermeiden, benötigen Sie dann einen persönlichen Assistenten, der Ihre anderen Mitarbeiter führt. »Der persönliche Assistent ist das i-Tüpfelchen«, meint Freeman. »Er trifft alle Entscheidungen. Ihm vertrauen Sie.« Und das sollten Sie auch. Denn sonst wird es zu Ihrer Aufgabe, dem Assistenten auf die Finger zu schauen.

Stellen Sie sich die monatlichen Ausgaben für eine solche Armee von Hilfskräften vor – und die Auswirkungen auf Ihr Familienleben, wenn ständig eine Phalanx Bediensteter durch Ihre Privaträume marschiert. Die Arbeit selbst lässt Ihnen keine Wahl. Sie muss gemacht werden, denn sonst gerät das Familienleben oder auch ein Single-Dasein irgendwann aus den Fugen: Lassen Sie Hausarbeit unerledigt, ist bald der Kühlschrank leer, es herrscht Unordnung und wird schmuddelig. Doch auch bei gleicher Arbeit macht es mitunter einen Unterschied, ob ein Amateur oder ein Profi ans Werk geht. Der Laie hat hier durchaus seine Berechtigung. Solche häuslichen Pflichten erden Sie in der täglichen Realität, die wir auch *Leben* nennen könnten. Sie schaffen eine Bindung an Ihr Zuhause, an die Räume und Möbel, die Ihnen klaglos gute Dienste leisten. Sie binden Sie auch an Ihre Familie, denn die häusliche Schattenarbeit kann Liebe spürbar machen. Dass meine Mutter für uns kochte, unsere Wäsche wusch und zum Trocknen aufhängte, auch im Winter, und unser Haus sauber und ordentlich hielt, bedeutete meinem Vater, meinen Geschwistern und mir sehr viel. Meine Mutter wollte uns ein Umfeld schaffen, in dem wir gesund und glücklich leben konnten. Der Haushalt ist nach wie vor der bedeutsamste Schattenarbeitssektor. Werden solche häuslichen Pflichten von einem Koch, einer Wäscherin, einem Kindermädchen oder einer Haushaltshilfe erledigt, mögen sie zwar hervorragend ausgeführt werden, doch für Geld und nicht aus Liebe zur Familie. Deshalb fühlt sich die Arbeit von Dienstboten einfach anders an.

Wenn Karriere, Kinder, Haushalt und Schattenarbeit zusammenkommen, wird das mustergültig vom Mythos der Überfrau verkörpert. In den 1970er-Jahren brach der Feminismus den Frauen die Tür zur Berufstätigkeit auf. Die meisten Frauen wollten aber auch eine Familie. Und zumindest manche versuchten, zur »Überfrau« zu mutieren, die alles schaffte. Ein hehres Ziel, das jedoch von der unerbittlichen Uhr unterminiert wird, die nicht mehr als 24 Stunden pro Tag anzeigt. Selbst bei kleineren Familien gelang es, wenn überhaupt, nur ganz wenigen Frauen, erfolgreich die Rollen als Ehefrau, Mutter und ehrgeizige Mitarbeiterin auszufüllen, ohne Kompromisse einzugehen. Alles auf einmal ging einfach nicht.

In Wirklichkeit ging sogar einiges nicht. Die Gesellschaft veränderte sich. Selbst gekochte Mahlzeiten für die Familie wichen beispielsweise Fertiggerichten, Tapasbars, Mikrowellenportionen und Lieferdiensten. »Wenn ich um 18:30 Uhr nach Hause komme, kann ich unmöglich noch anfangen zu kochen«, erklärt Celeste, Aktienanalystin und zweifache Mutter aus Manhattan. »Brad [ihrem Mann] geht es nicht anders. An Wochentagen holen wir unser Essen auswärts. Am Wochenende können wir kochen. Manchmal.« Um die ganz Kleinen kümmerten sich Kindermädchen und Tagesstätten. Putzdienste bekamen den Hausschlüssel und wöchentliche Termine. Chronischer Schlafmangel stellte sich ein.

Dass Frauen auf den Arbeitsmarkt kamen, zahlte sich aus – sowohl bei der Gleichstellung der Geschlechter als auch bei der beruflichen Erfüllung. Es verringerte aber unweigerlich die Zeit, die Frauen mit Schattenarbeit wie Haushalt oder Kinderbetreuung verbrachten. Dadurch entstand mehr *bezahlte* Arbeit für Restaurantbesitzer, Kinderpflegerinnen, Kita-Mitarbeiter und Putzkräfte. Dieses Szenario mag sich nach der Mittelschichtvariante der Fremdvergabe von Arbeiten anhören, wenngleich die Doppelverdiener selten »nichts tun«. Ganz im Gegenteil, mit ihren Jobs, ihren Kindern, ihrer Beziehung und all den nicht fremdvergebenen häuslichen Pflichten sind sie gut ausgelastet.

Für die Kinder nimmt man sich natürlich immer Zeit, doch nicht genug, wie viele meinen. »Es bringt mich noch um«, erzählt Prozessanwältin Margot aus Chicago, die mit einem Patenanwalt verheiratet ist. »Andy und ich sind beruflich so eingespannt, dass wir oft den Eindruck haben, Andrea [ihre sechsjährige Tochter] spielt eine Nebenrolle. Ich hätte wirklich gern mehr Zeit für sie, doch woher soll ich die nehmen? Wir versuchen nach Kräften, sie dafür zu entschädigen.«

Tatsächlich ist die Zeit, die sie mit ihren Kindern verbringen, für viele Eltern die schönste im Leben. Viele meinen auch, sie *müssten* ihrem Nachwuchs Zeit schenken. Eltern, die selbst den geburtenstarken Jahrgängen angehören, erinnern sich zum Beispiel gern an ihre nicht arbeitenden Nur-Hausfrau-Mütter und an Spiele mit Vätern, die noch echte Freizeit hatten, unbeeinträchtigt durch Laptops, mobile Geräte und Textnachrichten. Sind heutzutage beide Elternteile berufstätig, haben sie nicht mehr so viel Zeit, die sie mit ihren Kindern verbringen können (daher die Erfindung der »Quality Time«, die die *Menge* an Zeit ersetzen soll). Notgedrungen haben sie Schuldgefühle. Das schlechte Gewissen hat die Mittelschicht-Epidemie der Übereltern hervorgebracht, einen weiteren Kanal der Schattenarbeit.

Übereltern im Schnellgang

In dem Film *Der Teufel trägt Prada* aus dem Jahr 2006 denkt sich Modezarin Miranda Priestly (Meryl Streep) nichts dabei, wenn sie ihrer Assistentin Andrea Sachs (Anne Hathaway) ungeniert ganz persönliche Pflichten aufhalst. Die bestimmende Priestly spannt Sachs sogar für eine naturwissenschaftliche Projektarbeit ihrer beiden Zwillingstöchter ein, die diese für die Schule anfertigen sollen.

In dem Film wird thematisiert, wie Priestly Sachs' Aufgabengebiet bis zum Missbrauch ausweitet. Er verdeutlicht aber auch einen soziologischen Aspekt – nämlich wie sich die Normen der Kindererziehung verändert haben. Früher machten Schulkinder ihre Hausaufgaben noch selbst. Eltern nahmen sie ihnen nicht ab und »halfen« ihnen auch nicht dabei. Sie fanden, das sei eine Angelegenheit zwischen Schüler und Lehrer und das Korrigieren von Fehlern in solchen Arbeiten gehöre zum Lernprozess. Auch Sonderaufgaben wie Beiträge zu Wissenschaftstagen erledigten Schüler alleine. Den Lehrern wurden Arbeiten präsentiert, die die Kinder ohne Hilfe erstellt hatten – und nicht ein Team aus Eltern und anderen Mentoren, deren Konstruktionen die Schüler heillos überfordern. Der Lehrer, dem solche heimlich von anderen ausgeführten Arbeiten vorgelegt werden, kann die Entwicklung des Schülers nicht mehr aussagekräftig bewerten. In *Der Teufel trägt Prada* wird diese Scharade noch einen Schritt weiter getrieben: Es ist nicht einmal mehr die eigene Mutter,

die bei den Hausaufgaben »hilft«, sondern eine ihrer Management-
assistentinnen.

Dieses filmisch aufbereitete Extrem illustriert, was heute Alltag
ist: dass Eltern die Schularbeiten ihrer Kinder machen. Das hat es
zweifellos schon immer gegeben, doch angefangen bei den geburtenstarken Jahrgängen greift es immer mehr um sich. In manchen
Schulsystemen wird sogar schon verlangt, dass Eltern mit ihrer Un-
terschrift bestätigen, dass ihre Kinder ihre Aufgaben selbst erledigt
haben. »Ich dachte immer, die *Lehrer* würden prüfen, ob Kinder ihre Hausaufgaben machen«, meint Elizabeth, die Schauspielerin aus
Albany. »Warum werde ich als Mutter dazu aufgefordert?« Eine ehr-
liche Rückmeldung an den Lehrer zur Erstellung der Schularbeiten
stärkt die gewohnheitsmäßige Integrität. Das gehört übrigens zu den
wichtigeren Lektionen fürs Leben, die in den ersten Schuljahren er-
teilt werden. Den Eltern die Verantwortung dafür zu übertragen,
entkräftet eine wirkungsvolle Übung zur Charakterbildung.

Verständlicherweise möchten Mütter und Väter, dass ihre Kinder im
Wettbewerb brillieren. Weiß ein Vater, dass andere Schüler aus der
Klasse seines Sohnes elterliche »Unterstützung« bei den Hausaufgaben erhalten, legitimiert das in seinen Augen diese Praxis. »Das macht
doch jeder.« Und wenn es jeder macht, wieso sollte sein Sohn dann
einen Nachteil dadurch haben, dass sein Vater darauf bestand, dass
er seine Aufgaben selbst erledigte? Damit würde der Junge doch im
Grunde um die Chance betrogen, gute Noten zu bekommen (wenn
auch nicht zu verdienen) und sich in dieser Welt zu behaupten, in der
schulischer Erfolg so viel bedeutet – nämlich am Ende die Zulassung
zum College und zum Studium und eine gesicherte Karriere in der
oberen Mittelschicht. Das alles fängt in der Grundschule an, wo die
Kleinsten jeden erdenklichen Vorteil brauchen, und zwar sofort.

Eltern, die Hausaufgaben tatsächlich *selbst* übernehmen oder Beiträge zu naturwissenschaftlichen Projekten erstellen, vermitteln die

Botschaft, dass sie den ureigenen Fähigkeiten ihres Kindes nicht vertrauen, dass Betrug legitim ist und dass man, um erfolgreich zu sein, die Lorbeeren für andere einheimsen darf. (Vielleicht wollen solche Eltern ihr Kind ja auch gezielt fit machen für eine Karriere in der Politik?) Viel öfter beschränken sich Eltern aber auf »Hilfestellung« bei den Aufgaben. Sie betätigen sich als häusliche Nachhilfelehrer und lernen mit dem Kind, damit es den Stoff meistert. Sie übernehmen damit die Tätigkeit des Lehrers: nichts anderes als Schattenarbeit.

Kompliziert wird es, weil die Menschen wie alle Amateure ganz unterschiedliche Voraussetzungen für solche Arbeiten mitbringen. Manche Eltern mögen begnadete (oder vielleicht sogar ausgebildete) Lehrer sein, die genau wissen, wie Lernprozesse gefördert werden können. Andere sind aber vielleicht ungeschickt, arbeiten dem Lehrer in der Schule entgegen und beeinträchtigen in Wirklichkeit die Fortschritte ihres Kindes, entweder weil sie intellektuell oder pädagogisch patzen oder weil sie eine angstbesetzte Atmosphäre rund um schulische Arbeiten schaffen, die jüngere Schüler lähmt. Schattenarbeit hat also zwei Seiten.

Interessant ist dabei, dass elterliche Einmischung in die Bildung ihrer Kinder, von Hausaufgaben bis hin zu Elternbeiratssitzungen, die schulischen Leistungen ihrer Sprösslinge nicht verbessert, ja vielleicht sogar behindert. *The Broken Compass: Parental Involvement with Children's Education* (2014) von den Soziologen Keith Robinson von der University of Texas und Angel L. Harris von der Duke University analysierte zahlreiche Studien, die zwischen den 1980er-Jahren und 2005 entstanden. Sie codierten 63 verschiedene Arten elterlicher Mitwirkung und sammelten demografische Daten sowie akademische Ergebnisse zu Kindern aller Klassenstufen. »Wir stellten fest, dass die meisten Formen elterlicher Mitwirkung die Bewertungen oder Noten ihrer Kinder nicht bessern«, schrieben die Autoren in der *New York Times*. Tatsächlich kamen mehr bessere schulische Leistungen zustande, je *weniger* sich die Eltern einmischten. Fiel elterliche Mitwirkung ins Gewicht, so wirkte sie sich eher negativ als positiv aus. »Laufende Unterstützung bei den Hausaufgaben trug fast nie zu besseren Bewertungen oder Noten bei«, so die Autoren. »Offenbar sind die meisten Eltern nicht in der Lage, ihre Kinder effektiv bei den Hausaufgaben zu unterstützen. […] Noch überraschender fanden wir, dass sich die Leistungen von Kindern gewöhnlich verschlechterten, wenn Eltern regelmäßig bei den Hausaufgaben halfen.« Die Autoren stellten nur eine Art des elterlichen Engagements fest, dass offenbar etwas bewirkte: Wenn Eltern ihren Kindern beständig den Wert schulischer Bildung vermittelten.

Zwei gesellschaftliche Veränderungen liegen dem verstärkten Engagement der Eltern im schulischen Bereich zugrunde: Erstens treibt die unzulängliche Qualität öffentlicher Schulen in den USA Familien dazu, von ihnen wahrgenommene Defizite nach Möglichkeit auszugleichen. Die logische Konsequenz dieses Trends ist es, Kinder zu Hause selbst zu unterrichten. Dann übernehmen Eltern ganz die Aufgaben von Lehrern und schulischen Verwaltungskräften. (Viele dieser Eltern lehnen auch das von der US-Verfassung vorgeschriebene säkulare öffentliche Bildungssystem ab und möchten ihren Kindern zu Hause ihre religiösen Überzeugungen vermitteln.)

Zweitens haben sich soziale Normen herausgebildet, die mehr elterliche Beteiligung am Leben ihrer Kinder nicht nur sanktionieren, sondern sogar fordern. Natürlich sind es vor allem privilegierte Schüler, deren Eltern sich übermäßig für schulische Belange engagieren. Die ersten »Helikoptereltern«, die unablässig um alle Aktivitäten ihrer Nachkommenschaft kreisen, waren Mütter und Väter aus der oberen Mittelschicht. Zu ihnen haben sich inzwischen die noch aggressiveren »Schneepflugeltern« gesellt, die ihren Kindern entschlossen den Weg ebnen wollen. Bei Eltern von Internatsschülern gibt es neuerdings sogar den Trend, in die Nähe der Schule zu ziehen, um ein Auge auf die Kinder zu haben, die eigentlich in der

Schule untergebracht sind. »Kommen die Schüler in die elfte Klasse, hört man immer öfter: >Ich muss da sein, um Unterstützung zu leisten, wenn es um den anstehenden Wechsel aufs College geht<«, berichtete die Immobilienmaklerin Elyse Harney Morris aus Salisbury, Connecticut, der *New York Times*. Leider müssen am anderen Ende des Klassenspektrums Millionen bedauernswerter Kinder aufwachsen, deren Eltern sich *zu wenig* für ihr schulisches Fortkommen interessieren. Weil den Eltern die Zeit oder das Interesse fehlt, werden solche Schüler schon in jungem Alter im Klassenzimmer sich selbst überlassen.

Doch die Übereltern werden morgens schon lange vor der ersten Schulstunde aktiv. Millionenfach chauffieren sie ihre Kinder zur Schule und halsen sich damit Schattenarbeit als unbezahlte Schulbusfahrer auf. Für die geburtenstarken Jahrgänge war das seinerzeit eher die Ausnahme. Wie mir ein Freund aus seiner Schulzeit erzählte: »Ich glaube, mein alter Herr wusste gar nicht, *wo* ich zur Schule ging.« Die Hin- und Rückfahrt zur Schule kann sich jede Woche zu mehreren Stunden Schattenarbeit summieren, hat aber durchaus ihre Vorteile. »Wir sind zeitlich unabhängiger«, sagt Industriedesigner Eric aus Albany. »Und wenn ich Samantha zur Schule fahre, verbringe ich ein bisschen zusätzliche Zeit mit ihr. Das ist mir viel wert.«

Aus ökologischer Sicht ist diese Form der Schattenarbeit allerdings eine Katastrophe. Anstelle eines Schulbusses fährt eine ganze Flotte von Limousinen, SUVs und Minibussen jeden Morgen vor der Schule vor. Die chauffierenden Eltern verkörpern die Antithese zu den Sonderfahrspuren für Fahrzeuge mit mehreren Insassen, die Menschen zu rationellerem Fahrzeugeinsatz motivieren sollen. Sicher, in den »elterlichen Schulbussen« sitzen mindestens zwei Personen, doch verglichen mit *richtigen* Schulbussen sind Privatfahrzeuge eben nur gering besetzt. Vielleicht verbrauchen Mama und Papa bei solchen Fahrten als Gruppe sogar mehr Energie, als durch solche Sonderfahrspuren in den USA eingespart wird. Sie verschwenden

Millionen Liter Sprit und verpesten die Umwelt, wenn sie mit laufendem Motor in der langen Schlange stehen, um ihre Kinder aussteigen zu lassen. (Manche US-Bundesstaaten wie Virginia, Hawaii und Vermont und viele Kommunen verbieten solche Sitten sogar durch Anti-Leerlauf-Gesetze.) Sicher steigern solche schattenarbeitenden Eltern den CO_2-Ausstoß nicht *absichtlich*. Und sie wollen auch die globale Erwärmung nicht vorantreiben. Fragt man sie, sprechen sie sich durchaus für geringeren Benzinverbrauch aus – solange das nicht bedeutet, dass ihre Kinder mit dem Bus zur Schule fahren müssen.

Eltern greifen aber nicht nur in die Hausaufgaben, sondern auch anderweitig in die Bildung ein – auf Elternbeiratssitzungen und in den Sprechstunden der Lehrer, aber auch durch zahllose unaufgeforderte Anrufe und E-Mails an Sekretärinnen, Lehrer, Beratungslehrer und Trainer. »Es herrscht der breitere Trend vor, dass sich Eltern zunehmend in die Bildung ihrer Kinder einmischen«, äußerte Professor Rubén Gaztambide-Fernández, Autor von *The Best of the Best: Becoming Elite at an American Boarding School*, gegenüber der *New York Times*. »Es geht immer mehr die Angst um, dass der schulische Erfolg nicht ausreicht, um den späteren wirtschaftlichen Erfolg zu sichern. Eltern widmen ihren Kindern sehr viel persönliche Aufmerksamkeit. Das trauen sie den Schulen nicht zu.«

Neben der Schule nehmen Eltern auch vermehrt Anteil an außerschulischen Aktivitäten ihrer Kinder. Nach der Schule und am Wochenende organisieren die Eltern für ihre Kinder ein Freizeitprogramm, vereinbaren »Spieltermine« für ihren Nachwuchs und verbringen manchmal sogar selbst Zeit mit ihren Sprösslingen. Die Initiative zu Geigen-, Klavier- und anderen Musikstunden geht ebenso oft von Eltern aus wie von Kindern. Das Gleiche gilt für Tanzstunden, Schachvereine oder organisierten Sportunterricht (siehe auch die Schattenarbeitssaga am Ende dieses Kapitels).

Das Überengagement dieser penetranten Mütter und Väter hält sogar noch an, wenn die Kinder schon aufs College gehen. Sie rufen Professoren und Trainer an und erteilen ihnen Ratschläge zur Förderung ihrer (erwachsenen) Kinder. »Ich habe mal eine Mutter gefragt, wie viele Jahre sie denn die Voraussetzungen für die Aufnahme in eines unserer Teams erfüllt habe«, erinnert sich Bill Cleary, ehemaliger Sportdirektor in Harvard. »Denn wenn sie dafür nicht qualifiziert war, sah ich keinen Grund, mich länger mit ihr zu unterhalten.« Es ist durchaus üblich, dass Bachelorstudenten mehrmals pro Woche ihr Handy zücken, um sich telefonisch oder per SMS bei ihren Eltern zu melden – manchmal sogar mehrmals *täglich*. Dann wird der Stundenplan besprochen, der Status der Beziehungen zu Mitbewohnern und Kommilitonen, aber auch Aktivitäten, die nichts mit dem Studium zu tun haben. Die Eltern melden sich stets prompt zurück. Wenn Erwachsenwerden aber bedeutet, eigenverantwortlich Entscheidungen zu treffen, dann fragt man sich unwillkürlich, ob derartige elterliche Schattenarbeit – die in den Zuständigkeitsbereich von Dekanen, Aufsichtspersonen, Professoren und Studienberatern eingreift – den Studenten wirklich hilft oder sie nicht auf eine Weise infantilisiert, die ihren Reifeprozess verzögert.

In der Mache

Hausarbeit fällt unter Heimwerken – wie Schattenarbeit generell. In den USA versteht man unter einem Heimwerker aber jemanden, der einem Hobby nachgeht. Do-it-yourself deckt dennoch inzwischen ein breites Spektrum von Tätigkeiten ab, unter die auch verschiedene Formen der Schattenarbeit fallen.

Die Do-it-yourself-Philosophie ist in den USA schon sehr lange populär. Wie bereits angesprochen, wurde im Haushalt vor der industriellen Revolution so ziemlich *alles* selbst erledigt. Vielleicht schlägt das Heimwerken insofern einen Bogen zu nationalen Werten wie Individualismus und Selbstgenügsamkeit. Denken Sie nur an Emersons berühmten Aufsatz »Self-Reliance« zur Autarkie.

So oder so, gewöhnlich begrüßt der US-Amerikaner Schattenarbeit, wenn sie ihm ein *individuelles* Ergebnis ermöglicht, das genau seinen Wünschen entspricht. Durch die Technik geraten Kunden, die Schattenarbeiten verrichten, rasch in die Frühstadien des Produktionsprozesses. Der Trend zur *Personalisierung* – vielleicht eine Reaktion auf die Eintönigkeit der Massenprodukte – macht aus ihnen Industriedesigner. Seit Jahren können Kunden schon Schnitt und Stil ihrer Jeans individuell bestimmen. Heute können sie am New-Balance-Automaten ihre Schuhe selbst entwerfen. 2013 führte Foot Locker einen interaktiven Touchscreen-Automaten ein, der es den Käufern ermöglicht, sich das Sneaker-Modell New Balance 574 von der Farbgebung und den Schnürsenkeln bis hin zum Logo, zum Material und zur Absatzhöhe selbst zusammenzustellen. Der Kiosk bietet 48 Billiarden Kombinationsmöglichkeiten von Elementen. Falls es nicht zu einer echten Bevölkerungsexplosion kommt, kann sich jeder, der das will, ein absolut einzigartiges Paar Schuhe kreieren. Was dabei herauskommt, mag abgrundtief hässlich sein, denn schattenarbeitende Käufer sind nun einmal keine Schuhdesigner, doch es ist zweifellos ganz *persönlich*. Solche Schuhe trägt sonst keiner – und vermutlich würde es auch niemand wollen.

Gesellschaftlicher Wandel sorgt in Kombination mit neuen sozialen Normen für unterschiedliche Verfahrensweisen – mit dem Nebenprodukt neuer Arten der Schattenarbeit.

Während meiner Collegezeit gab es am Harvard Square beispielsweise einen einzigartigen Einzelhändler namens Door Store beziehungsweise Furniture-in-Parts. Dort arbeiteten flotte skandinavische Verkäuferinnen. Ansprechende, studioartige Verkaufsräume lockten die Studenten in Scharen herein. Der Door Store bot Möbel zum Zusammenbauen an. Dort konnte man hölzerne Tischplatten in verschiedenen Größen und Tischbeine in verschiedenen Längen erstehen und zu einem Esstisch, Couchtisch oder Beistelltisch kombinieren. Es wurden auch jede Menge Türen verkauft (daher der Name), die die Studenten einfach auf Aktenschränke legten, und fertig war der Schreibtisch! Der Kunde bekam schicke, bezahlbare Möbel, die sich flexibel gestalten ließen, und steuerte im Gegenzug ein bisschen Schattenarbeit bei. Für eine Studentenstadt ideal. Der Door Store ist immer noch im Geschäft, ist aber inzwischen an den Harvard Square umgezogen. Und die skandinavischen Mädels gibt es dort leider auch nicht mehr.

Der Door Store bot einen Vorgeschmack auf das, was das schwedische Möbel- und Einrichtungshaus Ikea inzwischen in 43 Ländern betreibt. Das 1943 von dem damals 17-jährigen Ingvar Kamprad gegründete Unternehmen verkauft klares, kostengünstiges nordisches Design. Eine Methode, auch größere Möbelstücke preiswert anzubieten, ist der Verkauf als Bausatz. (In den 1980er-Jahren wurden die Kosten auch durch den Einsatz von Zwangsarbeitern wie politischen Häftlingen oder Strafgefangenen in der ehemaligen DDR gesenkt.) Die Kunden schleppen ihre Ikea-Kartons nach Hause und machen sich dort an die Schattenarbeit der Montage, die in Möbelfabriken von bezahlten Arbeitern ausgeführt wird. Das ist nicht immer ganz leicht. Paare, die schon einmal versucht haben, zusammen ein Ikea-Möbel aufzubauen, können sicher nachvollziehen, warum der bissige Witz kursiert, *Ikea* sei das schwedische Wort für *Ehekrach*.

Für die meisten zahlt sich diese Schattenarbeit aber finanziell und psychologisch aus. 2011 veröffentlichte Michael Norton von der Harvard Business School zusammen mit Daniel Mochon und Dan Ariely eine Reihe von Experimenten in einem Artikel mit dem Titel »Der Ikea-Effekt: Wenn Arbeit zur Leidenschaft wird«. Die Probanden montierten Möbel aus Ikea-Bausätzen, falteten Papier im japanischen Origami-Stil und erstellten Objekte aus Lego-Steinen. »Die Teilnehmer maßen ihren amateurhaften Kreationen, die teils

Gebrauchsgegenstände, teils Luxusartikel waren, einen ähnlichen Wert bei wie den Produkten von Fachleuten«, schrieben die Autoren, »und erwarteten, dass auch andere diese Ansicht teilten.« Wer etwas selber machte, fühlte sich stolz und kompetent. Es entstand ein Demonstrationsobjekt, das die eigene Sachkenntnis zur Schau stellte. Der Ikeaeffekt hat also einen vielfältigen Nutzen.

Das mit solchen Arbeiten verbundene Hochgefühl macht sie für ein bestimmtes Publikum seit jeher attraktiv. Die Zeitschriften *Popular Science* (1872 gegründet) und *Popular Mechanics* (1902) preisen schon immer die Freuden des Heimwerkens. Ein verwandter Trend umfasst selbst gekelterten Wein und selbst gebrautes Bier. Heutzutage führt das Magazin *Make* in alle Arten von Do-it-yourself-Projekten ein, darunter auch Hightech-Varianten wie Robotik, Drohnenbau und 3-D-Druck. Viele solche Aktivitäten wie der Eigenbau eines Roboters, zu welchem Zweck auch immer, bringen als solche Erfüllung und gelten daher als Hobby, nicht als Schattenarbeit. Brauen wir aber Bier, um Geld zu sparen, oder verringern unseren Benzinverbrauch, indem wir ein Auto auf Stromantrieb umrüsten (ein *Make*-Projekt, das 12.000 bis 18.000 Dollar kostet und von der Zeitschrift mit »hohem Schwierigkeitsgrad« etikettiert wird – die Gewinnschwelle erreichen Sie damit locker bis 2032), dann ist das Schattenarbeit.

Die Heimwerkerbewegung katapultiert die häusliche Werkstatt ins Elektronikzeitalter. Die Bastler konstruieren nicht nur Geräte, die den Rasen sprengen, sondern solche, die ein Signal an Ihr Smartphone senden, wenn der Rasen Wasser *braucht*. Ebenso überflüssig wie amüsant für seinen Erbauer ist ein Wecker, der automatisch der Katze Wasser in eine Schüssel füllt. Oder stellen Sie sich ein Einrad vor, an dessen Speichen LED aufleuchten. Solche Spielereien fallen wieder unter Hobby, nicht unter Schattenarbeit.

Die 3-D-Drucktechnik dagegen eröffnet Möglichkeiten für Schattenarbeit, die exponentiell anwachsen werden. Ein 3-D-Drucker ist eine Art Industrieroboter, der für Verbraucher erschwinglich ist – manche kosten keine 1000 Dollar mehr. Solche Drucker können dreidimensionale Objekte in fast jeder Form herstellen, indem sie ein Design aus einer digitalen Datei »ausdrucken«. Websites wie Thingiverse.com bieten Tausende solcher Druckvorlagen. Der 3-D-Drucker baut das Objekt auf, indem er computergesteuert schichtweise Material aufbringt (in aller Regel Kunststoff, wobei im High-End-Bereich auch Keramik und sogar Stahl verarbeitet werden können). Weil der Nutzer jeweils immer nur ein Objekt herstellt, kann er es individuell gestalten. Das ist ausgesprochen nützlich für Anwendungen wie Zahnersatz, den manche Zahnärzte inzwischen mit keramischem 3-D-Druck herstellen.

Diese Technik ermöglicht im Grunde die häusliche Herstellung von Produkten – und da fängt die Schattenarbeit an. Nehmen wir an, der Türgriff Ihres Kühlschranks bricht. Normalerweise würden Sie sich in diesem Fall an den Verkäufer oder den Hersteller wenden und ein Ersatzteil bestellen, das Sie oder ein Techniker dann einbauen. Mit einem 3-D-Drucker könnten Sie sich die Planvorlage für den Griff von der Website des Herstellers herunterladen und sich das Ersatzteil selbst ausdrucken. Ebenso könnten sich Verbraucher Ersatzteile für Jalousien, Geschirrspüler oder Heizkessel ausdrucken. Haushaltsgerätehersteller begrüßen diese Entwicklung begeistert, denn dann müssen sie endlich nicht mehr Tausende von Ersatzteilen auf Lager haben. Bei der Lagerhaltung treten virtuelle Teile an die Stelle realer Komponenten, die in Form digitaler Vorlagen aufbewahrt werden – zu *weitaus* niedrigeren Kosten. Die mit der Herstellung des eigentlichen Teils verbundene Arbeit bleibt dann dem Kunden mit seinem 3-D-Drucker überlassen.

Bürgert sich dieses Verfahren bei der Wartung und Reparatur von Haushaltsgeräten ein, werden die Unternehmen im Umkehrschluss vermehrt vom Verbraucher wart- und reparierbare Produkte entwickeln. Die Industriedesigner sollten sich über diese Entwicklung freuen, denn das *einzige* Produkt, das dann noch auf dem Markt für Zubehör und Ersatzteile verkauft wird, ist das Design. Ihre Auftragslage dürfte sich dadurch enorm verbessern. Aufwendigere Pläne oder Materialien wie Stahl könnten die Verbraucher in 3-D-Druckagenturen führen, die mit anspruchsvollerer Technik mehr Möglichkeiten haben. Solche Unternehmen sollten sich in den Kommunen etablieren wie Kopier- und Druckzentren, die Kopieraufträge übernehmen, die für das Homeoffice oder für kleine Unternehmen zu umfangreich oder zu komplex sind. Dieser Trend ist bereits im Gang. 2014 führte Piecemaker Technologies zur Weihnachtszeit flächendeckend einen 3-D-Druckautomaten für Einzelhandelsgeschäfte wie Spielzeugläden ein. Mit dessen Hilfe können sich die Kunden individuellen Schmuck, Anhänger, Ringe, Kunststoffspielzeug oder ein Plektrum für die Gitarre nach Vorlage ausdrucken lassen – zu Preisen, die in der Regel zwischen 5 und 15 Dollar liegen.

Derzeit sind Hersteller gesetzlich verpflichtet, eine bestimmte Zahl von Jahren nach der Einführung eines Produkts Ersatzteile zur Verfügung zu stellen. Da der 3-D-Druck die Aufgabe, diese Teile zu produzieren, auf den Verbraucher überträgt, werden die Unternehmen – vermutlich erfolgreich – Lobbyarbeit betreiben, um solche Gesetze zu kippen und sich von dieser lästigen Pflicht zu befreien, wenn ihre schattenarbeitenden Kunden den Job übernehmen.

Waschen Sie Ihren Müll

Viele betrachten ihr Eigenheim vielleicht als eigenständige soziale Einheit, doch in Wirklichkeit ist jede Wohnung mit der Kommune vernetzt, in der sie liegt, und auch mit der globalen Umwelt. Manche der Schattenarbeiten, die wir zu Hause erledigen, spiegeln unser staatsbürgerliches und politisches Engagement wider. Recycling zum Beispiel demonstriert gesellschaftliche Verantwortung und erleichtert das Gemeinschaftsleben. Gleichzeitig schützt es die Natur.

Noch vor 50 Jahren warfen die Amerikaner alles weg, was nicht aufgegessen oder aufgebraucht wurde. In den 1960er-Jahren wurde sogar im Fernsehen für Erfrischungsgetränke in Dosen geworben, die nach einmaligem Gebrauch weggeworfen wurden und gerade auf den Markt gekommen waren. Heute sind Glas, Metall, Kunststoff, Papier, Textilien und Elektronik wiederverwertbares Material, und die meisten von uns leisten bereitwillig die Schattenarbeit für das Recycling. Tonnen von Abfall bleiben unseren Mülldeponien dadurch erspart.

Recycling hat es schon immer gegeben: Ein früher Verfechter war Plato. Altmetall wie Messing wurde sehr früh schon gesammelt, eingeschmolzen und wiederverwendet. Im Zweiten Weltkrieg wurde Recycling als Voraussetzung für den Sieg an der Heimatfront propagiert: Zivilisten bargen Metalle wie Kupfer für die Wehrkraft und verwendeten andere Materialien wieder, um Ressourcen zu schonen. In den 1970er-Jahren machte sich die Umweltschutzbewegung für Recycling stark, um natürliche Ressourcen zu erhalten und Deponien zu entlasten. Einen weiteren Anreiz boten die sprunghaft steigenden Energiekosten: Bei der Wiederverwertung von Aluminium werden nur 5 Prozent der Energie verbraucht, die benötigt wird, um aus Bauxit Aluminium herzustellen. Andere recycelte Werkstoffe sorgen für geringere, aber dennoch erhebliche Energieeinsparungen.

Die Wiederverwertung hat ganz neue Industrien hervorgebracht. Auf die Europäische Union entfallen angeblich 50 Prozent der globalen Entsorgungs- und Recyclingindustrie, mit 60.000 Unternehmen, die 500.000 Mitarbeiter beschäftigen und 24 Milliarden Euro Umsatz erwirtschaften. Recycling verringert nicht nur den Bedarf an Rohstoffen und Deponien, sondern kann auch Energie sparen, die Luftverschmutzung durch Müllverbrennung und die Wasserbelastung durch überquellende Müllkippen reduzieren und den Ausstoß an Treibhausgasen drosseln, den Kunststofffabriken verursachen. Viele Regierungen in aller Welt schreiben Recycling inzwischen gesetzlich vor und stellen gesonderte Container für wiederverwertbare Artikel aus Haushalten und Unternehmen bereit.

Die Gesellschaft erntet die Früchte ungezählter Stunden Schattenarbeit. Statt wie in den 1950er-Jahren einfach alles in den Müllkübel zu werfen, sortieren die Bürger inzwischen wiederverwertbares Papier, Plastik, Glas und Metall aus und bewahren es getrennt auf, um es auf dem Wertstoffhof abzugeben. In den 1950er-Jahren zeigten die Menschen keine Bereitschaft, ihren Müll vor der Entsorgung zu waschen. Die Sauberkeitsstandards auf Müllkippen waren schließlich eher gering. Der Trend zum Recycling löste die »Wascht euren Müll«-Initiative aus, da organische Stoffe im Recyclingstrom unwillkommen sind. Die Bürger übernahmen die Schattenarbeit des Ausspülens von Flaschen und Dosen – und die besonders reinlichen unter ihnen verwendeten dazu sogar Spülmittel.

In der Vergangenheit trennten die Recycling-Anhänger Metall, Glas, Plastik und Papier vor der Abfuhr, und so ist es vielerorts bis heute. Ausgehend von Kalifornien bieten Kommunen aber seit den 1990er-Jahren ein Single-Stream-Recycling an, sodass alle wiederverwertbaren Stoffe in einen Container geworfen werden können. Die Gemeinde lässt sie dann in eine Wiederverwertungsanlage transportieren, wo der Abfall mechanisch und manuell in einzelne Komponenten getrennt wird. (2012 gab es in den USA 248 solche Anlagen.)

Denken Sie auch an die Schattenarbeit, die durch Getränke verursacht wird. In den USA werden jeden Tag riesige Mengen von Erfrischungsgetränken, Bier, Mineralwasser, Eistee, Saft und »Sportgetränke« konsumiert. Viele werden in Einwegverpackungen verkauft, die einen Abfallberg verursachen. Getränkebehälter machen womöglich 58 Prozent des gesamten Müllaufkommens aus.

Als Erstes kam 1971 der Oregon Bottle Bill. Inzwischen haben elf der 50 US-Bundesstaaten Gesetze erlassen, die der Getränkeindustrie und den Abnehmern ihrer Produkte Verantwortung für die verwendeten Behälter zuweisen. Kunden zahlen 5 oder 10 Cent pro Flasche oder Dose, was die traditionelle Praxis der wiederverwendbaren Pfandflaschen wiederaufleben lässt, die bis in die 1930er-Jahre in Amerika vorherrschte, als Einmaldosen aus Metall die Glasflaschen verdrängten. (In England initiierte Schweppes bereits 1800 ein Flaschenpfand.) Verbraucher können leere Flaschen oder Dosen im Laden oder an bestimmten Stellen zurückgeben und sich ihr Pfand auszahlen lassen. Wer das Leergut zurückgibt, hat die Behälter im Grunde nur gemietet. Wer sie behält, kauft sie. Ähnliche Gesetze gibt es in Kanada, Australien und Neuseeland, in ganz Skandinavien und in der Schweiz, in Deutschland, den Niederlanden, Kroatien, Israel und anderswo.

Sie beruhen auf der schlichten Erkenntnis, dass die Menschen zwar Müll wegwerfen, aber kein Geld. Flaschenpfand ist vielleicht nicht der Stein der Weisen, der Blei in Gold verwandelt, aber es verwandelt Müll in Geld: Die leere Cola-Flasche ist *Bares*, kein Abfall. Und schon ist die Schattenarbeit der Leergutverwaltung geboren. Wir lagern es separat und tragen es zurück, um uns unser Geld auszahlen zu lassen. Manche Menschen wie ich stellen es am Sonntag an die Straße. Wer Lust hat, kann es mitnehmen. Es steht nie sehr lange.

Das Flaschenpfand blickt auf eine lange Erfolgsgeschichte zurück: mehr als 25 Jahre in Kalifornien, 30 Jahre in New York und Massachusetts, 35 Jahre in Michigan und über 40 Jahre in Oregon, wo sich die Gesetzgeber an British Columbia orientierten, das sein Flaschengesetz 1970 eingeführt hatte. US-weit liegt die Recycling-Quote bei Getränkeverpackungen bei 33 Prozent, in Staaten mit entsprechenden Gesetzen bei 70 Prozent. In Michigan ist das Pfand mit 10 Cent pro Behälter am teuersten. Dort lag die Recycling-Quote von 1990 bis 2008 mit 97 Prozent landesweit am höchsten. In Staaten mit einschlägigen Gesetzen hat sich der Müll am Straßenrand um 30 bis 64 Prozent verringert. Geld wirft man eben nicht so einfach aus dem Autofenster. Es ist zwar erhebliche Schattenarbeit damit verbunden, doch Pfandgesetze bewirken auch, dass Ressourcen effizienter genutzt und die Umwelt für alle sauberer gehalten wird.

Eine Schattenarbeitssaga: Zebraherde vertreibt Kinder aus dem Sandkasten

Schattenarbeitende Erwachsene tauchen inzwischen auch am Spielplatz auf. Ob Sie es glauben oder nicht, es gab eine Zeit, als Kinder noch ohne Aufsicht durch Erwachsene spielten. Das gehörte sogar zu den besonderen Freuden der Kindheit. Ohne jede Anleitung spielten wir auf dem Bolzplatz Baseball, Basketball und Fußball, aber auch Fangen, Verstecken, Seilspringen, Himmel und Hölle und viele andere Spiele. Heute dagegen trifft man sich nicht mehr spontan, sondern »verabredet« sich zum Spielen. Diese Treffen werden von den Eltern ausgemacht und häufig auch direkt oder indirekt durch ihre Allgegenwart überwacht.

Als ich ein kleiner Junge war, habe ich jeden Tag nach der Schule und am Wochenende mit Freunden aus meinem Viertel gespielt. Dass unsere Eltern einen Termin für uns vereinbaren, wäre uns in unserer Kleinstadt in New Jersey ebenso eigenartig vorgekommen wie ein Marsmännchen. Welche *Eltern* würden sich denn in die *Spielzeit* ihrer Kinder einmischen? Schließlich war das Tolle an mit Freunden verbrachter Freizeit doch gerade, dass man ein paar Stunden von den Eltern wegkam und nach eigenen Regeln spielen konnte.

Ein zentrales Element des *Spielens* ist doch, dass es ohne Aufsicht durch Erwachsene geschieht. Beim Spiel konnten wir in eine Kinderwelt eintauchen, die von Kindern geschaffen wurde. Dass wir die Regeln selbst bestimmen konnten, vermittelte uns ein Gefühl der Freiheit und der Unabhängigkeit. Ein paar Stunden lang verschwendeten wir *keinen* Gedanken daran, was unsere Eltern möglicherweise für uns geplant hatten. Diese Kinderwelt wurde durch das Eindringen der Erwachsenen weitgehend zerstört.

Als Junge war ich auf dem Bolzplatz zu Hause. Heute kennt man das Wort kaum noch. Fürs Protokoll: Ein Bolzplatz ist freies Feld, auf dem sich Kinder zum Spielen treffen und spielen konnten, was sie wollten, auch selbst Erfundenes. So etwas nennt man auch spontanes Spiel – also ein Spiel, das sich die Spieler mit ihren Teams gerade ausgedacht haben.

Wir brauchten keine Freiwurflinien, Abwurfstellen, Catcher oder Torpfosten. Wir gestalteten unser Spielfeld selbst. »Der Stein ist eure Ziellinie, der große Baum da drüben unsere.« So ein »Bolzplatz« konnte eigentlich überall sein. Oft auch in einem Garten. Oder in einer ruhigen Nebenstraße. Oder auf dem Fußweg. Nach dem Zweiten Weltkrieg erfanden Kinder in Brooklyn das Spiel Stoop Ball. Dabei wirft man einen rosa Gummiball gegen eine Hauswand (zum Beispiel das Stoop – die Eingangstreppe eines Hauses). Die Regeln sind etwas abgewandelte Baseballregeln. Sandy Koufax aus Brooklyn begann seine »Hall of Fame«-Baseball-Karriere als Pitcher bei den Brooklyn und Los Angeles Dodgers als Stoop-Ball-Spieler auf den Gehwegen von New York.

Man kann Bolzplatzspiele auch auf einem ungenutzten Football-Feld einer Schule spielen, mit Torpfosten und Seitenlinien. Die physische Umgebung ist nicht so wichtig. So ein Bolzplatzspiel definiert sich danach, dass Kinder (oder auch ältere Spieler) das Spiel selbst gestalten. Dafür gibt es keine Organisation – oberste Autorität sind die Spieler selbst. Ausgehend von den Regeln eines bekannten Spiels dachten wir uns eigene Abwandlungen aus. So zählten wir beispielsweise nach dem Anspiel beim Touch Football erst zwei Sekunden ab, bevor wir auf den Passgeber zurannten, damit sich eine Offensive entwickeln konnte. Beim Street Basketball können Regeln gelten wie »kein Blut, kein Foul«. Hört sich hart an, ist aber durch und durch bolzplatztypisch.

Grenzlinien durch Steine oder Bäume sind nicht sehr genau. Wie viele Facetten von Wettbewerbssportarten bietet das naturgemäß Konfliktstoff. Solche Streitigkeiten mussten wir unter uns regeln, da keine erwachsenen »Zebras« in schwarz-weiß gestreiften Trikots hin- und herliefen und pfiffen. Wir Kindern lernten auf diese Weise, Konflikte selbst zu lösen. Das bedeutete häufig, dass wir ein Spiel wiederholten: Das umstrittene Match wurde für ungültig erklärt, wir begannen von vorne, mit einem neuen Spiel. Solche Manöver vermitteln Kindern die Grundlagen sportlichen Verhaltens: Man respektiert die Ansichten anderer, vergisst den Zank und spielt weiter. Das lernen Kinder heute nicht mehr, denn es gibt ja die schattenarbeitenden Schiedsrichter. »Inzwischen wissen die Kinder nicht mehr, wie man ein Spiel wiederholt«, behauptet Rick Wolff, langjähriger Verfechter einer sportlichen Erziehung, der für den Sender WFAN in New York eine wöchentliche Radiosendung moderiert. »Die Erwachsenen erzählen ihnen, was fair oder foul ist. Solche Wiederholungen sind Geschichte.«

Bei einem improvisierten Footballspiel sind zwei Jungen die Captains und wählen sich ihre Teams. Diese sind unter Umständen nicht gleich stark. Es kann vorkommen, dass die eine Mannschaft nach 15 Minuten schon mit vier Touchdowns in Führung liegt. Auf dem Bolzplatz würden die Mannschaften dann neu eingeteilt, damit beide Mannschaften gleich gut sind. Es macht mehr Spaß zu spielen, wenn beide Mannschaften wettbewerbsfähig sind. Eine vernichtende Niederlage ist weder sportlich noch macht sie Freude – noch nicht einmal den Gewinnern. Doch in den von Eltern organisierten Ligen wie Pop Warner Football gibt es so etwas nicht: Die Teams spielen bis zum bitteren Ende. Wieder eine Lektion in sportlichem Verhalten, die aus dem Lebenslehrplan gestrichen wurde.

Die Bolzplatzspiele werden von organisierten sportlichen Wettbewerben verdrängt. Little League Baseball, Pop Warner Football, Jugendfußball und jede Menge weiterer Ligen für Kinder und Jugendliche mit Mannschaftstrikots, Sponsoren, Schiedsrichtern, erwachsenen Trainern, Trainingsstunden, Play-Offs, Turnieren und nationalen Meisterschaften. Diese organisierten Wettkämpfe sind dem College- und Profisport nachempfunden. Wie dieser benötigen sie größere Finanzspritzen. Meine breit gefächerten sportlichen Interessen verursachten meinen Eltern lediglich die Kosten eines Baseballschlägers, mehrerer Handschuhe, eines Baseballs, eines Footballs und eines Basketballs. Außerdem besaß ich noch eine Bowlingkugel, denn ich war mehrere Jahre lang Mitglied einer organisierten Kinder-Bowling-Liga. Die ersten Jahre spielte ich allerdings mit den Kugeln aus den Gestellen an der Bahn. Sie waren rund und lagen gut in der Hand – ob Sie es glauben oder nicht, mehr brauchte ich nicht, um zu den Besten zu gehören. Die Ausstattung eines einzigen kleinen Eishockeyspielers kann heute das Zehnfache dessen verschlingen, was seinerzeit meine gesamte Sportausrüstung kostete.

Durch die Übernahme der Zuständigkeit für die sportliche Betätigung ihrer Kinder entstand für die Erwachsenen jede Menge Schattenarbeit. Mütter und Väter opfern zahllose Stunden, um Ligen zu organisieren und zu verwalten, die Buchhaltung zu erledigen und örtliche Unternehmen als Sponsoren zu gewinnen. (Auch Nachwuchssportler versuchen, Sponsoren zu finden – eine zusätzliche Aufgabe, die Zeit kostet. Auf dem Bolzplatz denkt keiner an Sponsoren.) Die Eltern betreiben auch Schattenarbeit als Trainer. Manchmal müssen sie dabei eine Sportart meistern, die sie selbst nie betrieben haben und von der sie wenig verstehen. Aber was soll's – einer muss es ja tun.

Das hat aber auch Schattenseiten. In Vancouver, British Columbia, verfolgte ich einmal ein Fußballspiel etwa zehnjähriger Mädchen. Bei einem bestimmten Spielzug offenbarte sich die abgrundtiefe Ignoranz verschiedener Eltern unter den Zuschauern. Dass sie keine Ahnung hatten, hielt sie aber nicht davon ab, ihren Töchtern Tipps zuzubrüllen. Einmal jagte eine flinke Spielerin einer Gegnerin an der Mittellinie den Ball ab und spielte ihn aufs gegnerische Tor zu. Leider kam ihr keine Mannschaftskameradin hinterher. Währenddessen ließ sich die andere Mannschaft zurückfallen und sammelte sich am Strafraum vor dem Tor. Dessen ungeachtet plärrte ganz in meiner Nähe ein Vater: »Gib ab, gib ab!« Er drängte sie zu einem Standardmanöver: Man spielte den Ball über das Feld einem Mannschaftskameraden zu, der dann vielleicht einen Torschuss platzieren konnte. Das Problem in diesem Fall war nur: *Es war keine Mannschaftskameradin in der Nähe.* Die Aufforderung, den Ball abzugeben, kam daher dem Rat gleich, ihn der gegnerischen Mannschaft zu überlassen. Steht zu hoffen, dass solch unwissende Erwachsene die Kinder nicht trainieren. Das ist jedoch sicherlich der Fall. In erster Linie gilt, dass es den sportlichen Fähigkeiten der Nachwuchsspieler nicht immer zuträglich ist, wenn Erwachsene die Aufsicht führen. Vom *Spaß,* den die Kinder am Spiel haben, ganz zu schweigen – genau der Spaß, der früher einmal ihre wichtigste Motivation war. Elterliche Mentoren sind nicht unbedingt älter *und* weiser. Manchmal sind sie nur älter.

Selbst wenn Mutter, Vater – oder Trainer – während eines Spiels einen guten Tipp haben, sollten sie sich am Spielfeldrand zurückhalten. Im *Training* kann der Coach so viele Ratschläge loswerden, wie er will. Diese Stunden dienen der Ausbildung und Übung. Im Spiel aber sollte jede Spielerin das Recht haben, selbst zu entscheiden, was sie mit dem Fußball anstellt. Sie sollte ihre eigenen Entscheidungen treffen und daraus lernen – ganz gleich, ob sie zum Erfolg führen oder nicht. Sportliche Wettkämpfe erfordern volle Konzentration. Stimmen der Eltern und Trainer vom Spielfeldrand können die jungen Sportler ablenken oder verwirren und dadurch sogar behindern.

Es gilt schlicht und einfach, dass sich sportliches Talent auch sehr gut ohne erwachsene Trainer entfalten kann. Wie die Hilfe bei den

Hausaufgaben kann auch Unterstützung beim Sport den Lernprozess beeinträchtigen. Ted Williams entwickelte den härtesten Schlag in der Geschichte des Baseballs ganz allein dadurch, dass er in seiner Kindheit und Jugend stundenlang auf den Spielplätzen von San Diego übte. In seiner exzellenten Biografie *The Kid: Immortal Life of Ted Williams* berichtet Ben Bradlee jr., wie ein Freund aus Teds Kindheit »diese kräftige Bohnenstange den Ball eine Meile weit schlagen und die anderen Kindern hinterherjagen [sah]. … Das war sein Leben. Ted sammelte nie die Bälle für andere auf. Das wollte auch keiner. Alle wollten ihn schlagen sehen.« Kurz darauf beschrieb ein anderer Freund, wie ihr Kumpel Rod »Bälle nahm und Ted zuwarf, der sie über den Zaun schlug. Wir suchten sie wieder für ihn. Das machten wir jeden Tag stundenlang.« Als Junge schlug Williams vermutlich zigtausend Bälle.

Stellen Sie sich vor, was so viel Praxis aus einem Ausnahmetalent wie Ted Williams machte. Ihre Fantasie müssen Sie dafür gar nicht bemühen: Er gehörte zu den einzigen drei Hittern in der Geschichte der Major League, die Karrieremeilensteine von .300/.400/500./600 erreichten (Batting Average/On-Base Percentage/Home Runs/Slugging Percentage). Die anderen beiden sind Babe Ruth und Jimmie Foxx, die Williams (mit 72 bzw. 75 Prozent besseren At-Bat-Werten) noch übertrafen.

Vergleichen Sie nun Teds Bolzplatzspiel mit den Erfahrungen eines Schlagmanns in der Little League. Der junge Kerl würde in seinem gesponserten Sechs-Innings-Mannschaftsspiel unter Aufsicht erwachsener Trainer und Schiedsrichter vielleicht drei oder vier At-Bat-Situationen erleben. Natürlich gab es Trainingsstunden und vielleicht sogar einen Batting Cage, doch er würde lange nicht so viel Schlagerfahrung sammeln wie in einer oder zwei Stunden auf dem Bolzplatz. Hinzu kommt: Wird jeder Schlag von einem Trainer analysiert, der Korrekturen zuruft, während die Bälle anschwirren, kann das einen Spieler durcheinanderbringen und es ihm *schwerer* machen, die richtige Schlagtechnik zu erlernen. Wer sich ein paar Tausend Schläge anschaut und durch Versuch und Irrtum herausfindet, wie man es richtig macht, der lernt unter Umständen viel mehr. Bei *Ted Williams* war es jedenfalls so.

Natürlich haben Mentoren durchaus ihre Berechtigung. Konzertpianisten oder Geiger erwerben ihre erstaunliche Virtuosität nicht, indem sie sich hinsetzen und sich selbst das Spielen beibringen. Wer sich ein klassisches Klavierrepertoire aneignen möchte, wird das kaum ohne erfahrenen Lehrer schaffen. Auch die großen Wissenschaftler unserer Zeit sind eher keine Autodidakten. In fast jeder Sportart spielen Trainer einer grundlegende Rolle bei der Förderung sportlicher Fähigkeiten. Es liegt eine gewisse Weisheit in dem Goethe-Zitat, das in meiner Ausgabe von *The Joy of Cooking* aus dem Jahr 1973 stand: »Was du ererbt von deinem Vater hast, erwirb es, um es zu besitzen.«

Mischen sich Erwachsene in die sportlichen Aktivitäten ihrer Kinder ein, importieren sie damit Elemente, die aus Spiel Schattenarbeit machen. So könnte in den Überlegungen der Eltern durchaus eine Rolle spielen, dass ihre Sprösslinge aufgrund ihrer sportlichen Leistungen in einem bestimmten College oder an einer Privatschule aufgenommen werden oder sogar ein Stipendium bekommen könnten. Damit steigt der Einsatz enorm: Der Sport wird zum Sprungbrett für die Karriere und den finanziellen Erfolg. Geld ändert die Spielregeln. Statt nur zum Spaß treiben Kinder Sport, um ihre Zukunft zu sichern. Dadurch wird Spiel zur Schattenarbeit. Sie wissen ja: Spielen *verfolgt keinen Zweck*.) Steht aber so viel auf dem Spiel, dann steigt auch der Leistungsdruck. Die Eltern sitzen nicht mehr nur auf der Tribüne, um ein gutes Spiel zu sehen. Es geht um Geld und um die Zukunft. Solche Zuschauer können belastend sein. Was einst unbeschwerter Zeitvertreib für Kinder war und zum Spaß gespielt wurde, nicht als Vorbereitung aufs College, erhält dadurch einen bitteren Beigeschmack.

»Der Sport hat die Endrunde erreicht«, schrieb Kolumnistin Sarah Macdonald 2013 in einem Artikel für die australische Zeitung *Daily Life* über den schlechten Umgangston auf den Sportplätzen. »Immer öfter kommt es nachweislich zu schlechtem Benehmen, Beleidigungen, Ausrastern und Regelverstößen. Und zwar bei den Eltern.« Sie berichtet von einem Handgemenge, das ein Vater bei einem Rugby-Spiel für Kinder bis elf Jahren anzettelte. Über Eltern, die Schiedsrichter beschimpfen und belästigen. Über eine Mutter, die entsetzt mitanhören musste, wie Zuschauer in der Nähe ihre Kinder anfeuerten, ihr Kind plattzumachen. Und das gilt nicht nur für die Australier. Wie sie schrieb, hatten auch 60 Prozent aller Eltern in Indien bei Sportwettkämpfen schon Ähnliches erlebt.

In den USA stürmten Eltern das Spielfeld, schlugen Schiedsrichter bewusstlos und sorgten bei einem Little-League-Spiel für solchen Aufruhr, dass die Polizei gerufen wurde. Rüpelhaftes Publikum bei Jugendfußballspielen in Amerika veranlasste die Schiedsrichter dazu, »stille Spiele« zu verordnen, bei denen jeder Zuschauer des Platzes verwiesen wird, der auch nur *irgendetwas* sagt. Juniorentennis ist bekannt dafür, dass unerträgliche Eltern die Gegner und Schiedsrichter ihrer Kinder gnadenlos attackieren und ihre Sprösslinge dazu anhalten zu schummeln. Ende der 1980er-Jahre sprach ich mit einer Squashspielerin aus der Unimannschaft von Harvard, die nur deshalb von Tennis auf Squash umgestiegen war, um der vergifteten Atmosphäre zu entkommen, die die Tenniseltern erzeugen.

Studien von Sam Elliott von der südaustralischen Flinders University liefern Anhaltspunkte dafür, dass das »Garstige-Eltern-Syndrom« – »Eltern, die ihr Kind mit Anweisungen überhäufen, vor anderen herunterputzen, vom Spielfeldrand aus mittrainieren und sich Wortgefechte liefern« – Kinder demotiviert und ihnen letztlich die Freude am Sport austreibt.

In den USA stellten Forschungsarbeiten des Institute for the Study of Youth Sports der Michigan State University und anderer Stellen fest, dass jedes Jahr 35 Prozent der Teilnehmer aus organisierten Sportprogrammen ausscheiden. 50 Prozent davon sind keine zwölf Jahre alt. 70 bis 80 Prozent aller Jugendlichen zwischen 13 und 15 haben organisierte Sportprogramme ganz aufgesteckt. Auf die Frage nach den Gründen liefen die Antworten der Kinder im Großen und Ganzen auf Folgendes hinaus: Es hat ihnen einfach keinen Spaß mehr gemacht.

Der Jugendsport erreicht eine enorme Zahl von Kindern. In den USA treiben 30 bis 40 Millionen Kinder pro Jahr organisiert Sport. Sie werden von zwei bis vier Millionen Trainern betreut, die aber zu 80 Prozent Laien sind. Die große Mehrheit (85 Prozent) sind schattenarbeitende Väter, die ihre eigenen Kinder coachen. Vier Fünftel der jungen Sportler engagieren sich außerhalb der Schule, etwa in der Little League, bim CYO-Basketball oder in den allgegenwärtigen Travel Teams, auf die wir gleich noch näher eingehen. Das Interesse an solchen Travel Teams steigt, während schulische Angebote weniger nachgefragt werden.

Zeigt ein Kind Talent, verwandeln sich manche Eltern in sportliche Ausgaben eines Henry Higgins aus *My Fair Lady*. Sie ziehen ihr Kind gezielt zum sportlichen Erfolg heran. Das eröffnet der Schattenarbeit undenkliche neue Möglichkeiten. Da ist zunächst die Zeit, die mit dem Trainieren des Kindes zugebracht wird. Dann müssen noch die besten verfügbaren professionellen Trainer gefunden und verdingt werden. Dazu ist es unter Umständen erforderlich, die Kinder kommerziellen Kindersporteinrichtungen wie den berühmten Nick Bollettieri Tennis Camps anzuvertrauen, die inzwischen einer von dem globalen Sportmarketingunternehmen IMG geführten Akademie angehören. Diese Akademie bietet auch Programme für Baseball, Basketball, Football, Golf, Lacrosse, Fußball, Leichtathletik und Langlauf an. Treibt das Kind einen Mannschaftssport, lassen sich die schattenarbeitenden Eltern voll und ganz auf die komplexe Politik organisierter Mannschaftssportarten ein. Darunter fallen aufdringliche Anrufe beim Trainer, um nachzufragen, warum Noah nicht aufgestellt wurde, weshalb Rory nicht im Achter rudert und ob Hannah nicht ein wenig Nachhilfe beim Lacrosse bekommen könne. Für Privatschulen oder Travel Teams stellen Eltern hohe Schecks aus. Viele meinen, damit erkaufen sie sich das Recht, den Trainern ins Handwerk zu pfuschen – ziemlich anstrengend. Selbst noch im Collegefußballprogramm der University of Southern California gingen bei dem ehemaligen Cheftrainer Pete Carroll regelmäßig Anrufe von Eltern ein, die ihn bearbeiteten, um ihre Söhne voranzubringen.

In der Mittel- und Oberstufe spielen talentierte ehrgeizige Sportler oft neben ihren Highschool-Mannschaften (oder stattdessen) in Travel Teams. Diese heißen in verschiedenen Regionen unterschiedlich: Club-, Elite- oder Premier-Teams. Wenngleich es viele Ausnahmen gibt, sind Highschool-Mannschaften oft nicht stark genug, um die Fähigkeiten erstklassiger Nachwuchssportler auf die Probe zu stellen. Sie schließen sich dann regionalen Travel Teams an, die die Spitzenspieler aus mehreren Schulen anwerben und elitäre Teenager-Mannschaften zusammenstellen, die dann gegen ähnliche Teams antreten. Für dieses Privileg zahlen die Familien natürlich ordentlich, und ebenso für die professionelle Betreuung, die dazugehört – genauso wie für Bollettieri oder Spezialprogramme wie die Kohl-Camps für künftige Football-Stars.

Rick Wolff beschreibt den üblichen Ablauf in der Welt der Travel Teams. Mit fünf oder sechs schicken die Eltern ihr Töchterchen in eine Fuß- oder Basketballmannschaft oder in die Tennisstunde. »Die Kinder werden nie gefragt, ob sie das möchten«, erklärt Wolff. »Es wird einfach von ihnen erwartet. Sport kommt heute für Kinder nur noch in organisierter Form vor, mit der Stoppuhr. Dass man auch frei auf dem Bolzplatz spielen kann, das wissen sie gar nicht mehr.« (Denn dort, wie wir festgestellt haben, spielen die Kinder, was *sie* wollen.)

In fast allen Regionen Amerikas gibt es mittlerweile Travel Teams für verschiedene Sportarten, die vor 20 Jahren größtenteils noch nicht existierten. Was passiert da? »Irgendein übereifriger Vater beschließt, dass sein Sohn oder seine Tochter vielversprechende sportliche Fähigkeiten besitzt, und möchte deren Entwicklung beschleunigen«, erklärt Wolff. »Also tut er sich mit noch einem oder zwei Vätern zusammen und stellt ein Travel Team auf die Beine.« Sie kündigen Testspiele an, und andere Eltern gehen davon aus, dass es sich um faire Testspiele handelt, wie sie von jedem lokalen Freizeitangebot veranstaltet werden. (Das stimmt natürlich nicht. Die Kinder der Gründer sind selbstverständlich schon in der Mannschaft, bevor die Testspiele beginnen, und Ziel ist nicht Freizeitgestaltung, sondern die Förderung sportlicher Fähigkeiten und das Gewinnen von Spielen.) An den Testspielen nehmen gewöhnlich Sieben- bis Achtjährige teil. Hier trennt sich die Spreu vom Weizen. »Wer nicht ins Travel Team aufgenommen wird«, so Wolff, »der kann seine sportliche Karriere vergessen.«

Solche Teams engagieren professionelle Trainer, veranstalten Training nach Plan und organisieren Spiele gegen andere Travel Teams aus der Region. Die Eltern zahlen Hunderte oder gar Tausende von Dollars, damit ihr Kind teilnehmen kann, und leisten außerdem noch viele Stunden Schattenarbeit. Dazu zählen stundenlange Autofahrten zu Trainings und Spielen. Manche fahren drei Stunden lang hin, um zuzusehen, wie ihre Tochter während des Spiels die meiste Zeit auf der Ersatzbank sitzt, und drei Stunden wieder zurück.

Wird Sport so ernst genommen, geht jede Spontaneität, Kreativität und Spielfreude verloren. Stellen Sie sich vor, ein Junge erdreistet sich, seinen Little-League-Trainer zu fragen: »Kann ich heute nicht lieber Halbspieler sein als Außenfeldspieler? Das würde mir Spaß machen!« So ein Ansinnen würde der Trainer sicher ablehnen mit Argumenten wie: »Das ist ein *Spiel,* mein Junge – wir sind hier, um zu *gewinnen.*« (Und es liegt uns vollkommen fern, etwas Neues auszuprobieren – von *Spaß* ganz zu schweigen.)

Nationale Travel-Team-Verbände streben inzwischen in ihren Sportarten eine so dominante Rolle an, dass sie den Sport ganz aus dem öffentlichen Schulsystem herauslösen. Die U.S. Soccer Development Academy betreut 79 Travel Teams, die in sieben Abteilungen im Rahmen ihrer East, Central und West Conferences aufgegliedert sind. Hauptsponsor ist Chevrolet – eine sehr passende Wahl angesichts der vielen Kilometer, die die Eltern für die Organisation zurücklegen. 2012 kündigte die Academy an, dass sie ihre Saison für die 3000 Jungen in ihren Mannschaften von sieben auf zehn Monate verlängert. Die drei zusätzlichen Monate überschneiden sich mit der Herbstspielzeit der Highschools. »Da bricht einem das Herz«, beschreibt es Wolff. »Sie verlangen von einem Schüler der Mittelstufe, dass er seinem Schultrainer sagen soll, dass er nicht mehr für die Schulmannschaft spielen kann.« Das ist nicht nur ein herber Verlust für die Schule, sondern auch für den jungen Sportler, denn es macht so viel mehr Spaß, in einer Schulmannschaft zu spielen, mit den Kameraden, mit denen man jeden Tag die Schulbank drückt, und mit Freunden, die einen anfeuern. Und das alles nur, weil ein oder zwei begeisterte Schattenarbeiter unter den Vätern für sich beschlossen, ihre Kinder auf die Überholspur zu bringen.

Es kann aber auch gut gehen. Ein Beispiel dafür ist die Stürmerin Joey Yenne, die in Texas, Michigan und Florida lebte, bevor sie in der Kleinstadt St. Cloud in Minnesota schließlich ihren Highschoolabschluss machte. Mit neun Jahren spielte sie bereits in einer Travel-Team-Auswahl von Mädchen aus mehreren Städten in Florida. »Sie ist die wettkampfstärkste Spielerin, die mir je untergekommen ist«, erklärte ihr Trainer Peter Stephens aus Pensacola, Florida, der Website Ivy League Sports. In ihren letzten beiden Highschooljahren in Minnesota fuhr Yennes schattenarbeitende Mutter Susan mit ihr dreimal die Woche in die 110 Kilometer entfernten »Twin Cities«, um dort mit einem Travel Team zu trainieren – manchmal von 23 Uhr bis 0:30 Uhr. Ihre Hausaufgaben erledigte Joey im Auto.

Sie machte ihren Abschluss als Jahrgangsbeste und wurde von Fußballzentren wie North Carolina umworben. Doch Yenne entschied sich stattdessen für Harvard, wo sie dann die Ivy League[5] als beste elfjährige Torschützin anführte. 2003 machte sie ihren Abschluss. In den Harvard-Annalen steht sie 2014 nach Torschüssen (82) und Vorlagen (26) an fünfter Stelle und nach Toren an sechster (mit 28). Joey ist fraglos eine talentierte, fleißige Sportlerin und mit ganzem Herzen bei der Sache. Doch ohne die Schattenarbeit ihrer Eltern John und Susan Yenne hätte sie nie so viel erreicht.

Joey ist eine Erfolgsgeschichte. Nach ein paar Jahren in der Unternehmensberatung erwarb sie in Stanford einen MBA und heiratete eine Dartmouth-Absolventen, der ebenfalls das MBA-Programm in Stanford abgeschlossen hatte. Sie ließ sich in Connecticut nieder und gründete eine Familie. Parallel dazu arbeitet sie bei einer Hotelkette. Dort ist sie unter anderem weltweit für Sponsorship in Sport und Unterhaltung zuständig.

Doch nur wenige kommen so weit wie sie. Von den 209.000 Mädchen, die auf der Highschool Fußball spielen, schaffen es lediglich 3,3 Prozent, also 7000, in die College Division I oder II. Nicht einmal die Hälfte erhält ein Vollstipendium. Etwa eine Million Jungen spielen jedes Jahr in der Highschool Football. Davon kommen 41.000 beziehungsweise 3,8 Prozent in die College-Mannschaften der Division I oder II. Die Chancen zum Aufstieg in die Landesliga stehen 6000 zu 1 – und auch die übrigen 5999 waren allesamt Highschool-Sportler. Bei den Basketballprofis stehen die Chancen 10.000 zu 1.

---

5   Die Ivy League ist eine Liga im US-amerikanischen Hochschulsport, die sich aus den meisten Sportmannschaften von acht Elitehochschulen im Nordosten der USA zusammensetzt.

Die große Mehrheit der Eltern, die von einem Sportstipendium oder einer Profikarriere für ihre Kinder träumt, hat keine Ahnung, wie verschwindend gering ihre Chancen sind. Nur wenige der Eltern waren selbst aktive Schul- und Unisportler. Sie sollten sich unbedingt mal ein Training – kein Spiel, sondern ein *Training* – eines Collegeteams der Sportart anschauen, die ihr Kind betreibt. Dort erhalten sie eine realistische Vorstellung von der Größe, der Stärke und dem Können, das solche Athleten mitbringen. Bei den allermeisten Familien zahlen sich unzählige Stunden der Schattenarbeit im Jugendsport nur in Form enttäuschter Hoffnungen aus – und in Form verlorener Gelegenheiten, eine der Freuden der Kindheit zu genießen: einen Sport als *Spiel* zu betreiben, nicht als *Arbeit*.

Lektionen vom Fußballplatz

Zum einen wollen die »Nutznießer« der Schattenarbeit die vermeintlichen Vorteile gar nicht. Kinder, die schon sehr früh organisiert Sport treiben, haben oft gar kein besonderes Interesse daran. Es sind die Eltern, die sie in Mannschaften und Ligen schicken oder ihnen einen Tennis- oder Golfschläger in die Hand drücken. Eltern haben ihre Gründe und Motive. Doch ohne die damit verbundene Schattenarbeit wäre ihr Leben um vieles leichter und ihre Kinder hätten die Freiheit, selbst herauszufinden, was sie mit ihrer Freizeit anfangen möchten.

Zweitens bringt die Begründung einer neuen, gemeinnützigen Aktivität oder Organisation generell jede Menge Schattenarbeit mit sich. Neue Jugendmannschaften und -ligen haben gewöhnlich kaum finanzielle Mittel und sind daher von enormen Schattenarbeitsleistungen der Erwachsenen und der Kinder abhängig wie zum Beispiel der Anwerbung örtlicher Unternehmen als Sponsoren. Das ließe sich als Schattenarbeit bezeichnen, aber auch als ehrenamtliche Tätigkeit, wenn sie es als Spende einstufen. Das richtet sich danach, ob sie solche Tätigkeiten als Last empfinden oder als freiwillig geopferte Zeit. Beides kann zutreffen.

Eine Rolle spielt dabei aber auch der gesellschaftliche Druck. Es ist ohne Weiteres vorstellbar, dass manche Mütter, die, sagen wir, als Buchhalterinnen für die Little League herangezogen werden, ihre Freizeit lieber anders verbringen würden. Aber sie fühlen sich verpflichtet. In solchen Fällen ist die betreffende Tätigkeit eher als *Schattenarbeit* auszulegen denn als *Ehrenamt*.

Drittens gibt Schattenarbeit Bereichen, die eigentlich dem Spiel zuzuordnen wären, den Anstrich von Arbeit. Schwebt über einem Baseballspiel von Kindern beispielsweise ein Endziel wie die Collegezulassung oder ein Stipendium, wird Freizeitgestaltung zur Aufgabe. Indem junge Sportler zur Arbeit verpflichtet werden, bringt die von Erwachsenen geleistete Schattenarbeit noch mehr Schattenarbeit hervor, die die Kinder übernehmen.

Viertens erreichen die Schattenarbeit und ihre Motive mitunter Dimensionen, die in die Sphäre echter beruflicher Arbeit vorstoßen. Rufen Eltern bei Footballtrainern an, um mehr Spielzeit für ihre Söhne oder Töchter herauszuschinden, greifen sie in die Zuständigkeit der eigens dafür angestellten Vollzeitprofis ein, solche Entscheidungen zu treffen.

Fünftens ist unbedingt die enorme Schattenarbeit zu berücksichtigen, die durch den Transport anfällt. Eltern – archetypisch die »Fußballmütter« – verbringen in mittleren Jahren jede Menge Zeit auf der Straße, weil sie ihren und anderen Nachwuchs zum Training und zu Spielen fahren. Wie für die Pendler gilt auch hier, dass der *Weg* ein notwendiges Übel ist.

Drittes Kapitel: Schattenarbeit im Büro

Das einzige Problem, das [Autor und Kolumnist Glenn] Greenwald mit dem Begriff Journalistenprivileg hat, ist dies: dass ihn manche Menschen nicht als Journalisten anerkennen. Natürlich kann er diese Ehre mit gleicher Berechtigung für sich in Anspruch nehmen wie Bob Woodward. Aber jeder andere eben auch. Vor allem im Zeitalter der Blogs ist kaum noch zu unterscheiden zwischen einem professionellen Journalisten und irgendjemandem, der seine Gedanken veröffentlichen möchte. Und das ist gut so.
Michael Kinsley, The New York Times, 22. Mai 2014

Jahrzehntelang waren Fahrradschlösser von Kryptonite der Goldstandard für Fahrradsicherheit. Die 1971 entwickelten u-förmigen Schlösser waren in der Stadt für einen Radfahrer unverzichtbar. Der in Canton, Massachusetts, ansässige Hersteller benannte sich nach dem einzigen Stoff, der Superman zu schwächen vermochte. Die Namen der Schlösser wie New York Chain deuteten an, dass sie selbst den hartgesottenen Fahrraddieben einer Großstadt wie New York das Handwerk legten. Kryptonite war so überzeugt von den eigenen Produkten, dass es Kunden eine »Versicherungsleistung« von bis zu 3500 Dollar anbot für den Fall, dass ein Fahrrad trotz Schloss geklaut wurde. Jahrzehntelange Erfahrungen von Radlern bestätigten, dass die Schlösser von Kryptonite tatsächlich nicht zu knacken waren. *Falls* es Mittel und Wege gab, sie lahmzulegen, dann dauerte das so lange und war so anstrengend, dass sich die Diebe lieber leichtere Beute suchten. Das allerdings wurde immer schwieriger, denn im gehobenen Segment wurden meist Kryptonite-Schlösser verwendet.

Das alles änderte sich im September 2004, als es dem 25-jährigen Radfahrer und IT-Sicherheitsberater Chris Brennan aus San Francisco gelang, ein Kryptonite-Schloss mit einem Bic-Schreiber aus Plastik zu öffnen statt mit einem Schlüssel. Dazu entfernte Brennan einfach den Stopfen am nicht schreibenden Ende des Stifts, schob ihn in das Schloss und drehte ihn im Uhrzeigersinn. Und siehe da, das Schloss ging auf – zum größten Erstaunen von Chris Brennan. Rasch stellte er einen Warnhinweis auf der Pinnwand von bikeforum.net ein. Wenig später knackte Benjamin Running, ein 28-jähriger Grafiker aus Brooklyn, sein 90 Dollar teures Kryptonite-Schloss ebenfalls in 30 Sekunden. »Ich war baff«, erzählte er der *New York Times*. Seine Website mit einem Kurzvideo, das zeigte, wie ihm das gelungen war, wurde in kürzester Zeit 125.000-mal aufgerufen. Inzwischen hatten 170.000 Radler Brennans Warnung gelesen, was eine Massenpanik auslöste.

Die Geschichte schlug Wellen und erreichte die *Times* und andere überregionale Medien. Offenbar waren nicht alle Kryptonite-Schlösser gefährdet, sondern lediglich nach 2002 hergestellte Modelle. Der Fehler betraf aber auch andere Zylinderschlösser, wie sie an Verkaufsautomaten oder anderen Münzeinwurfgeräten sowie für Sicherheitstechnik verwendet wurden. Kryptonite, das seit 2001 zum Industriekonzern Ingersoll-Rand gehörte, reagierte schnell – nicht nur, um die Fahrräder seiner Kunden zu schützen, sondern auch, um den eigenen guten Ruf zu retten. Das Unternehmen bot den kostenlosen Austausch von 400.000 Schlössern in 21 Ländern an. Zu diesem Zweck, so Kryptonite, mussten unter anderem neue Produkte, die über einen Zeitraum von neun Jahren entwickelt worden waren, innerhalb von zehn Monaten umgestaltet werden. Zehn Jahre später ist das Unternehmen nach wie vor weltweit der Goldstandard für Fahrradschlösser.

Der interessanteste Aspekt für unsere Zwecke bezieht sich aber nicht auf die Tausende von Stunden Schattenarbeit, die diese

400.000 Radler leisten mussten, um ihre angreifbaren gegen funktionstüchtige Schlösser auszutauschen. Er bezieht sich vielmehr auf die paar *Laien*, die diesen internationalen Wirbel losgetreten hatten. Sie waren eigentlich nur Freizeitradler. Chris Brennan war IT-Sicherheitsfachmann, Benjamin Running Grafiker. Sie waren keine *Fachleute* und auch keine Journalisten oder Radio- beziehungsweise Fernsehreporter. Sie besaßen keine Fahrradläden und schrieben auch nicht für entsprechende Fachblätter. Ebenso wenig waren sie Schlosser. Zwei Durchschnittsbürger waren über etwas Überraschendes und Gefährliches gestolpert und hatten es weitererzählt.

Dass das dermaßen Furore machte, verdanken sie dem Internet mit seiner großartigen demokratischen Zugänglichkeit. Hätte Chris Brennan sein Schloss zehn Jahre früher geknackt, als das Web noch nicht so verbreitet war, wäre die Kryptonite-Geschichte vielleicht im Sande verlaufen – und Diebe hätten Tausende von Rädern erbeuten können.

Die Kryptonite-Story hat weitverzweigte Effekte auf die Arbeitswelt in den USA und weltweit. Sie macht deutlich, wie viel Macht unqualifizierte Amateure ausüben können, wenn sie das Internet nutzen. Die berufliche Arbeit steht und fällt vielfach mit dem Wissen und den Kompetenzen, die Mitarbeiter jeden Morgen mit ins Büro bringen. Doch das offene Informationsumfeld hebelt ihren individuellen Zugriff auf Wissen aus. Schattenarbeitende Amateure arbeiten sich in einst exklusive Bereiche vor. Diese grundlegende Kraft, die das Arbeitsleben auf den Kopf stellen kann, ist die *Demokratisierung von Fachwissen*.

Nieder mit der Kompetenzpyramide

Das Internet hat das Wissen auf zwei Wegen demokratisiert – vergleichbar mit Downloads und Uploads. Betrachten wir zunächst die Downloads, eine Form des Internet-*Outputs*. Google, Wikipedia, YouTube und Millionen frei zugänglicher Webseiten haben den Zugriff auf Informationen revolutioniert. Ein großer Teil des Wissens der Welt – zumindest solches Wissen, wie es in Wörtern, Bildern und Audio- oder Videoaufnahmen erfasst ist – steht inzwischen kostenfrei allen zur Verfügung, die einen Internetanschluss haben. Das Web hat den Safe aufgebrochen, der das Informationsarchiv der menschlichen Rasse enthält. Heutzutage kann sich praktisch jeder Wissen aneignen, das früher bestimmten Gruppen vorbehalten war.

Dann ist da noch die Upload-Seite, sozusagen der Internet-*Input*. Es ist kinderleicht (und spottbillig), sich eine Domain zu kaufen und Blogs oder Videos einzustellen oder Nachrichtenmeldungen zu kommentieren. Das globale Publikum wartet buchstäblich auf jeden, wie beispielsweise auf die besagten Hinweisgeber zu Kryptonite. Die kulturelle Verkehrspolizei – Redakteure von Zeitungen, Zeitschriften oder Büchern oder die Produzenten von Fernseh- oder Radiosendungen –, die einst die Auffahrten auf die Informationsautobahn im Blick hatte, hat die Kontrolle darüber verloren. Heute können wir alle ungehindert auf die Autobahn auffahren und unsere Meinungen, Gedichte, Bücher, Lieder oder Videos verbreiten.

Dass ein Beitrag *gepostet* wird, heißt natürlich nicht, dass ihn das Publikum auch wahrnimmt. Weit gefehlt. Nehmen Sie nur die Songs, die heutzutage jedermann online stellen und als Downloads verkaufen kann. 2011 haben sich acht Millionen verschiedene Songs mindestens einmal verkauft. »Was die Leute aber nicht wahrnehmen, ist, dass etwa ein Drittel dieser Songs *genau* einmal verkauft wurde«, erklärt Professorin Anita Elberse von der Harvard Business School. Sie hat 2013 das Buch *Blockbusters: Hit-making, Risk-taking, and the Big Business of Entertainment* veröffentlicht. »Eine gewaltige Menge an Inhalten wird überhaupt nicht nachgefragt.« Mit bestimmten bemerkenswerten Ausnahmen steht das globale Publikum eben nicht Schlange nach selbst gedrehten Videos, im Eigenverlag erschienenen E-Books und Aufnahmen aus der häuslichen Werkstatt.

Dessen ungeachtet geht den Internetnutzern durch den schwindenden Einfluss der professionellen Torwächter der Schutz durch ihre Vorabsichtung verloren. Wer *The New Yorker* liest oder CBS sieht, der hat Redakteure und Produzenten, die als Filterbeauftragte fungieren und die Spreu vom Weizen trennen. Doch auf Google-Kanälen wie YouTube oder blogger.com sind Sie ganz auf sich gestellt. Die Durchforstung des Heuhaufens an Internetinhalten nach der silbernen Stecknadel, die Ihre Aufmerksamkeit verdient, sorgt für noch mehr Schattenarbeit auf den virtuellen Heuböden.

Diese Demokratisierung des Wissens geht einher mit den Tugenden und Untugenden aller demokratischen Strukturen. Heute können wir alle »professionelles« Wissen anzapfen. Der freie Zugang reißt die Grenzen zwischen »Experten« und dem Rest der Menschheit nieder. Normalbürger können in bislang eingeschränkte Sphären vordringen – selbst in die der Mediziner und Juristen. Amateure sind jedoch selten so gut wie Profis. Ungeachtet dessen steigt die Meinungsvielfalt für den Durchschnittsbürger – und es eröffnen sich viele weitere Gelegenheiten zur Schattenarbeit.

Die Währung des Fachwissens wurde abgewertet. Ihr Goldstandard war das Know-how der Spezialisten – der Ärzte, Anwälte, Zahnärzte, Wirtschaftsprüfer und Ingenieure, aber auch der Klempner, Elektriker und Schreiner. An sie wenden wir uns mit Problemen, die in ihr Fachgebiet fallen. Und keine Sorge – die Experten bleiben uns erhalten. Kommunen bauen keine Hängebrücken ohne Statiker. Es ist gesetzlich vorgeschrieben, dass Leitungen in Neubauten von qualifizierten Installateuren und Elektrikern verlegt werden. Und wer sich operieren lassen muss, der geht in aller Regel zu einem anerkannten Chirurgen.

Traditionell ist Fachwissen in der Gesellschaft pyramidenförmig verteilt. An der breiten Basis befinden sich viele Menschen mit minimalen Kenntnissen. Bewegt man sich weiter nach oben, sinkt die Zahl der Menschen auf jeder Ebene, doch die Verbleibenden verfügen über zunehmende Kompetenzen und Fähigkeiten. Ganz oben stehen Experten von Weltrang – ein paar wenige Ausnahmetalente. Das sind Menschen wie Michael Jordan im Basketball, Warren Buffett im Investmentgeschäft, Meryl Streep in der Filmbranche. (Natürlich gibt es für jedes Fachgebiet eine eigene Pyramide. Warren Buffett als Dichter? Vergessen Sie es. Und wenn Sie Michael Jordan bitten, für Sie zu singen, werden Sie es bereuen. Selbst als Baseballspieler ist er keine Leuchte. Und Meryl Streep als Quarterback? Schon der Gedanke ist strafbar.)

Dennoch ebnet die populistische Informationswirtschaft die klassische Pyramide ein. Das Internet hat die Pyramide der Fachkenntnisse auf horizontale Form abschmelzen lassen. Heute ist sie eher ein See. Dieser See deckt eine weitaus größere Grundfläche ab als die Pyramide und eröffnet den Massen Wissensreservoirs.

Nehmen Sie die Anwälte. Sie wurden von Laien lange Zeit als Profis mit besonderer Qualifikation erachtet, und natürlich gibt es innerhalb des Rechts Spezialgebiete wie Schadenersatzrecht, Steuerrecht, geistiges Eigentum, Strafrecht und so weiter. Anwälte haben studiert, gehören einer Kammer an und sind staatlich zugelassen. Ihre Bürowände zieren Staatsexamenszeugnisse und Urkunden.

Dennoch recherchieren schattenarbeitende Verbraucher Rechtsfragen inzwischen selbst im Internet und sparen sich die (gewöhnlich saftigen) Anwaltshonorare. Wir können uns alle als Rechtsberater betätigen. Loggen Sie sich einfach ins Internet ein und laden Sie Vorlagen für Mietverträge und Testamente herunter oder juristische Dokumente für die Beantragung eines Erbscheins, eines Konkurses oder einer Scheidung oder Verträge, Gesellschaftsverträge, Unterlagen über Immobilien, Handelsmarken und Patente. Sie können solche Formulare selbst ausfüllen und einreichen, vielleicht mit einer »Light-Version« der anwaltlichen Beratung, um sicherzustellen, dass alles seine Richtigkeit hat. »Wir möchten eine Gesellschaft gründen«, erzählt MIT-Absolvent Eric, der mit zwei Partnern im Raum Boston ein Tech-Start-up auf die Beine gestellt hat. »Also habe ich mich bei einer Anwaltskanzlei nach den Kosten erkundigt. Bei ihrem Stundensatz von 400 Dollar hätte uns das mehrere Tausend Dollar gekostet. Stattdessen haben wir uns die juristischen Dokumente aus dem Internet geholt. Meine Partner und ich haben ein Wochenende daran herumgebastelt und es auf die Reihe gekriegt. Das hat uns 49 Dollar gekostet, zuzüglich der Gebühren für die amtliche Bearbeitung.«

Das Internet steigert auch die Transparenz professioneller Arbeit. Das ist unter Umständen hinderlich, weil der lukrative Status vieler Berufe davon abhängt, dass die eigentliche Arbeit undurchsichtig bleibt. Der Kunde weiß nicht, was genau der Experte eigentlich macht, und bezahlt daher brav für … tja, wofür auch immer. Wer mit komplizierten Fachausdrücken um sich wirft, hinterlässt beim Kunden den Eindruck, sein Geld wert zu sein. Anwälte und Ärzte verwenden nicht nur deshalb lateinische Termini wie *nolo contendere* oder *ulnare Neuropathie*, um miteinander unmissverständlich zu kommunizieren, sondern auch, um Mandanten und Patienten auszuschließen und im Unklaren zu lassen. Schattenarbeitende Klienten, die diesen Code knacken, entmystifizieren seine Verwender, denn sie merken, worum es eigentlich geht.

Es ist schwer in Zahlen zu fassen, doch die Schattenarbeit könnte die Nachfrage nach Rechtsberatung versiegen lassen. In den fünf Jahren seit 2008 sind nach Angaben einer Studie der Northwestern Law School rund 15.000 Anwalts- und Anwaltsgehilfenstellen in großen Kanzleien gestrichen worden. 2013 erreichten die Anträge auf Zulassung zum Jurastudium mit 54.000 ein 30-Jahres-Tief. Gegenüber

2004 mit 100.000 Bewerbungen ist das ein Rückgang um fast 50 Prozent. Dabei spielen viele Faktoren eine Rolle, unter anderem die Konjunkturflaute, die wichtige Mandanten davon abhielt, die hohen Honorare führender Kanzleien in Kauf zu nehmen, die hohen Schulden aus Studienkrediten, die viele Jungjuristen belasten, und alternative Stellenangebote, die sich eher auszahlen, etwa bei aufstrebenden Technologieunternehmen. Dass der Markt für Juristen schrumpft, spiegelt aber auch den Umstand wider, dass die Anwälte mittlerweile mit ihren ehemaligen Mandanten um Arbeit konkurrieren.

Das Aussterben der Hilfskräfte

Die Demokratisierung von Fachkompetenzen bedeutet aber auch, dass die an der Spitze der Pyramide angesiedelten Spezialisten heute Routinearbeiten übernehmen, die früher von Geringqualifizierten erledigt wurden. Die Hierarchie am Arbeitsplatz flacht sich ab. In den Büros herrscht dadurch mehr Gleichheit, weil sich jeder an den profanen Arbeiten beteiligt. Es ist lange her, dass Legionen unterbezahlter Frauen stupide Jobs übernommen haben wie dem (männlichen) Chef den Kaffee zu bringen.

In der Fernsehserie *Mad Men* klingen nostalgisch antiquierte Aspekte des Geschäftslebens an wie Hilfskräfte und sogar Sekretärinnen. Solche Mitarbeiter haben immer mehr den Ruch des Wunderlichen. Sie sind kuriose Fossilien wie Schreibmaschinen, Stenografie und Edelklos in der Chefetage. Wenn überhaupt, dann gibt es sie nur noch selten – die Hilfskräfte, die Fotokopien anfertigen oder Umschläge abstempeln und zur Post bringen. Vom Aufnehmen von Diktaten oder dem Tippen von Briefen ganz zu schweigen. Heute hat jeder seinen eigenen Computer und wir schreiben und drucken unsere Briefe, kopieren unsere Berichte und verschicken unsere Post selbst. Selbst Führungskräfte erledigen solche stupiden Dinge, sechsstellige Gehälter hin oder her.

Unterstützt werden sie dabei immer häufiger vom Smartphone anstelle eines menschlichen Assistenten. So ein Handy kann fast alles, was früher die Sekretärin erledigte: den Kalender führen, ein- und ausgehende Telefongespräche vermitteln, Kontaktdaten pflegen, E-Mails und SMS senden und empfangen, Informationen recherchieren. Ihr Assistent passt heute in die Brusttasche – kein Wunder, dass es keine solchen Jobs mehr gibt. Die Folge ist aber, dass »es keine Pause mehr gibt für solche ›Annehmlichkeiten‹«, meint Phyllis Barajas, Führungskraft und Sozialunternehmerin aus Boston. »Früher hatte man einen Anrufbeantworter. Das genügte. Heute hat man das Smartphone immer bei sich.«

In Zeitschriftenverlagen haben jahrelang Praktikanten – gewöhnlich Studenten oder Jugendliche, die zum Mindestlohn arbeiteten – Aufgaben übernommen wie die Versendung von Belegexemplaren. (Diese gehen an Menschen, die in Artikeln vorkommen, oder an freiberufliche Mitarbeiter.) War eine neue Ausgabe erschienen, steckten die Praktikanten die richtige Anzahl an Heften in Umschläge, klebten diese zu, adressierten, wogen, frankierten und verschickten sie. Das ist in den letzten Jahren immer seltener geworden. In vielen Verlagen ist es heute der Redakteur, der Belegexemplare versendet – als neue Form der Schattenarbeit.

Solche Hilfsdienste sterben aber nicht nur in Zeitschriftenverlagen aus. So hat die internationale Technologieberatung Forrester Research, Inc. 1300 Mitarbeiter – und nur fünf Managementassistenten. Ein anderes Beratungsunternehmen, Selectel Communications, gibt an, dass »[Telekommunikations-]Anbieter, um die Rentabilität zu sichern, die Kosten senken, indem sie Hilfskräfte abbauen und die von ihnen erbrachten Dienste auf den Kunden abwälzen.« Das bedeutet, dass die Kunden neben weiteren Pflichten länger warten müssen, wenn sie die Kundenbetreuung anrufen. Auf diese und viele andere Weisen werden abgeschaffte Hilfskräfte durch Schattenarbeit der Verbraucher ersetzt.

Ähnliche Trends greifen auf viele Branchen über. Im Gesundheitswesen stellen elektronische Gesundheitsaufzeichnungen, wie sie 2014 von fast 70 Prozent der Krankenhäuser und Praxen eingesetzt werden, Zeitfresser dar. »Ein Arzt kostet 4 Dollar pro Minute beziehungsweise 240 Dollar die Stunde«, erklärte Dr. Asfer Shariff in einem Bericht auf der Website Medscape/Business of Medicine. »Würden Sie jemandem 240 Dollar die Stunde dafür zahlen, dass er Daten in eine elektronische medizinische Akte einträgt? Würden Sie Ihren teuersten Mitarbeiter zur Datenerfassung einsetzen? Doch genau das passiert.« Manche Ärzte engagieren inzwischen »medizinische Schreibkräfte«, um Notizen, Laborergebnisse und andere Daten in solchen Systemen zu erfassen. Shariff aus Toledo, Ohio, gründete ein Unternehmen, das Ärzten solche Hilfskräfte zur Verfügung stellt. Er erkannte den Bedarf, weil er selbst jeden Tag zwei zusätzliche Stunden Schattenarbeit leistete, um seine Daten auf den aktuellen Stand zu bringen. Seit er das anderen überlässt, »habe ich wieder Zeit für meine Familie«, sagt er.

Solche medizinischen Schreibkräfte stellen eine Gegenströmung dar, weil dadurch tatsächlich *neue* Stellen geschaffen werden. Das Problem, das sie bewältigen – dass nämlich neue Informationstechnologie Schattenarbeit produziert – ist charakteristisch für moderne Büros. Generell erleben Büroangestellte eine »schleichende Ausweitung ihrer Stellenbeschreibung«. Und meist können wir nicht wie die Ärzte einfach Hilfskräfte engagieren, um die neuen Pflichten zu erledigen. Und das gilt nicht nur im Büro. »Ich war früher für vorbereitende Arbeiten in der Küche zuständig – ich hackte Gemüse, bediente die Kaffeemaschine, packte Brötchen und anderes Zeug aus«, erzählt der junge Chuck, der in Dayton in einem Schnellrestaurant arbeitet. »Eines Tages wurde unser Hausmeister entlassen. Raten Sie mal, wer seinen Wischmopp geerbt hat?«

Dass es kein Hilfspersonal mehr gibt, macht sich auch im häuslichen Umfeld bemerkbar. »Die leise Ironie des Traums vom Vorstadtleben«, schrieb Philip Slater in *The Pursuit of Loneliness*, »ist, dass für viele Amerikaner das Erreichen ihrer höchsten gesellschaftlichen Ambitionen (ein Eigenheim in einem Vorort zu besitzen) mit allerhand untergeordneten Tätigkeiten verbunden ist (wie Mülltonnen schleppen, Rasen mähen, Schnee schippen und Ähnliches), die sie nicht selbst übernehmen mussten, als sie noch einen niedrigeren Status hatten.« Websites haben eine Lawine von Schattenbüroarbeiten losgetreten. Ein Beispiel dafür sind wiederum die Zeitschriftenverlage. Als es noch kein Internet gab, druckte und versendete ein monatlich erscheinendes Blatt zwölf Ausgaben pro Jahr. Das war's. Die festgelegte Seitenzahl eines Magazins begrenzte den für Artikel und Werbung verfügbaren Platz. Websites bieten dagegen unbegrenzten Raum für eine theoretisch unbegrenzte Anzahl von Artikeln, Bildern und Anzeigen – die das Ergebnis unbegrenzter Arbeit sind.

Jedes etablierte Magazin unterhält inzwischen neben der Printauflage eine unersättliche Website. Diese Präsenzen gewinnen ungeheuer an Größe, enthalten immer mehr Online-Beiträge, neue Nachrichten, die nach Redaktionsschluss eingehen, Audioclips und Extrafotos sowie selbst produzierte Videos, und dem allen liegt eine Fülle unsichtbarer Metadaten zugrunde – Seitenbezeichnungen, Artikelbeschreibungen, Stichwortverzeichnisse, Bildunterschriften, Internetlinks zum Nachverfolgen und anderes mehr. Die Entwicklung all dieser neuen Inhalte ist mal eben so als Schattenarbeit auf den Schreibtischen der »Print-Redakteure« gelandet – gewöhnlich ohne für die ganzen Webarbeiten neue Mitarbeiter einzustellen. Ähnliches findet überall statt, wo Websites verwendet werden – also praktisch flächendeckend.

Schattenarbeit kann sich unbemerkt in den Arbeitsalltag einschleichen. So war es noch vor Kurzem in den Personalabteilungen übliche Praxis, Buch zu führen über Urlaubstage, Sonderurlaubs- und Krankheitstage aller Mitarbeiter. Softwarepakete zum »Absenzenmanagement« verlangen von den Mitarbeitern, selbst alle einschlägigen Daten einzutragen. »Ich weiß eigentlich gar nicht, wieso ich dafür zuständig sein soll, Daten über meine Ausfallzeiten einzugeben«, meint Softwareentwickler Henry aus Cranston, Rhode Island. »Offen gestanden habe ich mit dem Programmieren genug zu tun. Wieso soll ich den Job der Personaler erledigen?«

Auch durch »emotionale Arbeit« erweitern sich die Stellenbeschreibungen. Diesen Begriff prägte Berkeley-Soziologin Arlie Hochschild 1983 in ihrem Buch *The Managed Heart*. Unter emotionaler Arbeit ist zu verstehen, wenn Mitarbeiter Gefühlszustände herstellen, die Kunden und Kollegen in positive Stimmung versetzen. Dazu muss der Arbeitnehmer »Gefühle hervorrufen oder unterdrücken«, schrieb Hochschild, um bei anderen den erwünschten Effekt zu erzeugen. Die Londoner Fast-Food-Kette Pret A Manger hat aus emotionaler Arbeit um ein Haar einen Aspekt der Managementlehre gemacht, wie Timothy Noah 2013 in *The New Republic* erklärte. Die Kette erstellte explizit eine Liste mit »Pret-Verhalten«, das jedem anempfohlen wurde, der »bei Pret wirklich Erfolg haben« wollte. Auf dieser Liste stand unter anderem »charmant sein«, »Sinn für Humor ansprechen« und »Präsenz zeigen«.

Seine Ermahnungen setzte Pret mit Maßnahmen durch, die »vage an die ostdeutschen Stasimethoden erinnerten«, wie Noah schreibt. Jede Woche besucht ein verdeckter »Testkunde« jedes Pret-Restaurant. Zeigt die Kassenkraft hinlänglich fröhliche Begeisterung, bekommt jeder Mitarbeiter der Filiale einen Bonus. Falls nicht, bekommt keiner etwas. Dieses System macht »aus Kollegen eine Enthusiasmuspolizei«, formuliert es Noah. Dadurch »wird der Raum, der dem privaten Ich vorbehalten ist, weiter eingeschränkt.«

1983 schätzte Hochschild den Anteil der Stellen, die mit erheblicher emotionaler Arbeit einhergingen, auf ein Drittel. 30 Jahre später setzte sie diesen Wert schon bei 50 Prozent an. Diese Verhaltensschattenarbeit ist nicht auf Schnellrestaurants begrenzt, sondern erstreckt sich auf den gesamten Dienstleistungssektor – von Nagelstudios über das Gesundheitswesen und Reinigungen bis hin zu Autovermietungen. Das könnte Frauen auf dem Arbeitsmarkt entgegenkommen, da sie von klein auf lernen, anderen zu gefallen. Es könnte auch erklären, warum Männer im Dienstleistungsgewerbe selten richtig aufblühen.

Dass Hilfskräfte eingespart werden, heißt aber nicht, dass auch die *Aufgaben* wegfallen, die zu erledigen sind. Sie werden schlicht auf andere übertragen. In der offiziellen Stellenbeschreibung tauchen sie aber nie auf und natürlich rechtfertigen sie auch keine Gehaltserhöhung. Schattenarbeit wird den Menschen einfach ungefragt aufgedrängt – manchmal sogar, ohne dass sie es merken.

Der Aspekt, dass Schattenarbeit nicht bezahlt wird, geht hier vielleicht etwas unter, denn wir beziehen ja ein Gehalt, während wir diese zusätzlichen Aufgaben erfüllen. Doch wenn am Ende des Monats nicht mehr auf dem Konto ist, obwohl die Arbeitsbelastung steigt, dann werden die zusätzlichen Leistungen im Grunde nicht honoriert – und stellen Schattenarbeit am Arbeitsplatz dar. »Terri, die früher hier bei uns gearbeitet hat, hat geheiratet und ist nach Atlanta gezogen«, erzählt Dan, Schadensregulierer einer Versicherungsgesellschaft in Charlotte, North Carolina. »Für sie wurde niemand mehr eingestellt. Also wurden ihre Aufgaben auf uns übrige Regulierer verteilt. Und wir bekommen hier keine Provision. Wir arbeiten einfach länger und verdienen dadurch weniger pro Stunde.«

2013 schrieb David A. Banks, Doktorand am Rensselaer Polytechnic Institute in Troy, New York, auf thesocietypages.org einen Blog zum Thema Schattenarbeit im weiterführenden Studium. Eine so vage definierte Funktionsbezeichnung lässt viel Raum für Schattenarbeit. Banks listete 17 Kompetenzen auf, deren Erwerb – ohne entsprechende Schulungsangebote – vorausgesetzt wurde, wenn er nach seinem Abschluss auf dem Arbeitsmarkt wettbewerbsfähig sein wollte. Dazu gehörte PR, Schriftsatz, Tontechnik, Videografie, Webdesign, institutionelle Beschaffung, Veranstaltungsorganisation sowie Konferenzplanung und -management. Banks schreibt:

> Erstens kostet all dieses informelle Lernen Zeit – und zwar jede Menge. Während so ein Student Foucault liest und wartet, bis Pilzkulturen in Petrischalen gedeihen, kann er WordPress oder Maya lernen. Vielleicht setzt er sich auch eine Stunde ins Computerlabor auf dem Campus … und eignet sich das ganze Adobe-Paket an. Wer sich einigermaßen mit InDesign oder Logic auskennt, sollte sich überlegen, ob er das an der Fakultät nicht besser geheim hält, weil sich sonst jeder an ihn wendet, der ein Poster braucht, einen Vortrag gefilmt haben möchte oder in der obskuren Business-Office-Sprache kommunizieren möchte. Es ist ein schmaler Grat zwischen der Demonstration des eigenen Wertes im Fachbereich – indem man mit neu erworbenen Kompetenzen angibt – und der Entwicklung zum Mädchen für alles, das die klaffende Lücke füllt, die bei der letzten Entlassungsrunde in der Abteilung gerissen wurde.»Oh, bestellst du bitte das Essen für die nächste Fachbereichsbrotzeit? Toll! Das hat früher Barbara gemacht, bevor die Verwaltung reformiert wurde.«

Sekretärinnen gibt es noch. Doch sie bleiben hochkarätigen Spitzenmanagern vorbehalten, die als Einzige noch Unterstützung für tägliche Routinearbeiten erhalten. Menschliche Livebetreuung ist elitär geworden. Im 21. Jahrhundert ist es tatsächlich ein Luxus, wenn man von einem echten Menschen bedient wird, ob in einem feinen Restaurant oder beim Anruf bei der Kundenbetreuung.

Dessen ungeachtet gilt: Ist die Arbeit interessant genug, gelingt es gewissen Organisationen, sich die Unterstützung unbezahlter Schattenarbeiter als Assistenten zu sichern. Ein Beispiel dafür ist der florierende Bereich der »Bürgerwissenschaft«. Das Projekt Galaxy Zoo ist ein Gemeinschaftsunternehmen von Astronomen der Johns-

Hopkins-Universität in den USA und den Universitäten von Ports-
mouth und Oxford in England. Es rekrutiert Amateurastronomen
für die Klassifizierung von Galaxien nach ihrer Form anhand von
Teleskopbildern. Im ersten Jahr beteiligten sich über 150.000 Menschen mit über 50 Millionen Klassifizierungen. Teilweise gingen
60.000 pro Stunde ein.

David Baker, Biochemieprofessor an der University of Washington, entwickelte ein Online-Spiel namens Foldit, bei dem die Teilnehmer hypothetische Varianten zum Falten von Proteinmolekülen
beitragen können. Solche Schattenarbeiter haben schon Probleme
gelöst, an denen sich Supercomputer die Zähne ausgebissen haben.
Das 2008 gestartete Great Sunflower Project bietet Laien die Möglichkeit, sich einzuloggen und einander Daten zu Bestäubern wie
Bienen und Wespen mitzuteilen, wie aus einem Bericht von Kathe-
rine Xue im *Harvard Magazine* hervorgeht. Und das Cornell Lab of
Ornithology unterhält eine Plattform namens eBird, auf der hob-
bymäßige Vogelbeobachter Ornithologen helfen können, weltweit
Vogelpopulationen und Migrationsmuster zu verfolgen. Tausende
schattenarbeitender Assistenten vor Ort schnappen sich ihre Fern-
gläser und marschieren in die Landschaft hinaus.

Das Praktikantenfieber

Im 19. Jahrhundert stellten Textilfabriken häufig beide Elternteile und die Kinder zur Arbeit an. Um 1900 gewann eine Bewegung
an Fahrt, die sich gegen Kinderarbeit richtete. 1916 verabschiedete der US-Kongress das erste Bundesgesetz gegen Kinderarbeit, das
jedoch zwei Jahre später vom obersten US-Gericht gekippt wurde.
Erst 1938 unterzeichnete Präsident Franklin Roosevelt den Fair Labor Standards Act, der heute die Beschäftigung von Kindern unter
zwölf Jahren (außer in der Landwirtschaft) verbietet und die Arbeitszeiten von Kindern zwischen zwölf und 18 Jahren begrenzt.

Neben den Sonderregelungen für die Landwirtschaft, die zulassen, dass Wanderarbeiterfamilien wie mexikanische *Braceros* in amerikanischen Agrarunternehmen Erntearbeit leisten, sieht das Arbeitsrecht noch eine Ausnahme für Kinderarbeit vor: Praktika. Die allermeisten Praktikanten sind zwar keine Kinder im engeren Sinne, doch frühe Schattenarbeiter – Schüler, Studenten und junge Erwachsene, die den Einstieg ins Berufsleben suchen. Manche sind aber auch schon über 50. In aller Regel beziehen sie kein Gehalt, sind also rechtlich gesehen keine *Beschäftigten* und deshalb vom Arbeitsrecht ausgenommen. (Da sie freiwillig arbeiten, gilt für sie auch nicht der 13. US-Verfassungszusatz, der die Sklaverei abschaffte.) In der Folge gibt es Heerscharen junger Menschen, die über Monate oder gar Jahre Vollzeit-Schattenarbeit leisten und versuchen, als unbezahlte Trainees einen Fuß auf den Arbeitsmarkt zu bekommen. Der Moloch der Praktika stellt eine enorme, sehr verbreitete institutionalisierte Form der Schattenarbeit dar.

In Ross Perlins Exposé von 2011 *Intern Nation: How to Earn Nothing and Learn Little in the Brave New Economy* [sinngemäß: Die Nation der Praktikanten: Wie man in der schönen neuen Wirtschaft nichts verdient und wenig dazulernt – A. d. Ü.] wird die Explosion der Praktika scharf kritisiert. Viele Collegestudenten betrachten Praktika inzwischen als Voraussetzung für eine Karriere außerhalb des gewerblichen Bereichs: Klassische Studentenjobs wie Jugendbetreuer, Kellner oder Postausträger lehnen sie ab, weil es ihrer Karriere nicht förderlich ist (obwohl viele Praktikanten letztlich doch in der Poststelle landen). »Ein Job im Service ist zwar nett, aber man braucht schon ein bisschen mehr«, meint Isabel, Realschullehrerin aus Philadelphia, die einen Sommer als Kellnerin jobbte und im nächsten ein Praktikum bei einer texanischen Kongressabgeordneten in Washington machte. »Man zeigt dadurch, dass man für so eine Tätigkeit geeignet ist.« Sind Praktika tatsächlich der einzige Weg in den Beruf, dann zementiert das bestehende System die Ungleichheit, denn einkommensschwache Menschen können es sich nicht leisten,

Jahre mit Schattenarbeit zuzubringen. Nur wer Geld hat, kann ein Jahr oder zwei oder auch nur einen Sommer unbezahlt arbeiten.

»Ein Praktikum bei einem Unternehmen wird eher honoriert als bei einer gemeinnützigen Organisation oder einer staatlichen Stelle«, meint Isabel. »Man verdingt sich im Jahr vor dem Abschluss den Sommer über als Praktikant und hofft dann, dass man nach dem Studium eingestellt wird. Bekommt man am Ende des Sommers kein Jobangebot, ist das ein ganz schlechtes Zeichen.«

In den USA studieren 9,5 Millionen junge Menschen vier Jahre lang am College, wie Perlin berichtet. Die große Mehrheit, vielleicht sogar 75 Prozent, leistet vor dem Abschluss mindestens ein Praktikum ab. Universitäten und Colleges kooperieren mit Arbeitgebern, um den Praktikumsboom zu fördern. Sie fordern oft ein Praktikum als Voraussetzung für einen akademischen Grad. (Eine Schule aus Leeuwarden in den Niederlanden setzte ein »soziales Praktikum« voraus. 2010 beschlossen zwei Mädchen im Alter von 14 und 15, in einem Rotlichtviertel als Prostituierte zu praktizieren. Dazu kam es am Ende nicht, doch sie hatten Geschlechtsverkehr mit einem 35-jährigen Zuhälter, der später verhaftet wurde. Rückblickend bezeichneten die beiden Mädchen ihre Idee als »dumm«.)

Noch 1980 waren Praktika eher die Ausnahme, doch inzwischen haben sie sich überall eingebürgert. Jedes Jahr arbeiten rund ein bis zwei Millionen Menschen in den USA als Praktikanten und weitere Millionen weltweit. (Die genaue Zahl ist schwer zu ermitteln, weil es für Praktika, die in der Grauzone zwischen Beschäftigung und ehrenamtlicher Tätigkeit liegen, keine juristische Definition gibt.) Obwohl Arbeitgeber Gesetze zu Mindestlohn und Überstunden häufig missachten, wird das selten geahndet – denn die Praktikanten selbst sind aus offensichtlichen Gründen nicht in der Position, sich zu beschweren.

Eines der größten Praktikantenprogramme weltweit läuft in Disney World in Orlando, Florida. Dort üben 7000 bis 8000 College-studenten und junge Absolventen für Mindestlohn als Praktikanten untergeordnete Tätigkeiten aus, meist vier bis fünf Monate lang. Die Praktikanten »unterliegen einer Fülle drakonischer Bestimmungen«, wie Perlin berichtet. »Ohne Krankengeld oder bezahlten Urlaub, ohne Beschwerdeverfahren, ohne garantierte Vergütung oder Schutz vor Mobbing oder unfairer Behandlung. In aller Regel arbeiten sie in Zwölfstundenschichten, die oftmals um 6 Uhr morgens beginnen oder nach Mitternacht enden.«

Für die Arbeitgeber haben Praktika offensichtliche Vorteile in Form billiger oder kostenloser Arbeitskräfte. Sie stellen eine Menge gesunder, aktiver, junger Schattenarbeiter ein – mit sehr geringen Gehalts- oder Nebenleistungsansprüchen. Die Rezession, die weltweit 2008 einsetzte, verstärkte den Trend zum Praktikum noch. Unternehmenslenker rationalisierten ihre Betriebe durch den Austausch von Vollzeitstellen gegen Praktikanten, was das Problem der Arbeitslosigkeit in manchen Regionen verschärfte. Außerdem wurden Kosten gesenkt, indem man Praktikanten nicht mehr bezahlte.

Aus einem Praktikum kann auf diese Weise eine Methode für Arbeitgeber werden, die Arbeitsgesetze zu umgehen. Die Praktikanten lernen dabei angeblich wichtige Dinge über den Bereich, in dem sie sich ausprobieren, und im besten – aber leider seltenen – Fall ist so ein Praktikum ein Karrieresprungbrett. »Gezieltes Training und Mentoring sind verschwindend gering, wie die Praktikanten bald feststellen«, schreibt Perlin. »Die meisten eignen sich am Ende selbst an, wie der Hase läuft, wenn nötig auch heimlich.« Isabel erzählt, dass »manche Praktikanten den ganzen Tag lang Kaffee holen oder Telefondienst machen. Manche Arbeiten sind sehr bodenständig. Viele Praktikanten rennen nur durch die Tunnels [die unterirdischen Verbindungsgänge Washington zwischen den wichtigen Volksvertretungen wie dem Kapitol und dem Senat]. Ich durfte ein paar Erklärungen schreiben, die die Kongressabgeordnete dann im Abgeordnetenhaus vortrug – *das* war toll. Doch direkt gefördert wurde ich nie.«

Schlimmer noch, solche Praktika können junge Menschen demoralisieren und ihren Glauben an ihren Marktwert unterminieren. »Wem gesagt wird, dass seine Arbeit nichts wert ist, der empfindet keinen Stolz mehr darauf und gibt nicht sein Bestes«, schreibt Perlin. »Zwischen dem Praktikumsbetreuer und dem Praktikanten gibt es eine ungeschriebene Vereinbarung, die besagt: Ich schreibe dein Empfehlungsschreiben, du kochst mir den Kaffee.«

Die Zukunft der Fachkompetenz

In gewissem Sinne hat das Internet das kollektive Gedächtnis der Menschheit externalisiert. So ungefähr alles, was wir als Spezies wissen, liegt irgendwo auf einem Server. Erinnerungen existieren als Datenspuren, ob in einem Siliziumchip oder einem Neuron. Traditionell waren Experten Menschen, die aus einem großen Informationsfundus schöpfen konnten, der in ihrem Gehirn lag. Heute sitzen diese Informationen auf Festplatten oder in der Cloud.

Dieser Umstand löst Umwälzungen in der Wirtschaft aus, ob für die Instandhaltung des Eigenheims, den Tourismus, die Steuerberatung oder die weiterführende Bildung. Die Kompetenzen, die Menschen für bestimmte Projekte mitbringen, hängen mittlerweile nicht mehr so sehr von eingeprägtem Wissen ab – von Fakten oder reiner Information. Im 21. Jahrhundert brauchen wir menschliche Gehirne für Aufgaben, die Computer und Internet *nicht* lösen können. Insbesondere sind Menschen überlegen beim Erkennen von *Zusammenhängen* zwischen Fakten. Die Fachkompetenz des modernen Experten bezieht sich auf die Mustererkennung. Dabei ist künstliche Intelligenz der menschlichen unterlegen.

Die digitale Technik ist einfach nicht besonders gut geeignet, um analoge Probleme zu lösen – also Ähnlichkeiten wahrzunehmen. So hat es schon viele Versuche gegeben, Computer Poesie schreiben zu lassen, doch sie fielen allesamt verheerend aus. Dafür gibt es viele Gründe, auch den Klang, doch der entscheidende Faktor ist, dass Computern metaphorische Qualitäten abgehen. Siliziumchips können keine Vergleiche ziehen. Wer einen Computer ein Gedicht schreiben lässt, könnte auch einer Home-Entertainment-Anlage das Komponieren von Musik überlassen. Der legendäre Medienfachmann Daniel Schorr, der bis zu seinem Tod 2010 über 20 Jahre lang leitender Nachrichtenanalyst bei National Public Radio war, zeigte immer wieder, wie langjährige Erfahrung (als er 1985 zu NPR wechselte, war er schon fast 70) aktuelle Ereignisse in anderem Licht erscheinen ließ. In einem seiner ausgestrahlten Kommentare befasst sich Schorr mit einer Meldung über Pläne des US-Kongresses zum Thema Sex und Gewalt im Fernsehen. Schorr leitete seine Analyse mit den Worten ein: »Ich kann Ihnen eine Menge Zeit sparen.« Dann berichtete er, wie der Kongress seit den 1950er-Jahren alle paar Jahre wieder dieses Thema aufgriff, aber nie mit Erfolg. Das Muster wiederholter Fehlschläge machte deutlich, dass der gesetzgebende Apparat einfach ungeeignet war, um Fernsehinhalte zu regulieren, und dass es reine Zeitverschwendung war, es – wieder einmal – zu versuchen.

Ein jüngerer Berichterstatter hätte die historischen Punkte nicht so verknüpfen können wie Schorr mit seinem »langen« Gedächtnis. Auch kein Computer hätte das gekonnt, selbst nicht mit der besten Suchmaschine. Auch die sorgfältigst ausgewählten Suchbegriffe hätten viel zu viele Treffer hervorgerufen. Das Problem ist im Grunde, dass digitale Suchen *wörtliche* Daten hervorbringen, nicht *metaphorische*. Man kann nach Stichwörtern suchen, aber nicht nach Mustern. Versuchen Sie ruhig, über Google Advanced Search ein Muster aus mehreren Tags oder auch aus einem Satz aus vier Wörtern zu umreißen – die einzigartige *Beziehung* zwischen den Begriffen geht verloren. Daniel Schorr dagegen war ein Meister auf dem Gebiet der

Analogie. Menschen entdecken in Erfahrungen eingebettete Strukturen, die für Datensätze unsichtbar bleiben – auch für Big Data.

Künftig wird menschliche Intelligenz neben der digitalen Festung des Internets tätig werden. Maschine und Mensch brillieren in zwei komplementären Kompetenzmodi: die Maschine bei der Aufzeichnung und dem Abruf von Daten, der Mensch bei der Erschließung ihrer *Bedeutung* – anders formuliert: bei der Erkennung von Mustern in diesem Datenarchiv. Solche Bedeutungen können in Form eines Plans für einen Sufi-Tempel vorkommen, in Form der Diagnose einer seltenen Virusinfektion, in Form einer gerichtlichen Feststellung im Zusammenhang mit einem Verstoß gegen das Patentrecht oder in Form eines Dokumentarfilms über ein neu gegründetes Restaurant.

Künftig werden es Menschen immer schwieriger finden, auf dem digitalen Spielfeld gegen Computer anzutreten. Die zunehmende kybernetische Kraft bedroht jede Karriere, die ganz auf dem Abruf von Informationen aufgebaut ist. Das kann auch hochgebildete, qualifizierte Spezialisten betreffen.

Ein Beispiel dafür sind Apotheker mit abgeschlossenem Studium und mehreren Jahren beruflicher Weiterbildung. Die Pharma- und Gesundheitsindustrie ist groß, wächst und ist äußerst gewinnträchtig. Das klingt nach einer sicheren Zukunft für Apotheker, doch wenn inzwischen Automaten mit sicheren Ausweiskontrollen Marihuana zu medizinischen Zwecken abgeben, wieso sollte dann in den Apotheken künftig nicht eine ganze Batterie von Automaten stehen, die *sämtliche* verschreibungspflichtigen Präparate ausliefern? Es gibt keinen Grund, der dagegen spricht. Über 75 Prozent aller Verschreibungen sind Folgerezepte, die rationell von einem Roboter ausgeführt werden können.

Nehmen Sie Berkshire Health Systems, ein umfassendes Krankenhaus- und Gesundheitsunternehmen aus Pittsfield in Massachusetts, das für seine 3500 Mitarbeiter ein Pilotsystem eingeführt hat. 2010 eröffnete es eine Belegschaftsapotheke, die 70 Prozent aller Rezepte für Mitarbeiter und Angehörige entgegennimmt. Der Krankenhausbetreiber merkte, dass er bequem und kostengünstig Mitarbeiter versorgen musste, die die zweite und dritte Schicht übernahmen und deshalb nicht zu üblichen Öffnungszeiten in die Apotheke gehen konnten. Deshalb wurden Automaten eingerichtet, die sogenannten ScriptCenter, über die solche Mitarbeiter verschreibungspflichtige Medikamente beziehen können, die tagsüber von Apothekern bereitgelegt wurden: Es findet eine Art Zeitverschiebung statt. Wie Berkshire Health Systems angibt, spart dieses Modell dem Krankenhaus Geld, erhöht den Umsatz mit Mitarbeitern und steigert deren Zufriedenheit. Durch die ScriptCenter entsteht keine Schattenarbeit für die Mitarbeiter, doch eine Apothekerfunktion wird dadurch automatisiert, was im Zuge der technischen Weiterentwicklung künftiger Schattenarbeit Vorschub leistet.

Schattenarbeiter können auch ihre Kompetenz bündeln, um gemeinsame Ziele zu erreichen. Nehmen Sie die universitäre Bildung. Professoren sind hoch qualifizierte Mitarbeiter mit enormen Fachkenntnissen. Dennoch teilen sie sich ihre Lehrverpflichtungen inzwischen mit ungelernten schattenarbeitenden Klienten – auch Studenten genannt.

Der Physikprofessor Eric Mazur aus Harvard rief eine Lehrmethode ins Leben, bei der Studenten andere Studenten unterrichten. Sie funktioniert folgendermaßen: Mazur stellt seinem Kurs eine Physikaufgabe und fordert die Studenten auf, sie für sich zu lösen. Am nächsten Tag legt der Professor mehrere Lösungsmöglichkeiten vor. Über drahtlose Klicker oder Smartphones übermitteln die Studenten, welche der Lösungen ihrer eigenen entspricht. Mazur sucht dabei »kontroverse« Probleme aus, die von 30 bis 70 Prozent der Kursteilnehmer richtig gelöst werden. Ohne zu sagen, welche Lösung stimmt, bittet er die Studenten, sich paarweise zusammenzutun – jeweils einer mit der richtigen und einer mit der falschen Antwort. (»Wenn Sie Lösung D gewählt haben, suchen Sie sich bitte jemanden mit Lösung A oder C«, könnte die entsprechende Anweisung lauten.) Dann erörtern die Zweierteams untereinander, wie sie zu ihrer Lösung gelangten.

Natürlich sind es meist die Studenten mit der richtigen Lösung, die ihre Partner überzeugen, denn »es ist schwer, jemandem eine falsche Lösung aufzuschwatzen, wenn er die richtige kennt«, meint Mazur. »Vor allem aber dürfte ein Mitstudent dies einem Kommilitonen *eingängiger* vermitteln als Professor Mazur – und das ist der Knackpunkt dieser Methode. Sie sind selbst Studenten und haben dieses Wissen erst kürzlich erworben, sodass ihnen noch präsent ist, wo der andere Probleme haben könnte – denn schließlich hatten sie dasselbe Problem gerade noch selbst. Professor Mazur dagegen kämpfte mit dieser Frage, als er selbst 17 Jahre alt war, und kann sich nicht mehr vergegenwärtigen, wie schwierig er sie damals fand. Er kann die Probleme eines Anfängers nicht mehr nachvollziehen.«

Die Studenten profitieren davon, wenn sie sich gegenseitig etwas beibringen, so Mazur, denn »am meisten lernt in jedem Hörsaal der Lehrende«. Seine Schutzbefohlenen lernen »aktiv«. Das bedeutet, die Betonung liegt auf dem, was die Studenten im Kurs *tun* – wie sie sich mit Ideen identifizieren und nicht nur Informationen aufnehmen. Statt Wissen über Vorlesungen zu vermitteln, lässt Mazur seine Studenten sein Skript *vor* der Veranstaltung lesen. Im Kurs stellt er ihnen dann Aufgaben, die sie mit der Hilfe ihrer Kommilitonen lösen sollen. Das Resultat ist eine Verdreifachung des erworbenen Wissens, gemessen an Auffassungstests, eine verbesserte Bindung des Wissens und eine höhere Zahl von Studenten mit naturwissenschaftlichen, technischen und mathematischen Hauptfächern. Aktives Lernen und wechselseitige Unterweisung unter Gleichen gewinnen auf allen Bildungsebenen an Popularität, angefangen im

Kindergarten. Schattenarbeit führt dazu, dass Schüler und Studenten mehr lernen.

Die Demokratisierung fachlicher Kompetenzen wirft auch die Frage auf, welche Aufgaben der Normalbürger selbst mit Zugriff auf einschlägige Informationen *nicht* lösen kann. Überraschenderweise gehören im Informationszeitalter solche Berufe zu den sichersten, die physische Kompetenzen erfordern. Auch die größte Flut von Online-Daten macht niemanden zum guten Friseur oder zur Chirurgin. Derartige Kompetenzen erwirbt man durch ausreichende Praxis, nicht durch theoretisches Wissen. Wer eine Rotatorenmanschette operieren lassen will, freut sich, wenn er weiß, dass der Chirurg diesen Eingriff schon hundertfach vorgenommen hat.

In den Küchen von Schnell- oder Selbstbedienungslokalen kann menschliche Erfahrung oder gar menschliche Arbeitskraft durch Automatisierung ersetzt werden. Köche in feinen Restaurants werden voraussichtlich immer Menschen mit geschulten Geschmacksknospen bleiben, die sich mit Zutaten und kulinarischen Methoden auskennen. Profisportler, Tänzer, Musiker und Schauspieler bleiben im Geschäft. Ihre einzigartige physische Präsenz ist unersetzlich.

Landschaftsgärtner, die Stützmauern bauen, Bäume fällen und Teiche ausheben, werden das auch weiterhin tun. Doch Landschafts-*architekten* werden von schattenarbeitenden Kunden womöglich gegen Softwarepakete wie Realtime Landscaping Plus ausgetauscht. So können sich auch Unternehmer mit Squarepace eigene Websites gestalten, statt einen Webdesigner zu beauftragen. (Junge Unternehmen brauchen ohnehin noch keine aufwendigen Internetauftritte, die von einem Profi konstruiert und gestaltet werden müssen.) Und TurboTax ermöglicht es Steuerzahlern, ohne Steuerberater oder Unternehmen wie H&R Block die enorme Schattenleistung der Steuererklärung zu erbringen.

Gefährdet sind also Berufe, deren professionelle Funktionen durch eine Software*vorlage* ersetzt werden können. Ist die Vorlage gut, umreißt sie die Grundlagen, die wesentlichen Entscheidungen, die eine Aufgabe erfordert – zumindest im Allgemeinen. Aus Sachkenntnis wird ein Algorithmus destilliert, der hinter einem Softwarepaket steht. Das Produkt leistet vermutlich nicht so gute Arbeit wie ein Profi, doch erfüllt die Bedürfnisse vieler Kunden und ist weitaus billiger. Der schattenarbeitende Konsument verändert die Vorlage einfach individuell nach seinen Bedürfnissen und legt los, indem er den Garten gestaltet oder mit der neuen Website online geht.

Solche Vorlagen sind Beispiele für sogenannte disruptive Innovationen, ein Begriff, den Professor Clayton Christensen von der Harvard Business School geprägt hat in seinem richtungweisenden Buch *The Innovator's Dilemma* von 1992. Um disruptive Innovationen handelt es sich, wenn ein neues Unternehmen ein Produkt einführt, das billiger, einfacher und/oder schneller ist als die bisher auf dem Markt befindlichen. Toyota und Honda stellten für die großen drei Autohersteller aus Detroit solche disruptiven Innovatoren dar, indem sie billigere, kleinere, abgespeckte Fahrzeuge wie den Corolla und den Civic auf den Markt brachten. Die japanischen Importe waren nicht so leistungsstark, sicher, komfortabel oder aufwendig ausgestattet wie die Modelle aus Detroit, doch für viele Fahrer am unteren Ende des Marktes *gut genug* und weitaus billiger im Erwerb und Unterhalt. So ist auch das Ergebnis der Realtime-Landscaping-Plus-Software für 79,95 Dollar vielleicht nicht so gut wie die Pläne eines Landschaftsarchitekten für 10.000 Dollar, doch genügt den Ansprüchen vieler Eigenheimbesitzer – zu einem Bruchteil der Kosten.

Die disruptiven Kräfte wirken überall und revolutionieren auch den Bereich, der behördlicher Befugnis untersteht. Juristische Online-Formulare, Schwangerschaftstests für zu Hause und TurboTax zeigen, wie technische Neuerungen die Spezialisten unterlaufen. Das Internet hat die Instrumentarien geliefert, derer sich die Verbraucher inzwischen bedienen. Schattenarbeitende Amateure gehen mit den Werkzeugen vielleicht nicht so fachmännisch um, doch die von ihnen erzielten Ergebnisse können die Experten dennoch verdrängen.

Eine Schattenarbeitssaga: Docs Populi

Vor ein paar Jahren nahm ich an einer Konferenz über Mind-Body-Medizin teil, die von der Ema Yaffe Foundation aus Providence, Rhode Island, gesponsert wurde. Hauptredner Dr. med. Deepak Chopra berichtete über psychoimmunologische Forschung an Medizinstudenten. Die Studie ließ vermuten, dass ihre geistige Verfassung sie in Prüfungszeiten im Wesentlichen gegen Erkältungen immunisieren konnte. Epidemiologische Daten belegten, dass die Studenten unmittelbar nach den Prüfungen (nicht davor) signifikant häufiger an Erkältungen litten. Offensichtlich konnten sie es sich nicht leisten, krank zu werden, solange die Prüfungen nicht vorüber waren – und deshalb wurden sie es auch nicht. Den Abschluss der Veranstaltung bildete eine Podiumsdiskussion, an der Chopra und andere Ärzte teilnahmen. Einer von ihnen äußerte augenzwinkernd einen Vorbehalt: »Zu der Studie an Medizinstudenten, Deepak«, sagte er, »ist zu bedenken: Die Forschungen wurden nicht an […] normalen Menschen repliziert.«

Der humorvolle Mediziner spielte damit auf einen Aspekt an, den jeder Arzt kennt: Die Anforderungen des Medizinstudiums lassen wenig Zeit für ein »normales« Leben. Tatsächlich ist, möglicherweise mit Ausnahme einer militärischen Laufbahn, keine Ausbildung anstrengender als die medizinische: Abitur, Medizinstudium, Praktikum, Facharztausbildung und laufende Weiterbildung während der gesamten Karriere. Wenn überhaupt, dann sind wenige Fachleute so mit Wissen angefüllt wie Ärzte. Dennoch weicht der gesellschaftliche Trend zur Schattenarbeit selbst ihre Pfründe auf. Im Gesundheitswesen ist die Pyramide der Fachkompetenz ebenso zusammengebrochen wie in so vielen anderen Bereichen. In Krankheit und Gesundheit übernehmen inzwischen die Patienten zahlreiche Aufgaben, die einst Ärzten und medizinischem Personal vorbehalten waren.

Der 55-jähriger Anders erhielt eine ernste Diagnose: Darmkrebs im Stadium II (nicht metastasierend). Er setzte sich zu einem längeren Gespräch mit einem Onkologen zusammen. Der Arzt erläuterte ihm drei hauptsächliche Behandlungsoptionen, darunter Operation, Chemotherapie und/oder Bestrahlung, mit den damit verbundenen Risiken, Erfolgschancen, Nebenwirkungen und Kompromissen. Ein Chemotherapeutikum töte bösartige Zellen mit höherer Wahrscheinlichkeit ab, berge aber die Gefahr einer Neuropathie und des dauerhaften Gefühlsverlusts in den Füßen. Die Protokolle waren komplex. Sogar politische Faktoren spielten mit hinein, etwa experimentelle Medikamente, die von der FDA zugelassen werden konnten oder auch nicht. Nach diesem einigermaßen überwältigenden Vortrag stellte der Arzt Anders eine einfache Frage: »Also – welches Behandlungsprotokoll möchten Sie?«

Der Onkologe äußerte eine durchaus vernünftige und ausgesprochen moderne Frage. Er ließ seinen Patienten mitbestimmen – und legte die Entscheidung über die Behandlung in seine Hände. Noch vor ein paar Jahren hätte der Arzt Anders vielleicht einfach mitgeteilt, was er gegen den Krebs unternehmen würde. Heute teilen sich Ärzte und Patienten die Verantwortung. Die Frage stellte Anders aber vor ein Dilemma. Das fragt *er mich?*, dachte er. *Er* ist doch der Experte hier. Ich dachte, *er* würde mir all diese Faktoren auseinandersetzen und mir dann sagen, welche Therapie die beste ist.

Der Onkologe bürdete Anders Schattenarbeit auf. Er hätte hinzufügen können: »Ja, ich verfüge über das Fachwissen, doch nur Sie wissen, wie das zu Ihnen und Ihrem Leben passt.« Ärzte haben nach wie vor die akademischen Qualifikationen, die nötigen Zulassungen und die rechtliche Befugnis, Rezepte auszustellen oder Operationen durchzuführen. Doch viele Patienten beteiligten sich inzwischen aktiv an gesundheitlichen Entscheidungen. Außerdem können sie auch online sogar eher obskure medizinische Themen recherchieren – und sind dann manchmal über konkrete Themen besser informiert als ihre Ärzte.

Die melodramatische Geschichte des Managers in mittleren Jahren, der mitten im Leben von einer Krebsdiagnose erschüttert wird, sich obsessiv mit der Erkrankung befasst und sich über Nacht zum »Experten« entwickelt, ist schon beinahe klischeehaft. Schattenarbeitende Patienten sind auf jeden Fall hoch motiviert. (Solche Patienten wissen die Antwort auf die scherzhafte Frage nach dem Unterschied zwischen einem großen und einem kleinen chirurgischen Eingriff: Ein kleiner chirurgischer Eingriff ist einer, der an jemand *anderem* durchgeführt wird.)

Ärzte genossen früher eine gottähnliche Aura der Allwissenheit und der Wohltätigkeit. Ebenso wie Präsidenten und Profisportler. Franklin Roosevelts Lähmung, John F. Kennedys Seitensprünge und Mickey Mantles Alkoholismus blieben der Öffentlichkeit verborgen, weil sich die Nachrichtenmedien in konspiratives Schweigen hüllten. Seinerzeit lieferten die Journalisten der Öffentlichkeit ein ähnlich reingewaschenes Bild der Medizin. Heute decken Medizinjournalisten ohne mit der Wimper zu zucken die Schwächen und Misserfolge der Ärzte und des breiten Komplexes der medizinischen Industrie auf. Bürger nehmen zunehmend die gewinnorientierten Aspekte der Medizin wahr, ebenso wie die raubtierhafte Preispolitik der Pharmaindustrie, die skrupellose Lobbyarbeit und die politischen Machtspielchen. Solche Enthüllungen untergraben die *Ex-cathedra*-Autorität der Halbgötter in Weiß. In einer Zeit, in der sich die Leute durch Autoaufkleber dazu auffordern, Autorität infrage zu stellen, respektieren Patienten ihre Ärzte vielleicht, doch sie verherrlichen sie nicht mehr.

Die Mediziner werden dadurch menschlicher. Die Bürde vermeintlicher Unfehlbarkeit und Allwissenheit belastet sie nicht mehr so. Auch Ärzte sind Menschen. Doch durch die Entweihung ihres Amtes stehen die Mediziner nun mit den Patienten auf gleicher Stufe. Damit ist der Boden bereitet für medizinische Schattenarbeit: Patienten übernehmen Vorrechte, Handlungen und Zuständigkeiten, die vordem Ärzten vorbehalten waren. Ich kenne einen Arzt, der an der Wand einen gerahmten Cartoon hängen hat, auf dem ein Patient zum Arzt sagt: »Meine Diagnose habe ich schon aus dem Internet. Zu Ihnen komme ich nur, weil ich eine zweite Meinung hören möchte.«

Die öffentlich zugänglichen Informationen über Gesundheit und Medizin sind quantitativ und qualitativ unbestreitbar angewachsen – selbst wenn sie häufig falsch, widersprüchlich und verwirrend sind. Das Pew Research Center berichtet, dass sich bereits jeder dritte Amerikaner eine Diagnose aus dem Internet geholt hat, entweder für sich selbst oder für andere. Überdies haben 72 Prozent der Internetnutzer 2013 online medizinische Informationen eingeholt.

Wikipedia, die sechstgrößte Website der Welt, kanalisiert eine Menge dieser medizinischen Daten. Sie ist de facto die wichtigste Quelle medizinischer Informationen für Ärzte und Patienten, wie aus einem Bericht des ISM Institute for Healthcare Informatics hervorgeht, den Julie Beck 2014 in *The Atlantic* zitierte. 50 Prozent aller Mediziner konsultieren Wikipedia als Informationsquelle, insbesondere zu ganz bestimmten Erkrankungen. Die fünf Erkrankungen, über die Internetnutzer 2013 die meisten Wikipedia-Informationen abriefen, waren Tuberkulose, Morbus Crohn, Lungenentzündung, multiple Sklerose und Diabetes.

Die durch Crowdsourcing gewonnenen medizinischen Wikipedia-Einträge sind in aller Regel ausführlich und erschöpfend. Der rund 6000 Wörter umfassende Artikel über koronare Herzkrankheit beispielsweise zitiert jede Menge Quellen und gibt Auskunft über Anzeichen und Symptome, Risikofaktoren, Diagnose, Prophylaxe, Behandlung, Epidemiologie und Forschung. Diese Informationen werden von den vielen Laienredakteuren von Wiki laufend aufbereitet. Das IMS untersuchte fünf stark frequentierte Wikipedia-Einträge (zu Diabetes, multipler Sklerose, rheumatoider Arthritis, Brust- und Prostatakrebs) und stellte fest, dass sie sich laufend verändern: Im Schnitt nehmen die Redakteure monatlich 16 bis 46 Änderungen vor. Das ist an und für sich zuträglich: Wissenschaftliches Wissen befindet sich in der Entwicklung, da neue Forschungsergebnisse frühere Auffassungen ständig revidieren.

Das Problem dabei ist, dass sich Ärzte und schattenarbeitende Patienten auf unzuverlässige Informationen stützen. 2014 veröffentlichte *The Journal of the American Osteophathic Association* eine Studie über Wikipedia-Einträge zu den zehn kostenintensivsten Erkrankungen von Dr. med. Robert Hasty von der Campbell University in North Carolina und Kollegen. Die Studie ergab, dass neun der zehn Wikipedia-Artikel statistisch signifikante Abweichungen zur Peer-Reviewed-Fachliteratur aufwiesen. Manchmal beruhen diese Abweichungen auf mangelnder Sachkenntnis der Wikipedia-Redakteure und liefern den Nutzern dadurch ein verzerrtes Bild.

Gleichzeitig gilt: Auch der Peer-Reviewed-Konsens ist keinesfalls sakrosankt. Manche Abweichungen lassen sich vielleicht schlicht durch unorthodoxe medizinische Auffassungen erklären. Immerhin kommt es gar nicht so selten vor, dass der fachliche Konsens am Ende widerlegt wird. So glaubten die Ärzte beispielsweise jahrzehntelang, dass Stress und stark gewürzte Speisen Magengeschwüre verursachen, und verschrieben Entspannung und Schonkost als Behandlung. Anfang der 1980er-Jahre veröffentlichten die australischen Wissenschaftler Barry Marshall und Robin Warren Forschungsergebnisse, die belegten, dass das Bakterium Helicobacter pylori im Magen Infektionen auslösen kann und vermutlich bis zu 90 Prozent aller Magengeschwüre hervorruft. (Für diese Arbeit erhielten sie 2005 den Nobelpreis.) Pharmaunternehmen (deren Kassenschlager damals Antazida wie Tagamet waren), Gastroenterologen, die Patienten mit Magengeschwüren operiert hatten, und Psychotherapeuten, mit deren Hilfe sie versucht hatten, Stress abzubauen, sprachen sich allesamt vehement gegen die Bakterienhypothese aus. Doch eine Studie nach der anderen wies nach, dass die Verabreichung von Antibiotika zur Beseitigung von Helicobacter pylori den Geschwüren rasch den Garaus machte. Erst 1997 lancierten die Centers for Disease Control and Prevention in den USA eine Weiterbildungskampagne für Mediziner, die der Antibiotikabehandlung Vorschub leistete.

Anders gesagt: Sie dürfen nicht nur nicht alles glauben, was Sie in der Zeitung lesen, Sie dürfen auch nicht alles glauben, was im *The New England Journal of Medicine* steht. Leider bringen ungeübte schattenarbeitende Patienten selten die Voraussetzungen mit, um Indizien auszuwerten und die wissenschaftliche Validität von Studien zu beurteilen, die sie im Internet finden.

Manche Experten setzen sich inzwischen für mehr wissenschaftliche Genauigkeit auf Wikipedia ein. Das WikiProject Medicine, ein Gemeinschaftsprojekt von Ärzten, anderen medizinischen Berufsgruppen und an Gesundheitsfragen interessierten Wikipedia-Redakteuren, soll die Qualität medizinischer Informationen auf der Website verbessern. Das zeigt, dass zumindest manche Ärzte die Schattenarbeit von Patienten auf Wikipedia anerkennen. 2014 erhielten Medizinstudenten im vierten Studienjahr von der University of California, San Francisco, sogar akademische Credit Points für die redaktionelle Überarbeitung der medizinischen Wiki-Seiten.

YouTube, die drittbeliebteste Internetseite, stellt Tausende gesundheitsbezogener Videos ein, die sich viele Patienten vertrauensvoll zu Gemüte führen. Videos könnten sogar eine noch größere Wirkung auf die Zuschauer haben als die Textbeiträge von Wikipedia, weil

Bild und Ton so einprägsam sind. Hinzu kommt, dass die Inhalte von Wikipedia von Scharen freiwilliger Redakteure überwacht werden, was bei YouTube nicht der Fall ist. Hier kann jeder ungehindert auf die Informationsautobahn auffahren. Dr. med. Nilay Kumar, Arzt bei der Cambridge Health Alliance in Cambridge, Massachusetts, untersuchte YouTube auf Videos über hohen Blutdruck und landete 400.000 Treffer. Sein Team bat unabhängige Hypertonieexperten, 209 der einschlägigsten Videos (nach YouTube-Ranking) auf Richtigkeit und Nützlichkeit hin zu bewerten. Sie fanden 63 Prozent nützlich, stellten aber in rund einem Drittel der Videos falsche Informationen fest. So wurde beispielsweise behauptet, hoher Blutdruck habe nichts mit Schlaganfällen zu tun, sondern es sei seine Behandlung, die Schlaganfälle *verursache*, oder dass Salzkonsum keinen Zusammenhang mit der Erkrankung habe. Ironischerweise sahen sich gewöhnlich mehr Menschen die irreführenden Videos an und sie wurden auch öfter »gelikt« als die fachlich korrekteren.

Richtig oder falsch kann natürlich eine subjektive Entscheidung sein. »Den irreführenden Videos war gemein, dass sie sich für ganzheitliche Medizin und Naturheilverfahren starkmachten«, stand in einem Reuters-Artikel über Kumars Studie. »Über die Hälfte enthielten Werbung für alternative Behandlungsmethoden, die von der American Heart Association nicht empfohlen werden.« Nun, die American Heart Association ist ein großer etablierter Akteur auf dem Gebiet der Herz-Kreislauf-Erkrankungen, doch ihre Empfehlungen sind kaum unumstößlich. Und finanziell üppig ausgestattete Lobbyisten der Pharmakonzerne sind in den Büros der Heart Association nicht unbekannt. Wie sonst auch schlägt sich die Demokratisierung von Fachkompetenzen hier in den politischen und wirtschaftlichen Pfaden nieder, die den Konsens bilden und definieren, was die öffentliche Meinung für »richtig« hält.

Die Flut an Daten, die schattenarbeitende Patienten abrufen, ist weder fehlerfrei noch neutral. Pharmafirmen und Nahrungsmittelketten, die Nahrungsergänzungsprodukte anbieten, können das Internet manipulieren, um ihren Umsatz zu steigern. Es gibt gefälschte Websites, Berichte und Blogs und gezielt lancierte Kommentare auf etablierten Verbraucherseiten. Die irreführenden YouTube-Videos priesen häufig unternehmenseigene Behandlungsformen wie bestimmte Nahrungsergänzungsmittel an. Wieder ist der Durchschnittsbürger kaum qualifiziert, um echtes Wissen von den vielen Nebengeräuschen im Web zu unterscheiden.

Hinzu kommt, dass *zu viele* Informationen Patienten abschrecken können. Viele sind nicht in der Lage, unbekannte Fakten ohne Weiteres in einen Kontext zu stellen. In einem Blog mit dem Titel »Schwanger mit T.M.I. [Too Much Information]« von *The New York Times* beschrieb Patricia Volk, wie sie ihre im sechsten Monat schwangere Tochter zu einer Ultraschalluntersuchung begleitet hatte und von einem Techniker erfuhr, der Fötus habe einen »kurzen Oberschenkelknochen« (Femur). »Als ich nach dem Mittagessen wieder zu Hause war, führte ich das neue masochistische Ritual durch«, erzählte Volk. »Ich googelte ›kurzer Oberschenkelknochen‹ und erfuhr: ›Geringe Länge des Oberschenkelknochens kann Teil einer Missbildung wie Skelettdysplasie sein.‹ Ich beschloss, dass nichts Gutes aus weiteren Recherchen zu der langen Liste von Erkrankungen erwachsen könne, die mit einem kurzen Oberschenkelknochen einhergehen, wie Aneuploidie, Nierenbeckenerweiterung und verbreiterte Nackentransparenz.« Natürlich bekam sie ein absolut normales Enkelkind.

Die USA gehören (neben Neuseeland) zu den beiden Ländern weltweit, in denen Fernsehwerbung für verschreibungspflichtige Medikamente behördlich zugelassen ist. 1997 lockerte die US-Arzneimittelbehörde Food and Drug Administration, kurz FDA, ihre Richtlinien und genehmigte solche Werbesendungen. Damit öffnete sie die Schleusentore. In den nächsten zehn Jahren stiegen die Ausgaben der Pharmaindustrie für die Direktwerbung beim

Verbraucher auf 4,9 Milliarden US-Dollar im Jahr. Amerikanische Fernsehzuschauer werden inzwischen mit Werbespots für verschreibungspflichtige Medikamente überschwemmt, die auf insgesamt 16 Stunden pro Person und Jahr geschätzt werden. Hinzu kommt Werbung im Radio, in Printmedien und im Internet.

Die Pharmabranche, die vielfach als rentabelstes Geschäft der Welt bezeichnet wird, fokussiert sich bei der Werbung auf wenige Markenpräparate. In aller Regel wirken diese gegen chronische Erkrankungen mit breiten, langfristigen potenziellen Märkten wie hoher Cholesterinspiegel (Crestor), Schlaflosigkeit (Ambien, Lunesta) und Osteoporose (Evista). Mit der Einführung von Viagra 1998 schaffte die Therapie der erektilen Dysfunktion den Sprung an die Spitze dieser Fernsehwerbungskategorie.

Auf den ersten Blick erscheinen die Ausgaben enorm. Es handelt sich dabei immerhin um *verschreibungspflichtige* Medikamente, nicht um frei verkäufliche. Sie sind nur auf ärztliches Rezept erhältlich. (Natürlich geben die großen Pharmakonzerne auch reichlich Geld für Werbung bei Ärzten aus und verwöhnen diese mit Extras wie Vergnügungsreisen und Golftrips. Sie setzen Ärzte auch als Anreißer ein und lassen sie Artikel für medizinische Fachblätter schreiben, welche kaum verhüllte Werbung darstellen, die dem Autor von den Medikamentenherstellern in die Feder diktiert wurde.) Verbraucher können keine Medikamente verschreiben. Die Liberalisierung der Vorschriften durch die FDA im Jahr 1997 hat daran nichts geändert. Worauf gründet sich also der sprunghafte Anstieg der Direktwerbung beim Verbraucher?

Die Antwort liegt in der Macht der schattenarbeitenden Patienten. Werbung für Medikamente ist eine der Bezugsquellen von »Informationen«, die sich Patienten über ihre Beschwerden aneignen. Ein Fernsehspot über ein verschreibungspflichtiges Allergiemedikament wie Claritin bringt den Patienten dazu, seine Ärztin beim nächsten Termin auf die Marke anzusprechen. Auch sie kennt Claritin und möchte unter sonst gleichen Voraussetzungen, dass ihr Patient/Kunde zufrieden ist. Also stellt sie ihm bereitwillig ein entsprechendes Rezept aus. Alle sind glücklich, auch die örtliche Apotheke, und vor allem Schering-Plough, der Hersteller von Claritin.

Selbst ohne bedrohliche Krankheiten übernehmen manche Menschen Aufgaben, die früher Ärzte, Krankenschwestern und anderes medizinisches Personal ausführten. Diabetiker stechen sich in den Finger und prüfen ihren Blutzuckerspiegel – manchmal mehrmals täglich. Mit Geräten für den Verbraucher überwachen Patienten ihren Blutdruck. Sie können per Post Gentests anfordern oder im eigenen Bad Urinproben analysieren. 2012 kam ein HIV-Test für zu Hause für 40 Dollar auf den Markt.

Schattenarbeitende Patienten, die sich in Zusammenarbeit mit medizinischen Fachleuten zu Hause selbst versorgen, können ziemlich anspruchsvolle Prozeduren durchführen. Neil Wassner (Name geändert), ein 67-jähriger Anwalt, der bei der US-Regierung in Washington tätig ist, zog sich eine Prostatainfektion zu, die mit Fieber, verstärktem Harndrang und Beschwerden beim Wasserlassen einherging. Drei orale Antibiotikabehandlungen brachten keinen Erfolg. Sie sorgten leider nur dafür, dass die verbleibenden Erreger stark medikamentenresistente Stämme waren. »Ich züchtete mir da einen Superkeim heran«, erzählt er.

Sein Arzt empfahl ihm als weitere Behandlung eine sechswöchige, zu Hause durchführbare Infusionstherapie mit einem anderen Antibiotikum, Ertapenem, das den Herd von Wassners Infektion erreichen konnte, wenn es täglich direkt in den Blutkreislauf gelangte. »Betriebswirtschaftlich betrachtet handelt es sich dabei um eine pharmazeutische Dienstleistung«, meint Wassner. In der Praxis war deutlich mehr damit verbunden, als eine Pille zu schlucken. Eine Krankenschwester legte einen peripher eingeführten zentralvenösen Katheter (PICC) in Wassners Armvene. Ein US-weit tätiges Spezialunternehmen für häusliche Gesundheitsversorgung mit zugelassener Apotheke unterstützte Wassner bei der selbst verabreichten Behandlung.

Jeden Abend gegen 18 Uhr schloss Wassner den Plastikbeutel an, der das in Wasser gelöste Medikament enthielt. »Die Verbindung muss antiseptisch sein und man braucht zwei Hände, um sie herzustellen. Deshalb musste mir meine Frau zur Hand gehen«, erklärt er. Dann floss die Infusionslösung eine Stunde lang aus dem Beutel in Wassners Arm. Er schloss die insgesamt eineinhalbstündige Prozedur ab, indem er den Beutel abstöpselte, den Bereich spülte und sich über den intravenösen Zugang noch eine Spritze verabreichte, die eine Kochsalzlösung mit einer Dosis des Gerinnungshemmers Heparin enthielt.

»Am Anfang ist das haarsträubend«, berichtet Wassner. »Bei jedem Schritt können Sie etwas falsch machen. Beispielsweise können Luftbläschen ins Gefäßsystem eindringen. Die Infusion funktioniert über Schwerkraftzufuhr. Einmal habe ich den Beutel tiefer gehalten als meinen Arm, und schon lief Blut hinein. Das ist ziemlich heftig. In der Medizin wird so viel von einem Arzt gesteuert, insbesondere bei solchen Verfahren.« Die Behandlung kurierte Wassner von seiner Infektion, war aber »auf jeden Fall enorm lästig«, wie er resümiert. Er kam jedoch besser davon als manch anderer Patient, der solche Infusionen über ein ganzes Jahr erhalten muss.

Schwangerschaftstests für zu Hause sind vielleicht das einfachste Beispiel für medizinische Schattenarbeit. 1968 entwickelte Margaret Crane im Zuge ihrer Arbeit für das Pharmaunternehmen Organon in West Orange, New Jersey, einen Test auf humanes Choriongonadotropin (hCG), ein Hormon, das von befruchteten, eingenisteten Eizellen produziert wird. Das 1930 entdeckte Hormon ist ein Beleg für eine Schwangerschaft. In den 1970er-Jahren kam Cranes patentierter Test in Europa und den USA auf den Markt. Die meisten Schwangerschaftstests für zu Hause prüfen anhand einer Urinprobe auf einem Kunststoffstäbchen, ob hCG vorhanden ist. Sie sind billig und bequem und werden heute von fast jeder betroffenen Frau angewendet, bevor sie einen Arzt aufsucht.

Da sich die Eizelle sechs bis zwölf Tage nach der Befruchtung einnistet und in diesem Zeitraum noch kein hCG gebildet wird, kann ein Urintest vor Ablauf dieser Frist fälschlicherweise ein negatives Ergebnis auswerfen. In einem Bericht der *Archives of Family Medicine* von 1998 über Tests für zu Hause wurde festgestellt, dass diese (mit 97,4 Prozent) nahezu gleich treffsicher sind wie medizinische Laborergebnisse, wenn sie von erfahrenen Fachleuten durchgeführt werden. Testen sich jedoch Verbraucher ohne fachliche Unterstützung, sinkt die Quote auf 75 Prozent. Die Wissenschaftler vermuteten, dass die Verbraucher entweder deshalb fehlerhafte Ergebnisse erhielten, weil sie die Bedienungsanleitung nicht richtig verstanden oder weil sie sich nicht daran hielten. Anders formuliert, Schattenarbeit bleibt laienhaft und bringt nicht unbedingt dieselben Ergebnisse wie professionelle Arbeit. (Desgleichen warnte die Food and Drug Administration 2014, dass Verbraucher, die sich am Automaten den Blutdruck messen, falsche Werte erhalten könnten, was an Faktoren wie unterschiedlicher Manschettengröße liege. Zuverlässige Werte seien auch nur ermittelbar, wenn der Patient eine sitzende Haltung einnahm, mit unterstütztem Rücken, die Füße auf dem Boden, die Beine nicht übereinandergeschlagen und den Arm auf Herzhöhe ausgestreckt. Wer den Automaten bemüht, bleibt womöglich nicht die ganze Zeit über in dieser Stellung.)

So oder so, Schwangerschaftstests zum Selbstdurchführen schalten die Arztpraxis und das medizinische Labor aus dem Prozess aus. Früher war es *nicht* die werdende Mutter, die als Erste von ihrem Zustand erfuhr. Vielmehr wurde ihr die freudige (oder bestürzende) Nachricht telefonisch von der Arztpraxis mitgeteilt. Heute muss nur die Schwangere selbst erfahren, dass sie ein Kind erwartet. Ihre Privatsphäre ist dadurch besser geschützt und sie ist selbstbestimmter. Dadurch verwandelt sich aber auch ein unvergesslicher gemeinsamer Moment in eine einsame Begegnung mit einem Plastikstreifen. Die Offenbarung erfolgt im Silo.

Lektionen aus dem Gesundheitswesen

Erstens dringen schattenarbeitende Amateure inzwischen auch in hoch qualifizierte Tätigkeitsbereiche wie die Medizin vor. Dadurch verändert sich die Beziehung zwischen Arzt und Patient. Sie begegnen sich eher auf Augenhöhe und die Verantwortung für medizinische Entscheidungen wird geteilt. (Langfristig könnte diese Veränderung die Kunstfehlerprozesse vielleicht verringern, da Ärzte einen geringeren Anteil an der Gesamtverantwortung für die Behandlung tragen.)

Zweitens entsteht aus der Übernahme von Verantwortung für therapeutische Entscheidungen Schattenarbeit für Patienten. Die neuerdings mündigeren Patienten, die mit ihrem Arzt über den Einsatz von Statinen gegen Cholesterin diskutieren möchten, bereiten sich auf das Thema vor, indem sie im Internet recherchieren – vor allem auf Seiten wie Wikipedia und WebMD. Auch Ärzte konsultieren Wikipedia, sodass sich ihre Wissensbasis teilweise mit der ihrer Patienten deckt.

Drittens haben Wikipedia und andere medizinische Online-Informationsquellen inzwischen eine eindrucksvolle Qualität der bereitgestellten Daten erreicht. Dennoch sind solche Websites nie frei von Fehlern und Verzerrungen, die durch kommerzielle Interessen entstehen. Der medizinisch nicht vorgebildete Patient ist schlechter gerüstet als der Profi, um zutreffende Informationen von Falschmeldungen zu unterscheiden. Außerdem lässt sich der Laie womöglich übermäßig beeindrucken von peppigen Präsentationen wie YouTube-Videos, die Ärzte vielleicht eher richtig einordnen.

Viertens führen schattenarbeitende Patienten mittlerweile auch ein breites Spektrum an Diagnose- und Therapieverfahren selbst durch, außerhalb medizinischer Einrichtungen. Dazu gehören auch komplexe Behandlungen wie tägliche intravenöse Infusionen. Es sind verschiedene Unternehmen entstanden, die solchen Patienten mit professioneller Hilfe unter die Arme greifen. Ihre Mitarbeiter sind aber eher Notfallsanitäter, nicht ausgebildete Ärzte und Pflegekräfte. Es erscheint vernünftig, Leute einzustellen, die (maximal) über *ausreichende* Qualifikationen verfügen, um den verschriebenen medizinischen Eingriff vorzunehmen. Häufig ist dafür gar keine Ausbildung erforderlich – und die fraglichen Kräfte sind schattenarbeitende Patienten.

Viertes Kapitel: Schattenarbeit in der Gastronomie, im Tourismus und im Verkauf

Jeden Abend fand ich ein angenehmes Inn oder Motel zum Über-nachten, schöne neue Anlagen, die in den letzten Jahren überall gebaut worden sind. Dabei lernte ich auch eine neue Tendenz des Westens kennen, die zu akzeptieren ich wohl schon zu alt bin: das Prinzip des Do-it-yourself. Beim Frühstück hat man einen Toaster auf dem Tisch. Man macht sich seinen Toast selbst. War ich in einer dieser Prachtstätten des Komforts und der Behaglichkeit abgestie-gen, eingeschrieben und in mein komfortables Zimmer gebracht worden, nach Vorauszahlung natürlich, so war dies das Ende jeden Kontakts mit dem Management und dem Personal. Es gab weder Kellner noch Boys. Die Zimmermädchen huschten unsichtbar ein und aus. Wollte ich Eis haben, holte ich es mir aus einem Automaten beim Empfangsbüro, desgleichen die Zeitung. Alles war praktisch, zentral gelegen und einsam.

John Steinbeck, Die Reise mit Charley, (DTV 2013)

Die Theatergruppe an meiner Highschool in Dover, New Jersey, machte jedes Jahr einen Ausflug nach New York. Mehrere Dutzend Schüler wurden mit Bussen in die Stadt gekarrt, um sich die Matinee eines Broadway-Stücks anzuschauen wie das zum gleichnamigen Roman *Wie man Karriere macht, ohne sich anzustrengen.* Das Interesse am Theater hielt sich bei den meisten in Grenzen, doch wir hatten einen Tag schulfrei und Gelegenheit zu einer aufregenden Kostprobe von Manhattan, das zwar nur 60 Kilometer von unserer Kleinstadt entfernt lag, aber trotzdem eine andere Welt darstellte.

Wir fuhren so, dass wir vor der Vorstellung noch zu Mittag essen konnten. Auf einer dieser Fahrten aß ich zum ersten Mal an einem Horn-&-Hardart-Automaten. Horn & Hardart war eine etablierte Restaurantkette, 1888 in Philadelphia gegründet, mit Filialen in der ganzen Stadt. Die Automatenlokale waren ganz anders als jedes Restaurant, das ich zuvor gesehen hatte (und seither gesehen habe). Es gab weder Bedienungen noch Speisekarten. Stattdessen blitzte Chrom und Glas an jeder Wand: alles Fächer mit Klappen, durch die man durch ein kleines Glasfenster ein Tellergericht sehen konnte.

In den Fächern befanden sich beispielsweise Sandwiches mit Schinken und Käse oder Thunfisch auf Roggenbrot, Schüsseln mit Blattsalat, Bagels mit Frischkäse, frisches Obst, Apfelkuchenstücke. Neben jedem Fach war ein Münzeinwurf. Es gab auch Geldwechselautomaten, die das nötige Kleingeld für die gewünschte Transaktion ausspuckten. Man warf die erforderliche Zahl an Münzen ein, drehte den verchromten Griff mit dem Porzellankern, und die kleine Tür öffnete sich. Dann konnte man sein Tellerchen mit der gewünschten Speise herausziehen. Sobald sich die Tür wieder schloss, wurde automatisch ein neues Sandwich oder ein anderes Gericht ins Blickfeld geschoben. Ein Automatenrestaurant!

Toll. Das Essen war eher einfach, doch preisgünstig, und die Automatenerfahrung schlicht unbezahlbar. Im Automatenrestaurant hatten *Sie*, der Kunde, das Sagen. Das war etwas ganz anderes als ein herkömmliches Lokal, wo man einen Tisch zugewiesen bekam, von der Karte bestellte und warten musste, bis der Kellner das Essen brachte. Hier wählte man den Tisch selbst und suchte sich aus, welches Stück Kuchen man wollte. Man zahlte, bevor man das Essen bekam, und trug es selbst an den Tisch. Kein Kellner bestimmte, wie lange das dauerte. Es gab weniger Wartezeit und man hatte das zufriedene Gefühl, viele unnötige Schritte auszumerzen.

Als Gäste von Horn & Hardart übernahmen wir Aufgaben, die in anderen Restaurants das Personal erfüllte. Wir *waren* das Personal. Ich wies mir selbst einen Tisch zu und fungierte als Kellner: Ich nahm die Bestellung auf, holte die Speisen und brachte sie an den Tisch, den meine Freunde und ich uns ausgesucht hatten. Ich kassierte auch selbst ab, indem ich eine Handvoll Münzen in einen Schlitz einwarf. Wechselgeld fiel nicht an und Trinkgeld gab es auch keins. Mir war das damals nicht klar, doch ich leistete Schattenarbeit.

Das Automatenheer

Schattenarbeit entsteht häufig, wenn ein Unternehmen wie ein Restaurant durch eine technische Innovation einen oder mehrere Mitarbeiter aus dem Geschäft nehmen kann. Das ist eine Form der *Disintermediation,* ein Schlagwort aus der Betriebswirtschaftslehre, das den Wegfall einer Stufe aus der Wertschöpfungskette umschreibt – den direkteren Weg zum Kunden. Dieser hat dann direkt mit der Technik zu tun, statt mit einem Mitarbeiter. Das Unternehmen spart dadurch Gehaltskosten, der Verbraucher leistet Schattenarbeit.

Die Horn-&-Hardart-Automaten-Läden verwendeten Mechanik, um Empfangsdamen, Kellner und Kassierer aus dem Restaurantbetrieb zu entfernen. Die Automaten waren zwar genial, existierten aber bereits lange vor der Entwicklung der Computer und vor der Informationsrevolution. Die digitale Technik von heute eröffnet weit mehr Möglichkeiten für diese Art der Disintermediation, die mit einer entsprechenden Explosion der Schattenarbeit einhergeht. Orte und Aktivitäten, die uns vergnügliche Stunden verschaffen – Restaurants, Touristenziele und für viele auch Einkaufsmeilen –, entwickeln sich in eine Richtung, die Schattenarbeit Vorschub leistet. Die Dienstleistungsindustrie wird von der Robotik umgestaltet, die zwischenmenschliche Kontakte durch Touchscreens an Automaten ersetzt.

Tatsächlich erobert eine Armee von Automaten Standorte im ganzen Land. Und es ist eine Besatzungsarmee: Haben sich die Automaten erst einmal etabliert, dann bleiben sie uns erhalten. Sie unterwandern Einkaufszentren, Straßenecken, Flughäfen, Schulen, medizinische Einrichtungen, Drogerien, Supermärkte, Banken, Kasinos und Rastplätze. Hier ein paar bunt gewürfelte Beispiele für die vielen Aufgaben, die Automaten übernehmen:

2008 bauten drei Apotheken in Los Angeles Automaten ein, die Marihuana für medizinische Zwecke abgeben. Berechtigte Patienten hinterlegen die nötigen Unterlagen und ihre Fingerabdrücke in der Apotheke und erhalten eine Karte, die sie in den Automaten einführen. Nach den Wahlen 2012, mit denen in den US-Bundesstaaten Colorado und Washington gelegentlicher Drogenkonsum legalisiert wurde, verzeichnete MedBox, ein Hersteller von Verkaufsautomaten für medizinische Anwendungen, in nur fünf Tagen einen sprunghaften Anstieg seines Aktienkurses von 4 auf 125 Dollar. 2014 tauchte der erste Marihuana-Verkaufsautomat mit Alters- und Identifikationsprüfung in Eagle-Vail, Colorado, auf. Er überprüft die Führerscheine der Kunden mittels einer Identifizierungstechnik per Funksignal.

Die australische Regierung kündigte 2012 an, sie werde automatische Schalter mit Gesichtserkennungstechnik installieren, um ePässe von Australiern zu kontrollieren, die von Auslandsreisen zurückkehren. Diese Einrichtungen führen Zoll- und Einwanderungsprüfungen durch, die früher von Zollbeamten vorgenommen wurden. Der Staat kann dadurch Personal reduzieren und spart angeblich über vier Jahre 11,9 Millionen US-Dollar. Nach Angaben des Dallas/Fort Worth International Airport verkürzt die automatische Zollabfertigung die Wartezeiten um 40 Prozent. Hier gehen 70 Prozent aller internationalen Passagiere durch die automatische Kontrolle und warten im Schnitt keine 14 Minuten.

Das kalifornische Unternehmen PaleoExpress führte 2014 flächen-deckend seine Verkaufsautomaten für Diätprodukte ein. Dort kann man Fleisch vom Weidevieh, biologische, getreidefreie Müslis und Riegel auf Nussbasis, Süßkartoffeln und Apfelmus sowie aufbauen-de Getränke erstehen. Inzwischen zahlen Touristen in Hollywood bis zu 1000 US-Dollar für eine am Automaten erhältliche Dose Kaviar.

Auf der Messe in Las Vegas wurde 2012 die IntoxBox präsentiert, »der erste intelligente Blutalkohol-Testautomat für Bars«. Er begleitet Nutzer durch einen Alkoholtest und bietet zum Abschluss die Möglichkeit, durch Berührung eines Symbols auf dem Touchscreen ein Taxi anzufordern. Die IntoxBox fordert ihre Nutzer auf, ihren Blutalkoholspiegel zu schätzen. Wer richtig liegt, hat künftig einen Test frei.

Ein neuer Pepsi-Automat mit videospielartiger Bildschirmoberfläche zeigt einen animierten Avatar, der im Zuge einer Geschicklichkeitsprüfung die Fußballbewegungen des Kunden nachahmt, bevor er ihm das Erfrischungsgetränk auswirft. Die Einführung dieser Automaten legte Pepsi mit der Fußball-WM 2014 zusammen.

Die portugiesische Post öffnete 2012 in Lissabon eine Rund-um-die-Uhr-Filiale. Sie ist nur mit Automaten ausgestattet, die 24 Stunden am Tag praktisch sämtliche Dienstleistungen erbringen, die zuvor den Gang zum Schalter oder den Einsatz eines Postmitarbeiters erforderten.

In Manhattan führte Stack's Rare Coins einen Goldautomaten ein, der Goldbarren und Silbermünzen verkauft. Die Preise werden alle 60 Sekunden aktualisiert.

2011 forderte die Stadt Bonn Prostituierte auf dem Straßenstrich auf, an Automaten eine Steuer von 6 Euro pro Nacht zu entrichten.

Dafür erhielten sie einen Berechtigungsschein, von 20:15 bis 6 Uhr auf der Straße zu arbeiten. »Diese Maßnahme dient der Steuergerechtigkeit«, erklärte Monika Frombgen, Sprecherin des Stadtrats. »Prostituierte, die an festen Standorten arbeiten, etwa in Bordellen oder Saunaklubs, zahlen ja bereits Steuern.«

Die Stadt Gothenburg in Nebraska mit ihren 3600 Einwohnern genehmigte 2012 die Zuweisung von 10.000 US-Dollar zur Errichtung eines Touchscreen-Informationsautomaten am örtlichen Friedhof, der Karten ausdruckt, aus denen hervorgeht, wo sich ein bestimmtes Grab befindet. Gegen eine Gebühr können Hinterbliebene in dem Automaten Bilder oder einen Nachruf hinterlegen. Daran verdient die Stadt.

Automaten haben sich in der Gesellschaft inzwischen eindeutig fest etabliert und begegnen den Menschen mittlerweile an vielen verschiedenen Orten. Lassen Sie uns prüfen, inwiefern diese Automatenarmee den Menschen, denen sie dient, Schattenarbeit aufbürdet.

Restaurants ohne Service

Ein Restaurantbesuch war einst eine ausgesprochen soziale Erfahrung. Er begann mit einer herzlichen Begrüßung durch die Empfangsdame, die Ihnen und Ihrer Begleitung einen Tisch anwies. Dann kam eine Kellnerin und nahm mit freundlichem Geplauder ihre Bestellung auf – auch am Tresen einer Imbissstube. Getränke und Speisen wurden aus der Küche oder von der Bar an den Tisch gebracht und Änderungen vorgenommen, falls die Nachfrage, ob alles in Ordnung sei, abschlägig beschieden wurde. Die Bedienung brachte auch die Rechnung und in jeder Phase des Restaurantbesuchs tauschte man ein paar Worte aus. Nach dem Essen kam eine Hilfskraft und räumte den Tisch ab.

In teureren feinen Restaurants ist das heute noch so. Der Gast wird von Mitarbeitern durch den gesamten Abend begleitet. Doch der Gastronomieumsatz entfällt nur zu 10 Prozent auf solche gehobeneren Etablissements. In den letzten Jahrzehnten waren Fast Food (McDonald's, Taco Bell), einfache Schnellrestaurants (Panera Bread, Chipotle Mexican Grill), und zwanglose Lokale (Olive Garden, Applebee's oder Harvester in Großbritannien) in der Branche auf dem Vormarsch. In absteigender Rangfolge, vom Fine-Dining-Segment an der Spitze bis zum Fast-Food-Lokal (Branchenjargon für Schnellrestaurant) am anderen Ende des Spektrums, wird die Restauranterfahrung immer stärker rationalisiert.

In Schnellrestaurants zahlen die Gäste nicht nur weniger, sondern sie verzehren Speisen und Getränke auch schneller. Sie werden von weniger Mitarbeitern betreut – und übernehmen immer mehr Schattenarbeit. Da der Markt so stark vom Billigpreissegment dominiert wird, hat die Schattenarbeit für Restaurantbesucher sprunghaft zugenommen. Hinzu kommt, dass Essensgäste heutzutage in einem Silo speisen – also mit minimalem oder ganz ohne Kontakt zur Belegschaft. Restaurants kappen ihren Service bis zu einem Punkt, an dem es nur noch Gäste und Maschinen gibt: Dann nimmt man Speisen in einem großen, mit Tischen bestückten Verkaufsautomaten zu sich.

Gutbürgerliche und exklusive Restaurants bieten nach wie vor Empfangskräfte und Tischbedienung, doch in billigeren Lokalen sucht sich der Gast selbst einen freien Tisch. In Fast-Food- und Schnellrestaurants gibt es keine Bedienung. Der Transport der Speisen ist zur Schattenarbeit der Gäste geworden. Die ultimative Version des Minimalservice ist der Drive-through mit seinem Quäkkasten: Dort muss der Gast nicht einmal das Gebäude betreten. (Eine Extremform des Minimalismus bietet das Sunset & Hill Café auf der südkoreanischen Insel Jeju. Dort bereiten sich die Gäste ihren Kaffee oder Tee ebenso selbst zu wie kleine Snacks, machen den Abwasch und hinterlassen auf Treu und Glauben Geld, um ihre Zeche zu zahlen. Getränke kosten dort nur 2 oder 3 Dollar.)

In Fast-Food-Restaurants stellen sich Kunden in aller Regel am Schalter an und bestellen. In Selbstbedienungsrestaurants bewegen sie sich wie in einer Cafeteria in der Schlange an einem Tresen entlang und bestellen bei der Essensausgabe, die ihre Wünsche unmittelbar erfüllt. Aus der Küche wird lediglich die Servierstraße wieder aufgefüllt. Getränke sind mit Schattenarbeit verbunden: Der Kunde erhält einen Pappbecher und füllt ihn mit Eis und Getränken. (An den neuen Touchscreen-Automaten von Coke Freestyle und Pepsi Spire stellen sich die Kunden Erfrischungsgetränke nach eigenem Gusto zusammen. Sie geben Mineralwasser und Aromen ab, die bis zu 1000 unterschiedliche Getränke ergeben. Ebenso verlagern Sprudelsysteme wie SodaStream die Getränkeproduktion nach Hause und übertragen dem Konsumenten die Aufgabe, seine Erfrischungsgetränke in der Küche selbst zu fabrizieren.)

Gäste in Schnellrestaurants tragen ihr Essen selbst an den Tisch und bezahlen es *vor*, nicht nach der Mahlzeit an der Kasse. Die Bäckerei-/Café-Kette Panera Bread und viele andere Anbieter drücken dem Gast einen vibrierenden, blinkenden »elektronischen Tisch-Zeiger« in die Hand, der entweder der Bedienung hilft, einen Gast ausfindig zu machen, oder die schattenarbeitende Restaurantbesucherin herbeizitiert, um ihre Bestellung abzuholen und zum Tisch zu bringen.

In feinen Restaurants serviert der Ober Salat auf dem Teller angerichtet am Tisch. Vor ein paar Jahrzehnten war das noch überall üblich. Diese Norm wurde von der Salatbar verändert, die eine weitere Form der Schattenarbeit hervorbrachte. Manche datieren die Erfindung der Salatbar schon auf 1950. Der Begriff stammt laut *Merriam-Webster's Collegiate Dictionary* aus dem Jahr 1973. Wie dem auch sei, in den 1970er-Jahren gab es bereits in vielen einfacheren Gasthäusern Salatbars – und es gibt sie nach wie vor, in Ergänzung zur Bedienung am Tisch. (Auch in Supermarktketten wie Whole Foods sind sie aufgekommen.)

Eine Salatbar überträgt die Salatzubereitung auf den Kunden, der diese Aufgabe vom Küchenpersonal übernimmt, das nur noch für die Vorbereitung zuständig ist. Damit haben die Gäste zwar mehr zu tun, können sich aber die Zutaten selbst aussuchen und nach Gusto anmachen. (Ebenso geben Kaffeetrinker an speziellen Ausschankstationen lieber selbst Milch und Zucker in ihren Kaffee, als sich darauf zu verlassen, dass ein Restaurantmitarbeiter errät, wie viel es davon sein soll.) »Klar, den Salat mache ich. Aber die meiste Arbeit – das Schnipseln nämlich – übernimmt das Lokal«, meint Krankenschwester Andrea aus Portland, Maine. »Außerdem mag ich keine rohen Zwiebeln, Brokkoli oder Karotten. Also lasse ich sie einfach weg. Und ich muss nicht darum bitten, die Salatsoße separat zu servieren, damit sie den Salat nicht darin ertränken.«

Fast-Food-Restaurants überlassen es auch ihren Kunden, die Tische abzuräumen. Sie können sich vielleicht noch an Zeiten erinnern, als es Lehrlinge übernahmen, Geschirr, Tassen, Gläser, Servietten, Tabletts und andere Utensilien abzuräumen – und Speisereste und Getränkeneigen ebenfalls. Solche Helfer gibt es in feinen Restaurants bis heute. Dort speisen die Gäste von Porzellantellern, mit echtem Silberbesteck und Kristallgläsern. Das alles *gehört* dem Restaurant. Der Gast leiht es sich nur für eine Mahlzeit. Der Wirt lässt es dann spülen und setzt es immer wieder ein.

Vergleichen Sie das mal mit Szenen bei Wendy's, Starbucks oder Dunkin' Donuts, wo die Kunden aus Papp- oder Styroporbechern trinken und mit Plastikbesteck von Papptellern essen. Bei McDonald's gibt es noch nicht einmal mehr Pappteller, sondern nur eine Pappschachtel mit aufgedrucktem Logo, der Ihren Burger enthält. (Die Lawine an Fast-Food-Müll ist für die Umwelt natürlich eine Katastrophe, die dafür sorgt, dass tonnenweise Abfall auf Deponien landet.) Stellt Ihnen ein Schnellrestaurant solche Einwegverpackungen bereit, dann überträgt es das Eigentum daran auf *Sie*. Ob wissentlich oder nicht, mit Ihrem Essen haben Sie auch die Verpackung *gekauft*. Deshalb obliegt Ihnen die Entsorgung – und nicht dem Abräumer, falls es diesen überhaupt gibt.

Wenn Sie Ihren geeisten Karamell-Macchiato bei Starbucks aufgeschlürft haben, dürfen Sie nicht die Schattenarbeit vergessen, also den Tisch abzuräumen. Wer alles liegen und stehen lässt, wird von anderen Gästen womöglich als fauler Schmutzfink betrachtet. Die Normen haben sich inzwischen so gewandelt, dass die Arbeit des Abräumers für Schnellrestaurantgäste schon zur Routine geworden ist. Einweggeschirr hebt diese Veränderung besonders hervor. Diese Regeln gelten außerdem schon in Lokalen, die Teller und Schüsseln aus Melamin oder sogar aus Porzellan verwenden.

Die Automatenarmee hält in der Gastronomie Einzug. Schon seit Jahren erleben Gäste in Kettenrestaurants, wie Bedienungen ihre Bestellung auf Touchscreens eingeben, die Informationen in die Küche weiterleiten. Als Nächstes kommt nun der Schalter zum Selbstbestellen, der die Bedienung ganz aus der Gleichung herausnimmt. Der Touchscreen wird vom schattenarbeitenden Gast bedient. In einer Umfrage der National Restaurant Association bezeichneten Köche 2014 computerisierte Karten als wichtigsten Tech-Trend. 2011 kündigte McDonald's an, menschliche Kassenkräfte in über 7000 Restaurants in Europa gegen Touchscreens auszutauschen.

Das funktioniert so: Ein Schnellrestaurant stellt ein paar frei stehende Automaten *vor* den Tresen. Sie zeigen das Angebot an. Über den Touchscreen kann der Kunde seine Auswahl eingeben. Vielleicht steht noch eine Kassiererin hinter dem Tresen, die die Automaten »betreut« und Gäste mit der neuen Technik vertraut macht – wie bei Safeway ein Kassierer mehrere Selbstbedienungskassen im Supermarkt überwacht. In Drive-in-Lokalen können Touchscreens vielleicht den Quäkdialog über die Sprechanlage ersetzen. Eine Marketingerhebung ergab, dass 63 Prozent aller Schnellrestaurantgäste gern am Automaten bestellen und bezahlen würden. 96 Prozent der jüngeren Kunden (im Alter von 18 bis 34 Jahren) erachteten diese Lösung in einem Restaurant als Vorteil.

Solche Automaten reduzieren auch die Personalkosten, da die erforderliche Zahl an Mitarbeitern in einem Restaurant um 20 bis 25 Prozent zurückgeht. Sie bieten schnelle, fehlerfreie Bestellvorgänge und können für sehbehinderte oder der Landessprache nicht mächtige Kunden sprachgeführte oder mehrsprachige Karten bieten. Manche verfügen über animierte Displays, sodass die Bestellung einem Comicvideo gleicht – mit dem entsprechenden irrealen Eindruck. (Die Automatenvertreiber behaupten, Realitätsflucht könne den Konsum um 15 bis 25 Prozent steigern.)

Wie bei anderen Formen der Schattenarbeit haben Kunden durch Übernahme der Servicetätigkeit mehr Kontrolle, was viele begrüßen. Die Bestellung am Automaten kann Wartezeiten verkürzen, weil zu Stoßzeiten das Angebot reduziert wird, sodass die Gäste weniger Auswahl haben – so wie im Kino die Auswahl an Speisen und Getränken minimiert wird. »Wir leben in einer Schnell-schnell-schnell-ich-ich-ich-gleich-gleich-gleich-Welt«, meint Don Turner, CEO des Automatenanbieters Protech Solutions. »Will die Selbstbedienungsindustrie Erfolg haben, muss sie diesen Trend verstärken und ausnutzen.« Beim Essengehen geht es heute um Geschwindigkeit. *Schnell, schnell, ich, ich, gleich, gleich* bedeutet weniger zwischenmenschlichen Kontakt. Wer im Silo isst, isst am schnellsten.

Ronald Shaich, CEO von Panera Bread, hielt an einer Filiale der Kette, um den Schul-Lunch für seine Kinder abzuholen, den er vorbestellt hatte. »Da ging mir plötzlich auf, dass das ja eine tolle Sache für den CEO war, doch wie sah das für die anderen acht Millionen

Panera-Kunden aus?«, erzählte er 2014 der *New York Times.* »Sie mussten sich erst in die Schlange an der Kasse stellen und dann in eine andere Schlange, um ihr Essen ausfindig zu machen. Für Getränke mussten sie erneut anstehen. Und wer noch Espresso wollte, der durfte sich ein viertes Mal anstellen.« Diese Schlangenlogistik und die Wartezeit beim Abholen ihrer Bestellungen hätte Shaichs Kurzbeschreibung der Schattenarbeit seiner Kunden sein können. Er beschloss, 42 Millionen Dollar in die Rationalisierung von Panera zu investieren. »Ziel war, Reibungsverluste zu minimieren«, erklärte er. »Die Kundenerfahrung sollte optimiert werden.«

Seit Jahren verkaufen Premiumeisdielen hochwertige Eissorten und Frozen Yogurt. Lokale Firmen wie die SoCo Creamery in Great Barrington, Massachusetts, beschäftigen junge Menschen, die mehrere Dutzend Geschmacksrichtungen ausgeben. Sie füllen Eiskugeln in Waffeltüten und garnieren sie mit hausgemachten Toppings wie Schokoriegel-Stückchen. Sie lassen Sie auch gerne vom Probierlöffel exotische Sorten wie Chai Spice, Earl Grey Supreme oder Lavendelhonig kosten.

Die Jobs der jungen Eisverkäufer sind durch Roboter gefährdet. Automatisierte Ausgabestellen für Frozen Yogurt bringen schattenarbeitende Kunden dazu, viele dieser Aufgaben selbst zu übernehmen. In der Küstenstadt Avalon in New Jersey etwa bietet Toppings of Avalon fettarmes Frozen Yogurt zum »Selberholen«. Aus Wanddüsen kommen sechs verschiedene Geschmacksrichtungen, die die Kunden selbst in Kunststoffbecher abfüllen können. (Nur Becher – keine Waffeln, bitte, denn abgerechnet wird nach Gewicht.) Der Verbraucher kann noch unter 20 weiteren Zutaten wählen, die am Tresen ausgegeben werden. Eine Kassiererin wiegt den Becher und rechnet nach Unzen ab. Sie ist die einzige diensthabende Mitarbeiterin. Kostenlos probieren können Sie hier nicht, doch das ist nicht so schlimm, denn die sechs Spender geben ohnehin nur Standardsorten aus. Toppings of Avalon liefert das Produkt. Der Kunde sorgt für den Service. (In Chicago hat U-Vend sechs Eisautomaten aufgestellt, die sogar die Kassiererin überflüssig machen. 40 weitere sind für 2015 geplant.)

Das Geplänkel mit dem Barkeeper ist in Kneipen oft der halbe Spaß. Doch auch ihnen droht Konkurrenz durch Roboter. Das neue Selbstbedienungsgetränkesystem iPourIt macht den Kunden zum Barmann: Er zapft sein eigenes Bier, seinen Wein oder andere Getränke und zahlt wie am Eisautomaten nach Gewicht. Der Kunde muss sich mit einem im betreffenden US-Bundesstaat ausgestellten Ausweis anmelden, erhält dann ein mit einem Funksignal codiertes Armband, das die einer Reihe von Zapfhähnen an der Wand entnommene Getränkemenge aufzeichnet. Über das System kann das Lokal den Konsum entsprechend der Körpergröße und des Gewichts des Kunden sowie des Alkoholgehalts der Getränke begrenzen.

Die Abrechnung nach Gewicht ermuntert iPourIt-Kunden, handwerkliche Biere erst zu kosten, bevor sie sich eine größere Menge einschenken. Dass kein Barkeeper benötigt wird, beschleunigt die Bedienung an stark frequentierten Standorten wie Kasinos, Kreuzfahrtschiffen oder Sportstadien. Beim Major-League-Baseball-All-Star-Spiel in Minneapolis verkaufte DraftServ befristete Karten an Inhaber entsprechender Ausweise, mit deren Hilfe sich Fans ihr Bier selbst zapfen und nach Gewicht zahlen konnten. Einer erstaunlichen Statistik der Getränkeindustrie zufolge verlieren Kneipen 27 Prozent Inhalt bei jedem Krug, weil hektisches Thekenpersonal Bier und Schaum überlaufen lässt. Bei schattenarbeitenden Trinkern zahlt der Kunde die Zeche, nicht die Bar.

Bei gelieferten Speisen wie Pizza fällt bei Online-Bestellung der Dialog mit einem Menschen weg. Der Kunde ordert anhand einer Karte auf seinem Computerbildschirm und lässt sich die Pizza dann liefern (90 Prozent aller Bestellungen) oder holt sie ab. Im Cyber-Thriller

Das Netz von 1995 spielt Sandra Bullock eine Computerexpertin, die online Pizza bestellt – als erstes Cyber-Essen auf der Leinwand.

Natürlich war es die Hightech-Branche, die bei der Essensversorgung über das Internet die Nase vorn hatte. 1994 testete eine Pizza-Hut-Filiale in Santa Cruz, Kalifornien, diese Möglichkeit, und das nahe gelegene Silicon Valley sorgte für Markterfolg, weil die Techies sich ihre Pizza zum Abendessen bestellten, ohne auch nur die Augen vom Bildschirm zu nehmen. (Im australischen Sydney führte Pompei's einen Pizza-Gio-Automaten in einem Einkaufszentrum ein. Er bereitet in drei Minuten eine 28-Zentimeter-Pizza zu und über den Touchscreen ist bargeldlose Zahlung möglich. Pizza Gio enthält 84 halb fertige Tiefkühlpizzas. Der Kunde veranlasst dann den Abschluss des Backvorgangs.)

Zur Online-Bestellung sagt Melanie, Marketingspezialistin aus St. Paul, Minnesota: »Das kann ich nach meinem Rhythmus machen und mir die Karte so lange anschauen, wie ich will. Und ich hänge nie in der Warteschleife.« Außerdem ordern die Kunden offenbar immerhin 40 Prozent mehr, wenn sie die ganze Karte online einsehen können, denn Hungrige bestellen zusätzlich gern noch Salat, Getränke und Beilagen. Über die Website können Stammkunden ihre letzte Bestellung abrufen und den Prozess noch beschleunigen, da sie meist immer wieder das Gleiche ordern. Und bei Online-Transaktionen kommt es seltener zu »nicht abgeholten« Bestellungen für die Pizzeria.

GrubHub, »ein Unternehmen, bei dem man online und mobil Speisen ordern kann«, verbindet Kunden online mit entsprechenden Lokalen in 800 US-Städten und in London. Sein Slogan könnte kaum asozialer sein: »Der ganze Spaß am Essen – und das Beste daran: Sie müssen mit niemandem reden.«

Schnellrestaurants und Restaurantketten wie Chili's Grill & Bar, California Pizza Kitchen und Legal Sea Foods stellen am Tisch vermehrt iPad-ähnliche Geräte bereit, über die Gäste via Touchscreen vom Platz aus ihre Bestellung aufgeben können. Das Essen wird dann an den Tisch serviert. Das Touchscreen-System arbeitet sich in der Restauranthierarchie nach oben und erobert auch Sektoren, die mit Fast-Food nichts mehr zu tun haben. Im Fine-Dining-Bereich ist das nach wie vor inakzeptabel. Dort bestehen die Gäste auf den »Luxus« einer menschlichen Bedienung. In Europa hat die Tablet-Bestellung schon länger Einzug gehalten. Die USA hinken mit der Einführung dieser Technologie mehrere Jahre hinterher.

Schattenarbeitende Gäste, die mit Tablet-Karten bestellen, müssen nicht mehr auf den Kellner warten, den es gar nicht gibt. Die Tablets weisen schon während des Bestellvorgangs den Gesamtbetrag aus und geben eine Trinkgeldempfehlung – wobei Kunden, die den Job der Bedienung übernehmen, durchaus in Versuchung geraten könnten, sich selbst das Trinkgeld zu genehmigen.

Wirte können ihren Umsatz steigern, indem sie Werbeflächen auf dem Tablet verkaufen. Kunden zahlen am Tisch per Kredit- oder Zahlkarte und müssen nicht warten, bis die Rechnung kommt und die Zahlung abgewickelt ist. Dadurch lässt sich ein Business-Lunch, der maximal eine Stunde dauern darf, erheblich beschleunigen. »Mir gefällt, dass ich meine Kreditkarte nicht aus der Hand geben muss«, meint Versicherungsmathematiker Allen aus Dallas, der das Tablet-System nutzt. »Das gibt mir ein sicheres Gefühl, denn wenn man seine Karte einem Fremden überlässt, kann man nie wissen, wo die Kontendaten landen.« Für den Lokalbesitzer kann schneller Service die Auslastung pro Tisch erhöhen und damit den Umsatz in Stoßzeiten steigern. Es ist ein grandios effizientes Modell.

Lediglich die menschliche Note bleibt auf der Strecke.

Bedienung, Trinkgeld und Wartezeit

In den USA ist die Einstellung zu persönlichem Service zutiefst zwiespältig. Diesbezüglich unterscheidet sich Amerika von der alten Welt, in der jahrhundertelang Monarchen herrschten. Die Europäer sind an gekrönte Häupter, Adel und Aristokratie gewöhnt, die mit ihren Bediensteten in Palästen und auf Landsitzen residieren. Tatsächlich gibt es in Großbritannien, Spanien, Luxemburg, Belgien, den Niederlanden, Norwegen und Schweden immer noch eine Erbmonarchie. Europa lebt schon sehr lange mit einer fest gefügten Klassenstruktur, der auch eine dienende Klasse angehört, die die »Bessergestellten« versorgt. Aus diesem Grund ist persönlicher Service ein vertrauter Aspekt der altweltlichen Kultur.

In den USA löst er dagegen Unbehagen aus. Dort wurde mit der Unabhängigkeitserklärung bekanntermaßen verkündet, dass »alle Menschen gleich geschaffen« sind, Königtum und Erbadel ungesetzlich und soziale Mobilität das Ideal, wenn auch nicht unbedingt die Realität. Die Versorgung durch Dienstboten widerspricht unserer nationalen Vorstellung von Gleichheit. Die kognitive Dissonanz ist vielleicht auch aus unserer kollektiven Erinnerung an die Geschichte der Sklaverei in den Südstaaten und an die Schuldknechtschaft hervorgegangen. (Grundbesitzer in den Kolonien zahlten europäischen Immigranten die Transatlantikpassage im Austausch gegen unbezahlte Arbeit über einen bestimmten Zeitraum, über den der Schuldknecht seine Schuld abtrug. Im 17. und 18. Jahrhundert arbeitete fast die Hälfte der Einwanderer in Amerika drei Jahre lang in Schuldknechtschaft.) Im 19. Jahrhundert übernahmen neue Immigranten, aber auch Einwanderer in der zweiten Generation häufig Arbeiten in fremden Haushalten, zum Teil im Rahmen von Tauschvereinbarungen zwischen Familien. Die Hausarbeit war ohne fremde Hilfe oft einfach nicht zu schaffen.

Wir befreien uns von unseren Schuldgefühlen, indem wir dem Personal, das uns den persönlichen Komfort von Dienstboten wie Köchen, Butlern, Zimmermädchen und Chauffeuren vermittelt, wie er früher in Privathaushalten geboten war – also Kellnern, Zimmermädchen im Hotel, Friseuren, Taxifahrern –, ein *Trinkgeld* geben. Solche Dienste umfassen oft die körperliche Versorgung – mit Essen, Schlafgelegenheiten und Körperpflege. Indem der Gast im Restaurant der Bedienung direkt Geld zukommen lässt, nicht über den Besitzer, befreit er sich von der Schuld für die Entgegennahme von persönlichem Service durch Fremde. Solche Beschäftigten sind zwar keine Domestiken, erhalten aber häufig nicht einmal den Mindestlohn. Es wird erwartet, dass Trinkgelder den Fehlbetrag decken. Trinkgelder sind zu einer Spielart der Schattenarbeit geworden, bei der der Kunde eine zentrale Aufgabe des Arbeitgebers übernimmt: die Bezahlung der Beschäftigten.

Inzwischen weisen auch europäische Länder eine lange Demokratiegeschichte auf und teilen unter Umständen, wenn auch nicht so ausgeprägt, die Ambivalenz der Amerikaner bezüglich persönlicher Dienstleistungen. Doch auf dem Kontinent sind Trinkgelder weder so üblich noch so großzügig bemessen wie in den Staaten. Bisweilen sind sie vorgeschrieben (wie die 15-prozentige Servicegebühr, die auf Restaurantrechnungen in Frankreich aufgeschlagen wird) oder im Vergleich zur amerikanischen Norm minimal (5 oder 10 oder oft auch 0 Prozent). In den USA sind inzwischen 15 bis 20 Prozent üblich, und Amerikaner geben für ein breiteres Spektrum von Dienstleistungen Trinkgeld – zum Beispiel für Parkservice –, als es in Europa der Fall ist, wo Bedienungen aber auch besser bezahlt werden. Der in Europa übliche Serviceaufschlag auf die Rechnung entpersonalisiert das Trinkgeld, denn die Entscheidung über die Höhe und das Trinkgeld als solches wird dem Gast damit aus der Hand genommen. Es wird zur unmittelbaren geschäftlichen Transaktion, ohne Einbezug des Schuldfaktors.

In Amerika steigen die Trinkgelder offenbar, was vielleicht eine Reaktion auf die stagnierenden Löhne darstellt. In den letzten Jahren haben auch Trinkgeldkassen auf dem Tresen von Geschäften wie Donut- und Lebensmittelläden Einzug gefunden. Wer bedient aber hier wen? Die Antwort ist einfach: Menschen mit *niedrigerem* Status bedienen Menschen mit *höherem* Status. Gekrönte Häupter und Filmstars können sich nach Gusto verspäten – wir harren geduldig aus, bis sie erscheinen. Patienten warten auf Ärzte, die nur durch ihre Präsenz schon Leid lindern. Prozessparteien warten auf den Richter. Kellnerinnen passen ihre Arbeit an den Essensrhythmus ihrer Gäste an – sie *bedienen* Tische. Wer wartet, erfährt weniger Wertschätzung. Der engagierte Mehrleister der Kategorie A ist »jemand, den man nicht warten lässt«.

In dieser Hinsicht kann Schattenarbeit soziale Unterschiede vorübergehend verwischen. Erbringt der Kunde eine Dienstleistung, fällt der »Dienstbote« aus der Gleichung heraus. An der Tankstelle zahlt ein gut betuchter Kunde vielleicht ein paar Cent mehr pro Gallone, um den »Komplettservice« durch menschliche Betreuung zu erhalten. Der Schattenarbeiter gleich daneben, der den niedrigeren Selbstbedienungspreis zahlt und sein Benzin selbst zapft, muss vielleicht nicht so lange warten und zahlt in seinem eigenen Tempo, ohne Rücksicht auf den Tankwart. Geringere Wartezeiten symbolisieren gewöhnlich einen höheren Status. Schattenarbeiter können – zumindest für ein paar Minuten – Statusunterschiede einebnen, indem sie Wartezeiten minimieren.

Die Reiseroboter

Wer heute eine Reise tut, ob aus geschäftlichen Gründen oder zur Erholung, kommt nicht ohne Robotiktransaktionen aus. Automaten und Schattenarbeiter ersetzen heute viele der ehemals in der Reise-, Gastronomie- und Hotelleriebranche Beschäftigten. Auf Reisen nehmen die Menschen natürlich Dienste in Anspruch, die sie zu Hause nicht brauchen (im Zusammenhang mit Transport, Unterkunft, Restaurantmahlzeiten und Touristenattraktionen zum Beispiel). Und diese werden zum Teil durch Automaten erbracht. Vielleicht kommen wir am Flughafen schon bald ohne jedes menschliche Zutun aus.

Die Schattenarbeit beginnt schon lange vor der Ankunft am Bahnhof oder am Flughafen. Flugreisende können über ihr Handy oder am häuslichen Rechner einchecken und sich die Bordkarten ausdrucken. Der Druckvorgang geht dadurch von der Fluggesellschaft auf den schattenarbeitenden Passagier über. Bei Ankunft auf dem Flughafen präsentieren Sie Ihre Bordkarte nicht mehr einem menschlichen Mitarbeiter, sondern einem Angehörigen der Automatenarmee. 75 Prozent aller Reisenden weltweit checken inzwischen an Automaten ein. Die entsprechenden Mitarbeiter der Fluggesellschaften, die früher den gesamten Check-in-Prozess durchführten und sogar Tickets verkauften, tun mittlerweile wenig mehr, als Gepäck abzufertigen – und auch das immer seltener. 2012 ermöglichte es Alaska Airlines ihren Kunden, sich ihre eigenen Gepäckscheine am Automaten auszudrucken und an ihren Koffern anzubringen. Diese konnten sie dann einem Airline-Mitarbeiter zur Sicherheitskontrolle und zum Einladen übergeben. 2014 führten Finnair in Helsinki, United Airlines in Boston und der chinesische Tianjin Airport Gepäckautomaten ein. 90 Prozent aller europäischen Flughäfen haben bereits solche Gepäckabfertigungsautomaten oder planen ihren Einsatz bis spätestens 2016.

Doch der Einsatz schattenarbeitender Passagiere als Gepäckabfertiger geht nicht immer gut. Am Flughafen Schiphol in Amsterdam stellte KLM einen Selbstbedienungsautomaten zur Gepäckabfertigung auf. Die niederländisch-amerikanische Journalistin Freke Vuijst wollte gerade in die Staaten zurückfliegen, als sie sich mit dieser neuen Art der Schattenarbeit konfrontiert sah. Die KLM-Automaten forderten die Passagiere auf, nicht nur selbst ihre Gepäckscheine auszudrucken, sondern die Koffer auch zu wiegen, den Gepäckschein anzubringen und das Gepäck auf ein Band zu stellen, das es zur Sicherheitskontrolle und dann aufs Rollfeld beförderte. Leider waren viele Reisende mit dieser neuen Aufgabe überfordert, sodass sich eine lange, langsame Schlange entnervter Passagiere bildete. Vuijst kam ein schlauer Gedanke: Sie schied aus der Schlange am Automaten aus und ging ein paar Schritte zu der unbeschäftigten KLM-Mitarbeiterin, die ihr Gepäck lächelnd für sie abfertigte. Vuijst vermutete, ihr Koffer könne die Gewichtsgrenze fürs Freigepäck leicht überschreiten, doch die KLM-Vertreterin erhob keinen Zuschlag. »Für sie war das Ermessenssache«, meint Vuijst. »Am Automaten hätte ich natürlich einen Aufschlag für das Übergepäck gezahlt. Ich war sehr erleichtert, dass es bei KLM immer noch vereinzelt menschliche Mitarbeiter gab.«

Auch die Ankunft im Hotel ist heute so ganz anders als zu der Zeit, als man noch vom Wirt mit Handschlag begrüßt wurde und den Zimmerschlüssel ausgehändigt bekam. Heute werden Sie vielleicht von einem Roboter aus der Automatenarmee begrüßt. Schon seit Jahren gibt es in Kettenhotels wie Hilton, Hyatt und Sheraton an manchen Standorten Check-in-Automaten. Gäste, die reserviert haben, können sich ein Zimmer aussuchen oder ihre Auswahl ändern, Upgrades anfordern, ihre Zimmerkarten codieren und vielleicht sogar mithilfe eines Roboters auschecken. Die Automaten bieten auch Rezeptionistenfunktionen wie Orientierungshilfen und Wegweiser. Aloft Hotels haben die Rezeption komplett gegen Tablets eingetauscht. Dadurch entsteht zwar nicht unbedingt Schattenarbeit für den Gast, doch der Kontakt zum Personal wird aus der Hotelerfahrung herausgenommen. Diesbezüglich erinnern sie an die Funktransponder für die Windschutzscheibe, die Fahrer auf Mautstraßen über die »schnelle Spur« leiten. Die Zahlung wird einfacher und schneller, weil zeitraubende Kontakte mit fehleranfälligen Menschen wegfallen.

In Europa gibt es schon voll automatisierte Bahnhöfe, ohne menschliche Mitarbeiter, die Reisenden helfen oder Fragen beantworten. An solchen Orten ist der Passagier der Automatenarmee ausgeliefert. In den Niederlanden kann man nur noch in der Großstadt Zugfahrkarten bei einem Menschen am Schalter kaufen. Und die Visa-Karte funktioniert hier auch nicht: Sie brauchen eine niederländische Zahlkarte oder Euromünzen. Wenn Sie in einer Großstadt Tickets am Schalter erwerben, verlangt die nationale Eisenbahngesellschaft NS pro Fahrkarte einen Aufschlag von 50 Cent. (Auf Niederländisch heißt diese Gebühr *ontmoedigingsbeleid* – zu Deutsch »Abschreckungspolitik«. Abgeschreckt wird man hier vom zwischenmenschlichen Kontakt.)

Für den Touristen löschen automatisierte Bahnhöfe manche der vergnüglicheren Reisemomente aus. »Ich habe früher gern mein Französisch an einem freundlichen Bahnbeamten ausgetestet«, erzählt Laurette, Mutter und Personal Trainerin aus Brookline, Massachusetts. »Die findet man heute immer seltener.« Außerdem schließt die Robotik ältere Menschen und andere aus, denen die physischen oder kognitiven Kompetenzen fehlen, um die Automaten zu bedienen. Diese Unglücklichen müssen vermutlich andere Reisende um Hilfe bitten – woraus sich oft Gespräche ergeben. Im Grunde übernehmen die Mitreisenden dabei in Schattenarbeit die Aufgaben, die früher Bahnbedienstete erfüllten.

Automaten-Check-in und -Check-out kosten auch Jobs bei Autovermietungen. Bei dem globalen Carsharing-Unternehmen Zipcar wird ganz klar auf Schattenarbeit gesetzt: Seine Wagen werden an bestimmten Plätzen in Städten, Vierteln und an Flughäfen geparkt. Für einen Monatsbeitrag können Mitglieder die Fahrzeuge stunden- oder tageweise nutzen. Mit der Mitgliedskarte wird das Auto aufgeschlossen und nach der Nutzung stellt es der Fahrer wieder auf demselben Parkplatz ab. Das ist eine wirtschaftliche Alternative zur Anschaffung eines eigenen Fahrzeugs. Dabei arbeitet Zipcar insofern effizienter als Autovermietungen wie Hertz, als keine Mitarbeiter vor Ort sind. Schattenarbeitende Zipcar-Kunden und digitale Technik erfüllen Aufgaben, die anderswo von Angestellten übernommen werden.

Ähnlich funktioniert das bei Uber, einem Unternehmen, das seit 2009 erfolgreich der Taxiindustrie Konkurrenz macht und inzwischen international in über 200 Städten vertreten ist. Uber macht Taxizentralen überflüssig, indem es über eine App Kunden, die eine Fahrgelegenheit suchen, direkt mit den Fahrern verbindet. Bei dieser Art von Disintermediation wird der Verbraucher zu seinem eigenen Taxidisponenten.

U-Book-It-Reisen

In Amerika kaufen wir als eingefleischte Individualisten alleine ein, ohne Beratung. Wir brauchen keinen Verkäufer, der uns hilft, im Supermarkt Bananen zu kaufen oder im Sportgeschäft Tennisschläger. Wir brauchen auch keinen Gärtner, der unsere Obstbäume beschneidet. Ein neues Auto mitsamt seinen komplexen Garantiebestimmungen, Finanzierungsvereinbarungen oder Leasingkonditionen ist wohl die größte Anschaffung, die wir ohne Unterstützung tätigen. Darüber hinausgehende Transaktionen sind so kostspielig und kompliziert, dass der Einsatz eines Vermittlers angezeigt erscheint. Ein gängiges Beispiel dafür ist der Immobilienerwerb. Beim Kauf oder Verkauf eines Hauses erscheint es vielen lohnend, einem Makler etwa 5 Prozent Provision zu zahlen.

Eine Anomalie ist das Reisegeschäft. Reisen können zwar teuer sein, doch die meisten Trips kosten nur ein paar Tausend oder mehrere Hundert Dollar. Dennoch haben viele Reisende früher Reisebüros aufgesucht, um Flugtickets, Hotelzimmer, Mietwagen und Touren zu buchen. Die Komplexität dieser Transaktionen spricht für den

Rückgriff auf die Fachkompetenz des Reisevermittlers. Fluggesellschaften legen ihre Ticketpreise beispielsweise so undurchschaubar fest, dass selbst Reiseverkehrskaufleute nicht immer durchblicken. Als Touristen finden wir es beruhigend, uns durch diese Vorgänge begleiten zu lassen. Der Reisefachmann kann Sie zumindest davor bewahren, beim Ticketpreis über den Tisch gezogen zu werden.

Im 20. Jahrhundert profitierten die Reisebüros von der wachsenden Weltbevölkerung, dem deutlich höheren Verkehrsaufkommen (vor allem in der Luft) und der explosionsartigen Zunahme des Tourismus in aller Welt. Doch die Reisebüros stehen und fallen seit jeher mit ihrer Beziehung zu Verkehrs- und Tourismusunternehmen, was sie der Gefahr der Disintermediation durch ihre Zulieferer und ihre Kunden aussetzt. In den 1990er-Jahren begann das Internet, die Informationsnische der Reisebüros zu unterwandern. Seitdem verschwinden sie von der Bildfläche. Dazu tragen mehrere Faktoren bei, unter anderem die zunehmende Schattenarbeit der Reisenden.

Ihre Entstehung verdanken die Reisebüros in gewisser Hinsicht einem spirituellen Aspekt. 1841 veranstaltete der ehemalige Baptistenpfarrer Thomas Cook (1808–1892) aus England eine Zugreise über 17 Kilometer, um 540 Menschen zu einem der Mäßigung gewidmeten Treffen zu verfrachten. Sie zahlten pro Person einen Shilling (Mittagessen inklusive) und wurden so die ersten Kunden eines Reiseveranstalters – wenngleich Cooks Motive damals eher ihrem Seelenheil galten als der Gewinnerzielung. Doch schon bald buchte er für sie Vergnügungsreisen und strich eine Provision auf die Zugfahrkarten ein. Seinen Durchbruch hatte er, als er 1851 (nach eigenen Angaben) 165.000 Besucher zur Londoner Industrieausstellung brachte. Cook stieg ins internationale Reisegeschäft ein. 1888 hatten Thomas Cook & Son Büros in aller Welt, drei davon in Australien. 1919 war das Unternehmen Cook das Erste, das Vergnügungsreisen per Flugzeug anbot, und 1927 führte es die erste Gruppenflugreise durch, auf der Strecke New York–Chicago, zum Titelkampf der Schwergewichtsboxer Jack Dempsey und Gene Tunney. Bis heute ist die Thomas Cook Group einer der größten Reisebürokonzerne der Welt.

1850 begann American Express in New York als Kurierdienst (daher der Name), der Fracht und Pakete nach Westen beförderte. 1891 führte AmEx Reiseschecks ein und stieß 1915 in die Reisebranche vor. Letztlich entwickelte sich das Unternehmen zum größten Reiseanbieter. Ein weiteres großes amerikanisches Reisebüro, Ask Mr. Foster Travel, nahm seinen Anfang 1888 in St. Augustine, Florida. Es entwickelte sich zu Carlson Wagonlit Travel, der zweitgrößten amerikanischen Reiseverkehrsagentur nach AmEx. Die ersten Reiseanbieter waren oft kleine Nebenerwerbsunternehmen. Zu solchen Reiseveranstaltern gehörten Mütter, deren Kinder aus dem Haus waren und die genug Zeit hatten, sich ein interessantes, einträgliches kleines Geschäft aufzubauen, das es ihnen ermöglichte, die Welt zu sehen.

Reisebüros verdienten ihr Geld mit Provisionen von Flug-, Dampfschifffahrts- und Eisenbahngesellschaften sowie Hotels und Autovermietungen. Ihre Provision bewegte sich zwischen 5 und 10 Prozent. Abgesehen von den Verkehrs- und Hotelleriebetrieben, die sie vertraten, hatten solche Reisebüros oft kaum eine eigene Identität. Im Grunde waren sie ausgelagerte Vertriebsabteilungen.

Nach dem Zweiten Weltkrieg setzte der Flugreiseboom ein. 1950 wurden 70 Prozent aller Buchungen für Auslandsflüge in Reisebüros vorgenommen. Mit den Düsenflugzeugen explodierten die Passagierzahlen auf Millionenhöhe. Reisebüros berieten ihre Kunden zu Pass- und Visavorschriften, Wechselkursen, Einkaufsmöglichkeiten, Sehenswürdigkeiten, Wetter und Freizeitgestaltung. 1978 löste die Deregulierung der Fluggesellschaften einen weiteren Umsatzsprung aus, da es plötzlich viel mehr Fluglinien und unterschiedliche Ticketpreise gab, die Reisende anlockten, aber auch verwirrten.

Die Geschäftsreisen nahmen ebenfalls zu, was zusätzliche Wachstumsimpulse gab.

Das erste globale Distributionssystem (GDS) kam 1976 auf den Markt. Reisebüros nutzten diese automatisierten Systeme, um Flüge, Unterkünfte und Mietwagen zu koordinieren. Ein GDS verfügt nicht über einen Buchungsbestand, sondern verbindet die Reisebüros in Echtzeit mit den Datenbanken der Anbieter, sodass sie beispielsweise sofort einen Platz in einer Maschine einer angeschlossenen Fluggesellschaft reservieren können, über direkten Zugriff auf deren Computer-Buchungssystem. (In den USA gibt es noch vier nationale Luftverkehrsunternehmen: American, United, Delta und JetBlue, mit kleineren Ablegern wie Southwest.) Die größten GDS-Unternehmen sind zurzeit Travelport, Amadeus und Sabre.

In den hippen 1980er-Jahren blühten die Reisebüros richtiggehend auf. In den USA verdoppelte sich ihre Zahl zwischen 1977 und 1985 auf 27.000. Die Kunden betrachteten Reiseverkehrskaufleute als Experten, die bestimmte Informationen abrufen konnten, die der breiten Masse nicht zur Verfügung standen. Und das waren sie auch. Mithilfe eines GDS buchten die Reisebüromitarbeiter Reisen, die die Kosten oder die Reisezeit der Kunden minimierten, und konnten komplexe Routen ausarbeiten, die den Laien überfordert hätten. Die Fluggesellschaften erzielten ihre Umsätze zu rund 75 Prozent über Tickets, die ein Reisebüro verkaufte.

Natürlich hätten die Gesellschaften ihre Flugscheine auch gerne direkt den Passagieren angeboten, doch sie konnten weder Nebenleistungen noch Beratung bieten – und natürlich auch nicht den Abgleich mit den Ticketpreisen der Konkurrenz. Wer sein Ticket direkt bei der Fluggesellschaft kaufte, erhielt nur das – und musste hoffen, dass wenigstens der Preis stimmte. Das Ticket selbst hatte eine Art Sonderstatus als Dokument. »Es wurde auf offiziellem Papier ausgedruckt«, erzählt Carol Pine, Reiseverkehrskauffrau bei

The Travel Collaborative in Cambridge, Massachusetts. »So ein Ticket bei sich zu tragen hatte etwas Rituelles oder Zeremonielles an sich. Es hatte Substanz.«

1995 war die Party dann vorbei, als die Fluggesellschaften die Provisionen der Reisebüros deckelten. Statt ihnen einen festgelegten Prozentsatz zu zahlen, beschränkten sie die Gebühren auf 50 Dollar pro Ticket für Inlandsflüge und 100 Dollar für Auslandsflüge. Später strichen sie diese Sätze auf 25 beziehungsweise 50 Dollar zusammen und irgendwann gab es gar keine Provisionen mehr. Mitte der 1990er-Jahre hatte das Internet beträchtliche öffentliche Präsenz erreicht und die Fluggesellschaften »fanden, sie könnten ihre Produkte über das Internet direkt an den Kunden verkaufen«, meint Thom Mulhern, ein weiterer Mitarbeiter von The Travel Collaborative. »Wir standen unter Schock, als Alitalia die erste Anzeige ohne den Zusatz schaltete: ›Wenden Sie sich an Ihr Reisebüro‹. Das war für uns der Weltuntergang.« Weil ihre Einnahmen durch Fluggesellschaften versiegten, versuchten die Reisebüros, ihren Kunden Aufschläge auf den Ticketpreis zu berechnen. Doch die Kunden, die das nicht gewohnt waren, lehnten das ab. »Wieso soll ich plötzlich für Ihre Fachkompetenz bezahlen?«, fragten sie.

Im Internet schossen Reise-Websites wie Expedia, Orbitz und kayak. com aus dem Boden. Die Kunden konnten solche Webseiten besuchen, ihr Reiseziel und die Daten eingeben und einen Preisvergleich durchführen. Sie konnten eine breite Palette verfügbarer Fluggesellschaften, Routen und Preise einsehen. Auf Hotelseiten wie hotels.com konnten sie ihre Unterkunft ebenso buchen. Die Kunden glaubten, damit über dieselben Informationen zu verfügen wie die Reisebüros (was aber nicht stimmt, denn die Reisebüros verwenden GDS-Dienste). 2012 stellte eine Studie von eMarketer fest, dass 36 Millionen Menschen ihre Reiseoptionen über ein mobiles Gerät prüften und 16 Millionen darüber Buchungen vornahmen. Im letzten September kündigte Hertz eine App an, über die Nutzer mobil

Mietwagen suchen, reservieren und ihre Reservierung ändern können.

Der Vormarsch der Internetreiseanbieter hatte zwei Folgen: Die Demokratisierung der exklusiven Kenntnisse, die Reisebüros vordem ihre Glaubwürdigkeit vermittelten, und eine Flut von Schattenarbeit für die Reisenden. Ein klarer Fall von Disintermediation. Quasi mit der Pinzette nahmen Fluggesellschaften und Websites die Reisebüros aus dem Geschäft heraus. Die Zahl der Reisebüros in den USA schrumpfte von 33.715 im Jahr 1996 auf nicht einmal die Hälfte: Im Jahr 2010 waren es noch 15.564 (was allerdings zum Teil auf Fusionen zurückzuführen war). Bereits 1997 war der auf Reisebüros entfallende Anteil an Inlandsflügen auf 52 Prozent abgeschmolzen. Schattenarbeitende Kunden hatten sich zu ihrem eigenen Reisebüro ernannt.

Doch der Reisende profitiert nicht immer so, wie er glaubt. »Die Werbung für Orbitz oder Kayak erweckt den Eindruck, dass man die besten verfügbaren Informationen bekommt«, erklärt Mulhern. »Nun, es gelingt ihnen wirklich bewundernswert, sich selbst zu vermarkten.« Reiseprofis, so Mulhern, gingen nie über Orbitz oder Kayak. »Mit Zeigen und Klicken ist es da nicht getan«, erklärt er. »In Wirklichkeit bewegt sich der Verbraucher in einem informationsarmen Umfeld.« Über ein GDS »sehe ich, was es gibt und zu welcher Zeit, und ich erhalte eine aussagekräftige Vorstellung davon, welche Flüge teurer sind«, meint er. »Wir können sehen, wie viele Plätze zu einem bestimmten Preis noch verfügbar sind.«

Die Preisbildung bei Flugtickets ist zwar nicht nachvollziehbar, doch generell gilt das Gesetz von Angebot und Nachfrage. Wie Carol Pine feststellt, werden die Tickets billiger, wenn auf einem Flug noch viele Plätze frei sind. »Expedia und Orbitz zeigen Ihnen, was sie Ihnen zeigen wollen«, erklärt sie weiter. »Ich kann mir alle Flüge von Boston nach Chicago anzeigen lassen und meinen Kunden empfehlen,

45 Minuten früher zu fliegen und 30 Minuten später zurückzukommen und dabei 125 Dollar zu sparen.« Ebenso könnte der Berater im Reisebüro seinem Kunden verraten, dass der Preisunterschied für die Anmietung zwischen einem Mittelklassewagen und einem Fahrzeug der Oberklasse nur 1 Dollar beträgt.

Bei internationalen Flugverbindungen sind die Vorteile der Fachkompetenz eines Reisebüros noch größer. Manchmal wenden sich Kunden, die ihren Auslandsflug bereits gebucht haben, an Pine, die ihnen Fragen stellt wie: »Ist Ihnen klar, dass Sie hier 18 Stunden Aufenthalt haben?« Selbst wenn Kunden über eine Reise-Website buchen, »erfassen sie nicht immer alle Informationen auf dem Bildschirm«, erklärt sie. Anomalien wie Fälle, in denen zwei Einzeltickets billiger sind als Hin- und Rückflug zusammen, entgehen ihnen womöglich. »Das finden Sie auf Kayak nicht«, behauptet sie.

Auch wenn etwas dazwischenkommt, kann ein erfahrener Reiseverkehrskaufmann nützlich sein. »In Chicago schneit es. Ihr Flug wurde abgesagt. Am Schalter stehen vor Ihnen 52 Personen«, meint Mulhern.

»Dann rufen Sie einfach in Ihrem Reisebüro an und sagen: ›Buchen Sie mir den nächsten Flug nach Miami, damit ich nach Rio komme.‹ Und in 20 Sekunden ist das erledigt. *So* macht Reisen Spaß.«

Verzweifelt gesucht: Zwischenmenschliche Kontakte beim Shoppen

Im Einzelhandel und seiner individuellen Kundenbetreuung erleben wir das Aussterben menschlicher Mitarbeiter. Versuchen Sie doch mal, in unserem Zeitalter der Kaufhäuser in einem Walmart-, Target- oder Staples-Markt jemanden zu finden, der Ihnen einen Drucker verkauft. Viel Glück! Dort sind Sie sich selbst überlassen und können in den Gängen nach Mitarbeitern Ausschau halten, die gerade frei sind. Das aber ist ähnlich aussichtslos, wie in der Wildnis des Yukon eine menschliche Ansiedlung aufzuspüren. Sollte es Ihnen tatsächlich gelingen, einen Verkäufer zu finden, dann hat dieser aller Wahrscheinlichkeit nach nur wenig Ahnung von den Produkten – wenn überhaupt. »Das Schlimmste am Einkaufen ist zweifellos die zunehmende Verdummung der Beschäftigten im Einzelhandel«, meint Edward, Führungskraft eines Medienunternehmens aus Washington. »Sie versuchen gar nicht, sich wenigstens ein paar Fakten über ihren Warenbestand anzueignen, um zumindest vage informiert zu wirken.«

Im Einzelhandel gab es früher sogenannte Abteilungsleiter, vor allem in der Blütezeit der Kaufhäuser bis Mitte des 20. Jahrhunderts. Der Abteilungsleiter trug gewöhnlich Anzug und Krawatte und war, wie der Titel vermuten ließ, für eine Abteilung des Kaufhauses zuständig. Er ging herum, beaufsichtigte das Verkaufspersonal und half Kunden, die gewünschten Artikel zu finden. Dieser Beruf florierte in vergangenen Zeiten, als Einzelhändler noch Mitarbeiter einstellten, um ihre Kunden zu bedienen – nicht nur, um deren Geld entgegenzunehmen.

In den heutigen Großmärkten ist der Kunde sein eigener Abteilungsleiter, nur dass er weder die Aufsichtsfunktionen ausübt noch das entsprechende Gehalt bekommt. Es handelt sich also um Schattenarbeit. Der Verbraucher muss sich über das Produkt und seine Merkmale, Grenzen, Voraussetzungen, Wettbewerbsvor- und -nachteile und Garantiebestimmungen selbst informieren. Manche tun das online zu Hause. Doch eine größere Zahl (84 Prozent) mobiler Käufer erledigt das vor Ort am Handy. Einer 2012 durchgeführten Umfrage unter 1507 Smartphone-Nutzern von Google Shopper Council zufolge zog ein Drittel lieber sein Handy zurate, als einen Mitarbeiter um Informationen zu bitten. Die vordringlichste Aufgabe für Handys im Laden war es, Produktinformationen zu finden, wie 82 Prozent der Befragten angaben.

53 Prozent der Probanden nutzten ihr Mobiltelefon, um Preise mit anderen Anbietern zu vergleichen – eine Praxis, die auch Showrooming genannt wird. Die Käufer mit ihren Handys behandeln herkömmliche Geschäfte wie einen Ausstellungsraum für Waren. Dann prüfen Sie über das Handy, ob ein anderer Anbieter das Produkt billiger offeriert, und ordern online. Den physischen Laden verlassen sie mit leeren Händen. Eine 2013 durchgeführte Erhebung unter 750 US-Verbrauchern ergab, dass fast drei Viertel aller Befragten in den vorangegangenen sechs Monaten so vorgegangen waren. Sind sie erst einmal im Geschäft, wäre es am einfachsten, gleich dort zu kaufen. Doch das Handy erweitert das Einzelhandelsangebot. »Wer im entscheidenden Moment am physischen Regal gewinnt«, meinte Adam Grunewald von Google, »dem gehören auch die digitalen Regale.«

Weil sich die Mitarbeiter so rar machen, dass es nur noch rudimentäre Kundenbetreuung gibt, brauchen die Kunden länger, um sich durch einen Großmarkt zu bewegen. »Wenn ich zu Staples gehe, ist von vornherein klar, dass ich auch zwei oder drei Artikel kaufe, die nicht eingeplant waren«, meint der Physiotherapeut Brent aus Northampton, Massachusetts. »Man durchstreift die Gänge auf der Suche nach einem Produkt und entdeckt dabei andere Artikel. Beim letzten Mal habe ich mir eine Schachtel radierbarer Stifte gekauft – ideal für Kreuzworträtsel. Und eine Packung DVD-Rohlinge.« Manche Supermärkte ändern dauernd die Standorte bestimmter Produkte, damit der Kunde auf der Suche durch die Gänge irren muss und sich dadurch länger im Geschäft aufhält.

Im klassischen Einzelhandel gab es einen dreistufigen Produktstrom, vom Hersteller zum Großhändler zum Einzelhändler. In den 1980er-Jahren eliminierten »Klubgeschäfte« wie Costco, Sam's Club (im Besitz von Walmart) und BJ's ein Element aus dieser Kette, indem sie in lagerähnlicher Umgebung Artikel zu deutlich niedrigeren Preisen feilboten als im Einzelhandel. Um dem Klub beizutreten, mussten Kunden eine Jahresgebühr zahlen, in der Regel um die 50 Dollar. Dann konnten sie dort einkaufen, oft in Großhandelsmengen. (Wer ein kleines Auto fuhr, konnte das gleich bleiben lassen.) Die Geschäfte sind wenig einladend, ohne Annehmlichkeiten wie bequeme Supermarktregale, exotische Produkte, Musik, Kostproben oder Verkaufspersonal. Statt von Teenagern werden Waren mit dem Gabelstapler aufgefüllt.

Das Geheimnis der Lagerhaus-Klubs ist wieder die Disintermediation: Heraus fiel der Einzelhändler (der gewöhnlich zum Doppelten des Großhandelspreises verkauft). Dadurch konnte der Klub billiger anbieten. Die spartanische Einrichtung sorgte für niedrige Gemeinkosten. Solche Lagerläden sind eine Antwort auf Online-Anbieter, deren minimale Gemeinkosten Preissenkungen ermöglichen.

Für Kunden bedeuten solche Klubs Schnäppchen – und Schattenarbeit. Außer Einkaufswagen und Kassierern bietet diese Discounter-Variante keinerlei Unterstützung. Ihre Taschen müssen Sie selbst mitbringen. Das größte Stück Schattenarbeit kommt aber erst, wenn der Kunde mit seinen überdimensionierten Einkäufen zu Hause in die Einfahrt einbiegt. Dann muss er Stauraum finden für zwölf Rollen Küchenpapier und für Ketchup-Flaschen im Restaurantformat, Tomatendosen und Konserven. Die Wohnung des Kunden wird so zum nachgeschalteten Lager. Statt irgendwo Flächen anzumieten, um Waren zu bevorraten, lagert Costco seine Produkte kostenfrei im Keller seiner Kunden – und zwar *nach* dem Verkauf statt davor.

Die Suche nach einem menschlichen Kundenbetreuer bringt uns zurück in den Yukon. Haben Sie Probleme mit einem erworbenen Produkt, stehen Sie damit ebenfalls alleine da. Klicken Sie bei Online-Anbietern wie Amazon oder eBay auf die Schaltflächen »Hilfe« oder »Kontakt« (falls Sie solche finden), erscheint nicht etwa eine Telefonnummer. Solche Websites sind darauf ausgelegt, Kunden möglichst auf Distanz zu halten, statt mit ihnen in Verbindung zu treten. E-Mail ist der bevorzugte Unternehmensmodus zum Umgang mit dem Verbraucher.

Sollte es Ihnen irgendwie gelingen, eine Telefonnummer aufzutreiben, müssen Sie sich, wenn Sie diese gewählt haben, in aller Regel durch eine Reihe von Menüs klicken und Daten wie Ihre Kundennummer angeben und Multiple-Choice-Fragen beantworten. Daran schließt sich ein langer Aufenthalt in der Warteschleife an, währenddessen Sie mit Muzak berieselt werden oder wiederkehrende Werbesprüche hören. »Habe ich endlich eine Mitarbeiterin des Unternehmens an der Strippe«, so Golf-Shop-Verkäuferin Gwendolyn aus Kalifornien, »fragt sie mich prompt nach meiner Kundennummer – die ich bereits ganz am Anfang des Anrufs eingegeben habe.«

Das alles stellt Schattenarbeit dar und ist weit entfernt vom prädigitalen Zeitalter. »Früher konnte man so eine Nummer anrufen, und es meldete sich ein Mensch, der fragte: ›Was können wir für Sie tun?‹«, erzählte die 82-jährige Dorothy Meyer aus Escondido, Kalifornien, der *New York Times* 2004 für einen Artikel zum Dienst am Kunden. Autorin Katie Hafner schrieb, dass Meyer diese Erinnerung formulierte, als »spräche sie vom Leben auf dem Mars.«

Ich verwende seit einigen Jahren eine Kreditkarte von Chase Sapphire. Dort schätze ich die Kundenbetreuung ganz besonders. Habe ich eine Frage, wähle ich eine leicht verfügbare Nummer und erreiche rasch einen Menschen, der verständliches Englisch spricht. Das ist so selten geworden, dass ich mich richtiggehend geadelt fühle.

Ein sogenannter Livechat ist häufig das Höchste der Gefühle beim Online-Kundenservice. Darunter ist ein getippter Austausch in Echtzeit mit einem angeblich live verfügbaren Kundenbetreuer zu verstehen. Ich sage »angeblich«, weil solche Livechats unwillkürlich an den Turing-Test erinnern, einen Test für die Denkfähigkeit eines Computers, den der britische Mathematiker und Informatiker Alan Turing 1950 in einer Abhandlung umriss.

Gewöhnlich versteht man unter dem Turing-Test Folgendes: Kann man über einen reinen Textkanal wie eine Tastatur und einen Bildschirm nach fünf Minuten Befragung feststellen, ob am anderen Ende ein Computer sitzt oder ein Mensch? Geht der Roboter als Mensch durch, hat er den Turing-Test bestanden. (Im Umkehrschluss hieße das: Gibt es keine erkennbaren Unterschiede und das Gegenüber ist *tatsächlich* ein Mensch, ist dieser beim Menschentest offensichtlich durchgefallen.) Bona-fide-Erfolge beim Turing-Test sind verschwindend selten. In meinen Live-Chats sind mir noch keine Roboter untergekommen, die ihn bestanden hätten – soweit ich weiß, zumindest. Die Live-Chats, die ich führte, führte ich mit echten Menschen. Sie können ausgesprochen hilfreich sein, auch wenn ihnen persönliche Elemente abgehen – wie eine Stimme. Und anders als bei einem echten Gespräch gibt es gewöhnlich eine Zeitverzögerung um 30 bis 60 Sekunden, bis der Betreuer antwortet.

In einer Fernsehwerbung schmeichelte Verizon: »Sie können sogar mit einem echten Menschen sprechen.« Dann wurde ein Ausschnitt aus einem Online-Live-Chat-Dialog zwischen einem Kunden und einem Verizon-Mitarbeiter eingeblendet. Kleiner Hinweis an Verizon: Ein getippter Austausch von Tastatur zu Tastatur ist nicht wirklich ein »Gespräch mit einem echten Menschen«. Unternehmen versuchen, bestimmte Unterschiede zu verwischen und Wörter neu zu definieren, um die erbrachten Dienstleistungen in den Augen der Verbraucher aufzuwerten.

Generell versucht die Wirtschaft, Kunden vom direkten Gespräch mit Mitarbeitern abzubringen. Der Abschuss sind die Online-Listen häufig gestellter Fragen (FAQs), durch die sich schattenarbeitende Verbraucher, statt ihr Anliegen einem Menschen zu schildern, durchscrollen müssen, bis sie auf ihre Frage stoßen – wenn ihnen dieses Glück denn beschieden ist – und auf die zugehörige Standardantwort. Manche Unternehmen berechnen ihren Kunden zusätzliche Kosten, wenn sie mit Mitarbeitern interagieren wollen statt mit Robotern. Im Jahr 2000 kündigte First Chicago Bank & Trust an, künftig eine Schaltergebühr von 3 Dollar von Kunden zu erheben, die sich von einem Mitarbeiter bedienen ließen statt am Geldautomaten. Drei Jahre später berechnete Northwest Airlines eine Gebühr von 50 Dollar für die Umbuchung eines Vielfliegertickets über ein Reisebüro – das Doppelte des Betrags, der für denselben Vorgang online oder an einem Automaten anfiel.

Als Ende der 1970er-, Anfang der 1980er-Jahre PCs auf den Markt kamen, standen die Hersteller vor der enormen Aufgabe, ihren Kunden beizubringen, wie man mit der neuen Technik umging. Die meisten Nutzer hatten keine Ahnung von Computern und jede Menge Fragen. IBM, Apple, Microsoft und andere Hard- und Softwareanbieter boten technischen Support über gebührenfreie Hotlines. Man erreichte versierte Unternehmensmitarbeiter, die Fragen beantworteten – und sich oft lange mit den Kunden unterhielten. Jahrelang boten die Firmen diesen Service unentgeltlich an, aber er war arbeitsintensiv und kostspielig.

Nach ein paar Jahren ließen die Unternehmen diesen aufwendigen Support auslaufen. Sie legten die Telefonanschlüsse still und verwiesen Kunden stattdessen auf Websites. Dort konnten sie sich Listen mit FAQs ansehen und per E-Mail Fragen stellen. Dem lag die Absicht zugrunde, das Unternehmen vom Haken zu lassen und das technische Problem an den Kunden zurückzuspielen.

Im nächsten Schritt überließen es die Hersteller anderen Nutzern, Nutzerprobleme zu lösen: Es fand im Grunde ein Crowdsourcing des technischen Supports statt. Apple-Online-Communitys, beispielsweise auf discussions.apple.com, beinhalten Foren für Nutzer der meisten Apple-Softwareprodukte wie iTunes und Apple Pay sowie der Apple-Hardware wie iPhones, iPads und Macintosh-Desktops. Nutzer können solchen Foren beitreten und ihre Fragen über Apple-Produkte stellen. Andere Nutzer springen dann in die Bresche und versuchen, sie online zu beantworten – natürlich kostenlos. Selbst die Moderatoren der Foren sind häufig nur fortgeschrittene Nutzer, die ein gewaltiges Pensum an Schattenarbeit leisten – ein großer Vorteil für Apple, dass schattenarbeitende Kunden die Aufgabe des technischen Supports übernehmen. Für das Unternehmen zahlt es sich aus, dass es eine globale Gemeinschaft begeisterter Apple-Kunden auf die Beine gestellt hat.

Ähnliche Foren gibt es für Microsoft, Hewlett-Packard, Quicken und andere Anbieter. Sie nutzen die Kenntnisse von Kunden, die häufig technisch ausgesprochen versiert sind. Support-Foren gibt es aber nicht nur für Hightechprodukte. Vor einem Jahr stellte ich auf dem BMW-User-Forum bimmerfest.com eine Frage dazu ein, dass ich durch das Abklemmen der Batterie meines BMW 528 offenbar das Autoradio lahmgelegt hatte. Es gingen Antworten aus aller Welt ein, sogar aus Neuseeland, manche davon äußert hilfreich. Sie enthielten sogar Fotos vom Sicherungskasten des Fahrzeugs mitsamt Schaltplänen. Diese Unterstützung durch Gleichgesinnte brachte mich am Ende auf eine fehlende Sicherung, die ein Mechaniker offenbar herausgenommen und nicht ersetzt hatte. Mein Autoradio funktionierte wieder!

BMW-Fahrer sind echte Enthusiasten, vergleichbar mit anderen leidenschaftlichen Betreibern eines Hobbys, die ihr gesammeltes Wissen unter Gleichen gerne weitergeben. Für andere Autohersteller gibt es ähnliche Foren für ihre Modelle und deren Fahrer. Sie sind sicherlich eine nützliche, kostenlose Ressource für die Verbraucher, aber eben auch eine Quelle für Schattenarbeit, die von all jenen geleistet wird, die sich so uneigennützig der Probleme Fremder annehmen.

Leicht nachvollziehbar, warum Unternehmen möchten, dass Kunden Schattenarbeit leisten, statt sich an einen Mitarbeiter zu wenden. 2004 kostete ein Anruf bei einem »lebendigen« Kundenbetreuer ein Unternehmen ganze 35 Dollar – eine Online-Anfrage dagegen nur 70 Cent. Bei jeder Transaktion werden dadurch 98 Prozent gespart. Das summiert sich rasch. Bedenken Sie, dass Hewlett-Packard 2003 mehr als eine Million Anrufe monatlich von Kunden erhielt, die Unterstützung brauchten. Fünf bis sechs Millionen wandten sich an die E-Support-Seite von HP. Da braucht man keinen HP-Taschenrechner, um zu ermitteln, wie viel das Unternehmen spart.

Die Minimierung der investierten »menschlichen Zeit« kann Verbraucher ebenso motivieren wie Unternehmen. Denken Sie nur an Geschenkgutscheine, die den Prozess des Schenkens enorm vereinfachen. Statt ein Geschenk für jemanden auszusuchen, schicken Sie einfach eine gedruckte Karte (oder eine digitale Datei – es geht nämlich auch komplett online), die den Empfänger berechtigt, sagen wir, 50 Dollar bei Macy's, Victoria's Secret, Dunkin' Donuts oder einem anderen Gutscheinaussteller auszugeben. Das ist fast wie Bargeld – nur dass man Bargeld überall ausgeben kann. Mit einem Gutschein schränken Sie den Beschenkten auf einen bestimmten Anbieter ein.

Fast jedes gewerbliche Unternehmen jeder Größe stellt Geschenkgutscheine aus. Warum, ist nicht schwer zu erraten. Anders als die meisten Einkäufe wird ein Geschenkgutschein weit vor der eigentlichen Auslieferung der Ware bezahlt. Der Verkäufer hat das Geld sofort auf dem Konto – ohne Aufwendungen, bis der Gutschein eingelöst wird. *Doch viele Gutscheine werden nie eingelöst.* Ende 2007 meldete *Consumer Reports*, dass von den im Vorjahr ausgestellten Gutscheinen 27 Prozent noch nicht eingelöst waren – gewöhnlich weil den Empfängern die Zeit fehlte, weil sie in Vergessenheit gerieten, ihre Gültigkeitsfrist überschritten war oder weil sie verloren gingen. 2011 berichtete die Unternehmensberatung Tower Group, in den vorangegangenen sechs Jahren seien Gutscheine für ganze 41 Milliarden US-Dollar nicht beansprucht worden. Gutscheine können für die Händler daher Geldmaschinen sein. Sie kassieren für ... nun, für nichts. Die Anbieter finden Gutscheine natürlich toll. Die Karte kommt, das Geschenk aber nicht, denn der Empfänger nimmt die damit verbundene Schattenarbeit nicht auf sich.

Gesellschaftlich wird das Schenken durch solche Gutscheine ganz neu definiert. Es gab eine Zeit, da wählte man ein Geschenk für einen lieben Verwandten oder Freund mit großer Sorgfalt, Hingabe und Fürsorge aus. Die besten Geschenke zeigen, wie gut der Schenker den Empfänger kennt. Sie verraten, wie genau er weiß, was sich der Betreffende wünscht oder was er braucht. Solche Geschenke berühren jeden, der sie bekommt: Sie zeigen, wie viel Zeit der andere geopfert hat, um genau das richtige Geschenk für Sie – und nur für Sie – zu finden!

Das andere Extrem sind Gutscheine – eine Einrichtung, die eher der Bequemlichkeit des Schenkers und des Händlers dienen als der Erbauung des Beschenkten. Gutscheine sprechen kaum dafür, dass sich jemand Gedanken gemacht hat – außer vielleicht darüber, wo der Beschenkte einkauft. So ist ein Gutschein für Dunkin' Donuts etwa ein Standardgeschenk, das sich für jeden eignet, der Kaffee trinkt.

Außerdem bringen Gutscheine als ungewolltes Geschenk noch Schattenarbeit mit sich. Statt dass der *Schenkende* Zeit aufwendet, um ein Geschenk einzukaufen, überträgt der Gutschein diese Aufgabe auf den *Beschenkten.* Ein befreundeter Manager erhielt zu Weihnachten einen Gutschein mit einem Williams-Sonoma-Katalog. Sich etwas auszusuchen, mag ja durchaus Freude bereiten. Es fühlt sich aber dennoch eher nach Katalogbestellung an als nach einem Geschenk. Wie bei anderen Formen der Schattenarbeit auch bedeutet der Gutschein, dass man genau das bekommt, was man haben möchte – weil man es sich selber kauft. Ein wesentlicher zwischenmenschlicher Austausch fällt dabei jedoch unter den Tisch.

Der grenzenlose Markt

1961 führte die City Bank of New York (heute Citibank) ein Experiment mit einem Bankografen durch – einem Vorläufer des Geldautomaten. Er konnte Bargeld annehmen und den Kontostand prüfen, aber kein Bargeld ausgeben. Nach sechs Monaten schaffte ihn die Bank wieder ab, weil er von den Kunden so schlecht angenommen wurde. Anfang der 1970er-Jahre gaben Automaten dann schon Geld aus und fanden vermehrt Einsatz. (Damals befürchteten manche Bankmanager, die Kunden könnten zögern, ihr Geld einer Maschine anzuvertrauen.)

Seither haben sich Geldautomaten zu einem großen Regiment im Automatenheer ausgewachsen. Sie okkupieren sogar ganze Ladenfronten. (Willkommen in der »Bank« ohne Mitarbeiter.) Geldautomaten machen Schalterpersonal obsolet. Schattenarbeitende Kunden erledigen alles selbst.

1984, als mein Vater als Chef unserer Kleinstadtbank in New Jersey in den Ruhestand ging, waren Geldautomaten noch eine ziemlich neue Erfindung. In meiner Rede bei seinem Abschiedsessen erwähnte ich, dass mich mein Vater einmal gefragt hatte: »Wieso sollte jemand an einen Automaten gehen, wenn die Bank geöffnet hat?« Er hatte ja selbst jahrelang am Schalter gestanden und deshalb war ihm klar, dass Automaten abends oder am Wochenende sinnvoll waren. Doch wieso sollte sich ein Kunde dafür entscheiden, mit einer *Maschine* zu interagieren, wenn gleich hinter der Tür freundliche Menschen warteten, die ihm zu Diensten waren?

Irgendwie konzentrierte sich in seiner Frage die gesamte Geschichte des menschlichen Handelsgewerbes. Menschen in Kleinstädten und Dörfern hatten stets täglich miteinander zu tun. Sie lernten ihre Nachbarn im Zuge von Geschäften kennen, die schnell abgewickelt waren, aber oft genug vorkamen, um freundschaftliche Beziehungen zu begründen. (Im Wort *Kommerz* steckt neben dem Aspekt des Kaufens und Verkaufens auch die soziale Beziehung – oder beides.) Solche täglichen Kontakte sind wichtig. Sie schweißen eine Gemeinschaft zusammen. In unserer kleinen Stadt Dover sah die Bank aus wie ein Mensch, nicht wie ein Roboter. Und für viele, die dort lebten, sah sie aus wie mein Vater.

Heute ist es dagegen ohne Weiteres möglich, Bankgeschäfte zu erledigen, ohne einen Menschen zu sehen – geschweige denn ein freundliches Lächeln. Sie brauchen noch nicht einmal mehr einen Geldautomaten. An Ihrem Computer zu Hause oder mit Ihrem Handy können Sie Einzahlungen vornehmen, Schecks ausstellen, Hypothekenraten und Rechnungen zahlen und Kontoauszüge herunterladen: Bankgeschäft im Silo. So ziemlich die einzigen Transaktionen, die Sie nicht am Bildschirm ausführen können, sind die mit dem guten alten Bargeld. Dafür gibt es den Automaten.

Roboter verändern unsere Beziehung zu Banken. »Öffnungszeiten« spielen keine Rolle mehr, denn Automaten und das Internet stehen rund um die Uhr zur Verfügung, ganz egal, wann die Bankfilialen öffnen oder schließen. Automaten werden zwar als interaktiv bezeichnet, doch es sind Algorithmen, die ihre Interaktionen steuern. Sie stellen keine Beziehung zu uns her wie Menschen. Menschen *improvisieren*. Sie haben Gefühle und achten auf mehr als auf die anstehende Aufgabe. Zu Geldautomaten entwickeln wir keine herzliche Beziehung. Die Automatenarmee und das Eindringen der Roboter in unsere Beziehungen verändern unsere Gewohnheiten und lösen Verhaltensmuster aus, die dem Menschen wesensfremd sind. Die Roboter bringen uns dazu, uns mehr wie sie zu verhalten.

Zum Roboterverhalten gehört es, keine Gefühle zu zeigen und nie Fehler zu machen. Weil Geldautomaten echtes Geld ausgeben, sind sie so konstruiert, dass sie zu 100 Prozent fehlerfrei funktionieren. Würde ein Geldautomat 200 Dollar in bar an einen Kunden ausspucken, auf dessen Quittung nur 100 Dollar stehen, wäre das Geld für die Bank schlicht verloren. Sie hätte keine Rückgriffsmöglichkeit. Daher sind die Automaten so konzipiert, dass sie so perfekt funktionieren wie meiner Erfahrung nach keine andere Maschine. Ich nutze sie jetzt seit 30 Jahren und kann mich an keinen einzigen Fehler erinnern.

Doch wenn wir uns an Unfehlbarkeit gewöhnen, ist das nicht unbedingt gut für uns. Es setzt neue Standards und in unseren Köpfen hängt die Messlatte dann künftig höher. Wir erwarten auch von Menschen ähnlich perfekte Leistungen – warum können sie nicht genauso gut arbeiten wie ein Roboter, der ja noch nicht einmal ein Gehirn besitzt? Es findet eine subtile, unbewusste Rekalibrierung statt. Die digitale Technik funktioniert in aller Regel mit sehr geringen Fehlerquoten. (In Wirklichkeit regen sich die Leute vermutlich genau deshalb so sehr auf, wenn der Rechner patzt, weil es so selten vorkommt.) Musikaufnahmen erhält der Verbraucher beispielsweise in hochwertig produzierter, fehlerfreier Qualität. Mitunter wird der Klang sogar technisch aufgehübscht, was Musiker in einer Live-Aufführung natürlich nicht können.

Die Automatenarmee könnte uns intolerant für menschliches Versagen machen, was unseren Interaktionen eine gewisse Reizbarkeit verleiht. Anders als Roboter *haben* Menschen ein Gehirn, das weitaus mehr Informationen aufnimmt, als für die unmittelbar anstehende Aufgabe erforderlich. Ein Gehirn vermittelt seinem Besitzer auch eine natürliche Neigung, ab und an einen Schnitzer zu machen – und ebenso die Fähigkeit, sich selbst zu korrigieren. Leider (oder vielleicht glücklicherweise) gilt: Irren ist menschlich.

In mancher Hinsicht hebt auch der Einfluss des Internets als Kommunikationsmedium die Leistungsstandards. Kurz nach der Gründung von amazon.com erklärte CEO Jeff Bezos, im Online-Einzelhandel sei einwandfreier Service das A und O. Der Grund, so

Bezos, liege darin, dass ein Verbraucher, der im Laden an der Ecke schlecht bedient wird, fünf oder zehn Freunden davon erzählt. Über schlechten Service im Internet aber beklagt er sich bei einer Million Freunden.

Diese Gleichung verändert sich, wenn es anstelle einer rein kybernetischen auch noch eine menschliche Verbindung gibt. Der Eigentümer eines Burger- und Bierlokals in Boston erklärte mir einmal, dass es hohe Werbe- und Publicitykosten verursache, einen neuen Kunden ins Restaurant zu locken. Gefällt es ihm dort jedoch und schmeckt ihm das Essen, dann kommt er vermutlich wieder. Doch was, wenn etwas schiefgeht? Dann ist entscheidend, wie das Servicepersonal mit dem unzufriedenen Gast umgeht. Kann die Bedienung den Grund für seine Beschwerde nicht aus der Welt schaffen, war er zum letzten Mal da. Behebt sie das Problem aber umgehend oder verwöhnt ihn obendrein noch mit einem Extra wie einem Nachlass oder einem kostenlosen Dessert, dann ist das meinem Burgerwirt zufolge »sogar noch besser, als wenn alles glattgegangen wäre. Es ist der richtige korrigierende Eingriff, der für wahre Kundenbindung sorgt.«

Roboter und Menschen unterscheiden sich in mehreren grundlegenden Dingen – zum Beispiel dadurch, dass Menschen Pausen brauchen. Natürlich ist es auch gut, wenn Sie Ihren Computer bei Gelegenheit mal runterfahren und die Chips und Schaltkreise abkühlen lassen. Doch Roboter brauchen keinen Schlaf. Ihre elektronischen Schaltkreise können rund um die Uhr arbeiten. Menschen nicht. Das Internet schläft niemals: Amazon, eBay und jeder andere Online-Händler oder -Dienstleister haben 24 Stunden am Tag geöffnet. Und angesichts der Globalisierung des Handels herrscht auf dem Markt ununterbrochen Betrieb.

An der Börse in New York läutet die Eröffnungsglocke um 9:30 Uhr. Sie schließt um 16 Uhr, von Montag bis Freitag. Das sind 32,5 Handelsstunden pro Woche. Der Computer bietet Ihnen 168 Stunden pro Woche (24 Stunden täglich an sieben Tagen die Woche), um Aktien, Anleihen, Fondsanteile, Rohstoffe, Derivate oder Optionen darauf zu kaufen und zu verkaufen – jede öffentlich gehandelte Anlage eben. Solche Aufträge werden unter Umständen erst *ausgeführt,* wenn die Börse öffnet, doch sie fühlen sich an wie jede andere Transaktion. Es ist 2 Uhr früh und Sie haben es eilig? Dann brauchen Sie lediglich einen an der Tokioter Börse oder an der Deutschen Börse in Frankfurt vertretenen Makler.

Der Nonstop-Handel hat Auswirkungen auf Personal und Kunden. Die meisten Beschäftigten arbeiten nach wie vor die klassischen acht Stunden pro Tag. *Kunden stehen aber ständig zur Arbeit zur Verfügung.* Dieser Umstand bereitet den Boden für Schattenarbeit, denn die Verbraucher sind per definitionem immer dann wach und bereit zu Geschäften, wenn sie es für notwendig halten. Bei Ann Taylor oder Brooks Brothers finden Sie keinen Verkäufer, der Ihnen um Mitternacht noch eine Jacke verkauft – doch online können Sie das jederzeit selbst erledigen: Bilder des Kleidungsstücks aus verschiedenen Blickwinkeln betrachten, Material und Größe prüfen, Preise vergleichen. Von zu Hause aus, um 3 Uhr früh, können Sie sich bei Barry's Tea im irischen Cork eine Schachtel Teebeutel bestellen und portofrei in die Staaten schicken lassen. Ein paar Tage später ist sie da.

Wie es scheint, ist einfach nicht mehr genug Zeit und Energie vorhanden für all die Dinge, die erledigt werden wollen. Fragen Sie sich manchmal, warum Sie ständig erschöpft sind? Tja, unter anderem deshalb, weil Sie rund um die Uhr arbeiten. Wenn nicht im bezahlten Job, dann als Schattenarbeiter. Könnten Sie zumindest. Der grenzenlose Markt bedeutet, dass die Menschen dieser Tage weniger schlafen. Die Folge ist eine ganze Nation, die unter Schlafmangel leidet.

Die meisten Amerikaner schlafen heute weniger als die Menschen vor 100 oder auch vor 50 Jahren. Die National Sleep Foundation stellte in einer 2005 durchgeführten Umfrage fest, dass erwachsene Amerikaner unter der Woche im Schnitt 6,8 Stunden schlafen – über eine Stunde weniger als nach Angaben von Charles Czeisler nötig, der die schlafmedizinische Abteilung der Harvard Medical School leitet. »Wir stecken mitten im größten Schlafentzugsexperiment der Geschichte, und wir nehmen alle daran teil«, meint sein Kollege Robert Stickgold, Harvard-Professor für Psychiatrie und Schlafforscher. »Für mich ist durchaus vorstellbar, dass wir schwerwiegende soziale, wirtschaftliche und gesundheitliche Folgen dieses Experiments feststellen werden. Schlafentzug hat keine positiven Nebenwirkungen.«

Auch Schattenarbeit kann ermüden. 2007 ergab eine Telefonumfrage unter US-Erwerbstätigen, deren Ergebnisse im *Journal of Occupational and Environmental Medicine* veröffentlicht wurden, dass 38 Prozent aller Arbeitnehmer Erschöpfungszustände kannten. Das kostete die Arbeitgeber 136,4 Milliarden Dollar jährlich an verlorener produktiver Zeit. Es ist schwer zu quantifizieren, zu welchem Maß diese Erschöpfung auf die Ausführung zusätzlicher Arbeiten entfällt, die früher andere übernahmen, doch sie trägt sicherlich dazu bei.

Der immerwährende Markt setzt auch eine bestimmte psychologische Dynamik in Gang. Wenn die *Gelegenheit* besteht zu kaufen, zu verkaufen, zu handeln, zu recherchieren, zu prüfen oder sich anderweitig mit dem Markt zu vernetzen, dann lenkt das ab. Vielleicht tätigen Sie gar keine Geschäfte, aber Ihrem Gehirn ist präsent, dass Sie es *könnten*. Dieses Wissen zieht Aufmerksamkeit von der Gegenwart ab. Ihre Aufnahmefähigkeit teilt sich zwischen dem Buch, das Sie gerade lesen, und dem Aktiengeschäft, das Sie online ausführen könnten – während sich der Kurs jede Sekunde ändert. Der Internetnutzer fragt sich ständig: *Was verpasse ich gerade? Was könnte oder sollte ich noch tun?*

Grenzenlose Möglichkeiten locken die Menschen in die Multitasking-Falle. Wir versuchen, am Ball zu bleiben und nichts zu verpassen, indem wir mehrere Dinge gleichzeitig erledigen. Doch Multitasking und geteilte Aufmerksamkeit ermüden uns noch stärker als konzentrierte Tätigkeiten. Wer stundenlang vor dem Bildschirm sitzt und sich durch zahllose Fenster klickt, spannt ab. Und diese Erschöpfung geht zum großen Teil auf das stetige Anwachsen der Schattenarbeit im modernen Leben zurück.

Eine Schattenarbeitssaga: Die Geschichte der Supermärkte

Der Lebensmitteleinkauf ist eine Erfindung der Moderne. Früher gab es wenig Bedarf dafür. Zu Zeiten Benjamin Franklins waren die allermeisten Amerikaner Bauern. Sie bauten ihre eigenen Äpfel, Erbsen und Karotten an, konservierten Lebensmittel, soweit möglich, zogen ihr eigenes Vieh auf und schlachteten es selbst und melkten ihre Kühe. Was sie nicht selbst erzeugten, tauschten sie bei ihren Nachbarn ein.

Manche Landwirte erzielten Überschüsse, und bald gab es in kleinen Städten öffentliche Märkte. Gouverneur John Winthrop richtete bereits 1634 in Boston einen Markt ein. (Er existiert bis heute, nämlich in Gestalt der Faneuil Hall in Boston. Auf dem nahe gelegenen Haymarket werden ausschließlich Lebensmittel feilgeboten.) Auf diesen großen, zentralen Marktplätzen fanden Landwirte, Milchbauern, Metzger und andere Anbieter an Markttagen mit Kunden zusammen. Diese bummelten von einem Stand und einem Bauern zum nächsten und hatten Körbe dabei, in denen sie die erstandenen Nahrungsmittel nach Hause trugen. Sie ähnelten den heutigen Bauernmärkten, nur dass es damals nur einen in jeder Stadt gab.

Läden, in denen man »alles kaufen konnte, was man brauchte«, erschienen im 17. Jahrhundert auf der Bildfläche. 1690 gab es in Philadelphia 29 Ladenbesitzer. In Kleinstädten auf dem Land versorgten solche Läden die Bevölkerung der umliegenden Region. Im Laufe des 18. Jahrhunderts spezialisierten sich manche Händler in den größeren Städten auf Nahrungsmittel. Der Ladenbesitzer lebte oft mit seiner Familie über dem Geschäft, was kurze Wege sicherte. Ein Kunde gab dem Händler seinen Einkaufszettel, der holte die gewünschten Waren aus dem Regal oder, wenn es sich um Schüttgüter wie Nüsse oder Getreide handelte, entnahm er sie einem Fass.

Die Einwohner solcher Städte trafen sich im Laden, der auch soziale Funktionen erfüllte – als »dritter Ort«, der weder Arbeitsplatz noch Heim war. Jahrhundertelang spielten Läden diese Rolle in der Gesellschaft. Edith Whartons Roman *Sommer*[6] von 1917, der Ende des 19. Jahrhunderts spielt, beschreibt, wie der Kleinstadtadvokat Mr Royall aus dem westlichen Massachusetts »zu dem Laden an der entgegensetzten Ecke [ging], wo Carrick Fry, der Inhaber, stets einen Stuhl für ihn bereithielt und wo er damit rechnen konnte, ein, zwei Gemeinderäte anzutreffen, die in der Atmosphäre aus Seilen, Leder, Teer und Kaffeebohnen an der langen Theke lehnten«. Es war gar nicht unüblich, dass der Ladenbesitzer bei solchen Zusammenkünften Erfrischungen bereitstellte. 1825 berichtete ein Geschäftsinhaber aus Missouri einer Zeitung:

Ich führe einen Laden und ärgere mich zunehmend über die lästige Spezies der Herumlungerer, die es sich angewöhnt haben, täglich mein Geschäft aufzusuchen und dort stundenlang herumzusitzen, in meinen Büchern herumzuschnüffeln, wenn sie zufällig einen Blick darauf erhaschen können, aufdringliche Fragen zum Geschäft zu stellen, die sie nichts angehen, und immer wieder höflich durchblicken zu lassen, dass ein kleiner Grog genehm wäre.

---

6   Edith Wharton, *Sommer: Eine Liebesgeschichte*, Piper, 1991, aus dem Amerikanischen von Benjamin Schwarz e.a., S. 31.

Mitunter bedienten sich die selbst eingeladenen Gäste auch am Crackerfass. Diese Zumutung mitsamt den geselligen und gemeinschaftsfördernden Aspekten des gemütlichen Aufenthalts am Ofen des Ladens erledigte sich mit dem Einzug der Ladenketten, deren Architektur und Management solchen Verhaltensweisen nicht entgegenkam. In Ladenketten konnte man nicht anschreiben lassen und es wurde nur in begrenztem Umfang nach Hause geliefert. Das schuf Distanz zwischen dem örtlichen Kaufmann und seinen Kunden.

Die Great Atlantic & Pacific Tea Company als erster Teefachhändler wurde 1859 in New York gegründet. Der Geschäftsplan sah vor, Tee in großen Mengen am New Yorker Hafen aufzukaufen und dann im Einzelhandel flächendeckend zu vertreiben. Irgendwann nahm das Unternehmen auch andere Lebensmittel in sein Produktprogramm auf und entwickelte sich zur A&P Company, der ersten großen Lebensmittelkette des Landes. Die mechanische Registrierkasse, die 1879 erfunden und bald von National Cash Register überall verkauft wurde, war die vorherrschende Technik für Bartransaktionen in Ladengeschäften.

In den 1880er-Jahren gründete Bernard Kroger in Cincinnati seine eigene Kette. Auch er setzte auf Einkäufe in großen Mengen, um die Preise zu senken. Lebensmittelläden stellten ein umsatzstarkes, margenschwaches Geschäft dar, für das niedrigere Preise der Hauptwettbewerbsfaktor waren. Das ist heute nicht viel anders. Viele Artikel sind Marken- oder Standardprodukte, die überall erhältlich sind, und die Gewinnmargen liegen im Lebensmittelhandel in aller Regel bei nur 1 bis 2 Prozent.

Die ersten solcher Läden bestanden aus einem Ladentisch, umgeben von Regalwänden. Die Kunden hielten sich auf einer freien Fläche in der Mitte des Ladens auf und konnten die angebotenen Artikel auf den oberen Regalen an den Seitenwänden mustern. Der Bereich hinter dem Ladentisch, der vor diesen Regalen stand, war für die Kunden tabu. Dort stand das Verkaufspersonal und holte die gewünschten Einkäufe. Es war ein arbeitsintensives System. In kleineren Läden kümmerte sich unter Umständen ein Angestellter um jeden einzelnen Posten auf der Einkaufsliste einer Kundin. In größeren patrouillierten die Mitarbeiter in zugewiesenen Bereichen und verhalfen den Einkäufern zu bestimmten Lebensmitteln wie Fleisch. Der persönliche Service war angenehm, doch das System war zeitaufwendig und die hohen Arbeitskosten machten es für den Händler zum teuren Spaß.

1916 führte Clarence Saunders (1881–1953) in Memphis, Tennessee, eine radikale Neuerung ein mit der Eröffnung seines ersten Piggly-Wiggly-Markts. Er verabschiedete sich vom Tresen- und Wandregal-Modell. Stattdessen betrat man den Piggly-Wiggly-Markt durch ein Drehkreuz, nahm sich einen Einkaufskorb und wurde im Einbahnsystem durch den ganzen Laden geleitet, vorbei an jedem Regal. Dabei wählte man Lebensmittel aus und legte sie in den Korb. Durch dieses Konzept musste die Kundin zwangsläufig jeden Artikel anschauen, den Piggly Wiggly anbot. Am Ende stellte sie sich dann an die Kasse, zahlte – nur in bar, bitte – und verließ den Laden. Piggly Wiggly war der erste moderne Supermarkt.

Saunders' neues System übertrug Arbeit, die vorher Verkäufer erledigten, auf die Kunden – ein entscheidender Moment in der Geschichte der Schattenarbeit. Weil die Käufer schattenarbeiteten, kam Saunders mit weniger Personal aus. Die Einsparungen ermöglichten es ihm, »das Ungeheuer der hohen Preise zu erschlagen«, wie er seinen Kunden versprach. Innerhalb von sechs Jahren hatte er 1200 Piggly-Wiggly-Märkte in 29 Staaten eröffnet.

Manche anspruchsvollen Käufer fanden Selbstbedienung würdelos, weil sie dadurch zu Arbeitern degradiert wurden und nicht mehr einer von Dienstboten umsorgten Elite angehörten. Den meisten Kunden machte die zusätzliche Arbeit aber nichts aus. Sie genossen die Autonomie, die ihnen die Selbstbedienung verschaffte. Ohne Bedienung konnten sie in ihrem eigenen Tempo einkaufen. Manche Kunden fühlten sich zunächst sogar wie Diebe, weil zuvor nur das Verkaufspersonal Waren aus den Regalen nehmen durfte. Dabei bewiesen die Supermärkte kein besonderes Vertrauen in ihre Kunden: Anstelle der Verkäufer am Ladentisch sorgten nun Kassierer an Drehkreuzen dafür, dass auch jeder Käufer für die Artikel bezahlte, die er mitnahm.

1923 erregte der rasche Erfolg von Saunders' Unternehmen das Interesse der Wall Street. Opportunistische Spekulanten, auch solche von Merrill Lynch, fanden die Piggly-Wiggly-Aktie überbewertet. Sie tätigten nicht nur Leerverkäufe, sondern beschlossen, den Aktienkurs proaktiv zu drücken. Diese Taktik wird auch als Baissemanöver bezeichnet. Mithilfe von Banken aus dem Süden konnte Saunders die Attacke erfolgreich abwehren, indem er große Pakete eigener Aktien aufkaufte und den Kurs nach *oben* trieb. Da drängten die Spekulanten die New Yorker Börse, ihre Regeln zu ändern. Saunders habe den Kurs der Piggly-Wiggly-Aktie durch seine Kaufpolitik künstlich in die Höhe getrieben, argumentierten sie. Die Börse gab nach und räumte ihnen fünf Tage ein anstelle der üblichen 24 Stunden, um die von Saunders gekauften Aktien zu liefern. Diese Manipulation zahlte sich aus: Saunders kostete der Spaß 3 Millionen US-Dollar und zwang ihn in den Konkurs. Das Piggly-Wiggly-Kapitel war damit für ihn abgeschlossen. Dessen ungeachtet besteht die Supermarktkette weiter und betreibt immer noch 600 Filialen in 17 Staaten.

Der Visionär Clarence Saunders war seiner Zeit um Jahrzehnte voraus. Bei seinem Tod 1953 arbeitete er sogar an einem noch fortschrittlicheren Einzelhandelskonzept namens Foodelectric. Es stellte einen vollautomatischen Supermarkt dar mit den Vorläufern der modernen Selbstbedienungskassen. Wenn sie einen Foodelectric-Laden betraten, erhielten die Kunden eine Art primitiven Computer. Den zogen sie durch einen Schlitz neben jedem gewünschten

Artikel. Glasvitrinen gaben die ausgewählten Waren dann frei und buchten den Preis auf den kleinen Rechner des Kunden. Am Ende des Einkaufs übergab der Kunde das Gerät dann dem Kassierer. Der Gesamtbetrag war bereits ausgerechnet. Saunders wollte seinen ersten Foodelectric-Markt in Memphis eröffnen, nur ein paar Straßenzüge vom Standort des ursprünglichen Piggly Wiggly entfernt. Dazu kam es jedoch leider nie.

Zeitgleich unterbreitete der Kroger- (vormals A&P-) Mitarbeiter Michael Cullen (1884–1936) aus Illinois den Chefs beider Ketten einen Vorschlag. Er warb um ihre Unterstützung für den Ausbau des Supermarktkonzepts: große Billigläden mit Selbstbedienung, ohne Lieferservice, mit Werbepreisen und großzügigem Parkplatzangebot. Cullen schlug vor, 300 Artikel zum Einkaufspreis abzugeben, als Lockwaren für Kunden. Er sah voraus, dass die Eröffnung eines solchen Geschäfts »Aufruhr verursacht. Sicher müsste ich die Polizei zu Hilfe rufen und könnte nur eine begrenzte Zahl von Menschen einlassen. Für die Öffentlichkeit wäre das die Entlassung aus der Sklaverei der hohen Preise ins gelobte Land.« Cullen prognostizierte Umsatz- und Gewinnsteigerungen konventioneller Kroger- und A&P-Filialen ums Zehnfache. Beide Ketten ignorierten sein Ansinnen.

Cullen versuchte es auf eigene Faust. Er verließ Kroger, zog mit seiner Familie nach Long Island und mietete eine leer stehende Werkstatt am Rande eines geschäftigen Einkaufsviertels in Queens. Der erste King-Kullen-Laden öffnete seine Pforten am 4. August 1930. In der Werbung wurde King Kullen als »größter Preisbrecher der Welt« bezeichnet. Die Ketten wurden provokativ aufgefordert: »Seht diese Preise und weint.« Das Konzept war von Anfang an ein Bombenerfolg. Die Kunden strömten kilometerweit herbei. Jahre später bezeichnete die Smithsonian Institution den King Kullen an der Ecke 171. Straße und Jamaica Avenue als »Amerikas ersten Supermarkt«.

Die spartanische Einrichtung und die absoluten Tiefstpreise von King Kullen waren mitten in der Weltwirtschaftskrise das richtige Rezept. Groß angelegte Werbeaktionen mit Artikeln und Preisen ermöglichten den Kunden, schon zu Hause, bevor sie den Laden betraten, Einkaufslisten mit bekannten Preisen zu erstellen. Besser informierte Kunden mussten Verkäufer nicht mit Fragen belästigen. Die Last der Information wurde durch Schattenarbeit auf den Käufer abgewälzt. Dadurch konnte Cullen Personal einsparen, Kosten reduzieren und die Preise niedrig halten. Der Verzicht auf Leistungen wie Lieferservice (King Kullen arbeitet ausschließlich auf der Basis Ware zum Mitnehmen gegen Barzahlung) oder Kauf auf Kredit dämpfte die Kosten zusätzlich. Cullens schnörkelloser Ansatz übertrug verschiedene Arten von Schattenarbeit auf den Kunden, zahlte sich für diesen aber in Form niedrigerer Preise aus.

Cullen expandierte und bezog andere große, ältere Gebäude wie aufgelassene Fabriken und Lagerhäuser. 17 King Kullens setzten 1936 schon 6 Millionen Dollar um. In jenem Jahr verstarb Michael Cullen unerwartet nach einer Blinddarmoperation. Das Wachstum verlangsamte sich. Dessen ungeachtet ist King Kullen bis heute im Geschäft und betreibt noch 39 Filialen.

Ketten wie Kroger und A&P, die Cullens Idee zunächst verworfen hatten, sprangen bald auf den Zug auf. Als er starb, gab es 1200 solcher Supermärkte in 85 Städten. Diese Zahl war bis 1950 auf 15.000 explodiert. Bis sich Supermärkte auch in anderen Ländern durchsetzten, dauerte es eine Weile. Die englische Kette Sainsbury's öffnete 1950 ihre erste Filiale und setzte »Hostessen« ein, die die Kunden herumführten und mit dem Konzept der Selbstbedienung vertraut machten.

Die Weltwirtschaftskrise erlebte eine weitere Innovation, die Supermarktkunden noch mehr Schattenarbeit aufhalste: den Einkaufswagen. Sylvan Goldman, ein in Indian Territory, Oklahoma, geborener

Veteran aus dem Ersten Weltkrieg, stieg nach dem Krieg mit seinem Bruder ins Lebensmittelgeschäft ein. 1920 eröffneten sie Oklahomas ersten Supermarkt in Tulsa, nach dem Modell, das Saunders als Pionier mit Piggly Wiggly eingeführt hatte. 1934 zogen die Brüder nach Oklahoma City und kauften die Kette Humpty Dumpty.

Goldman kam die Idee zu einem Einkaufswagen, der das Problem löste, das Frauen mit der Selbstbedienung hatten: Mütter fanden es beschwerlich, mit Kindern an der Hand einen Einkaufskorb mitzuschleppen. Mit dem Einkaufswagen hatten sie beim Einkaufen die Hände frei für die Kinder, ohne Sorge um ihre Lebensmittel, die sicher im Wagen lagen.

Goldman wollte es seinen Kunden leichter machen, pro Besuch im Laden mehr Artikel einzukaufen. Er bastelte einen Prototyp aus einem Korb und einem hölzernen Klappstuhl zusammen, an dessen Beine er Rollen montierte. Der Mechaniker Fred Young entwickelte dieses Design zu einem Metallrahmen mit zwei Körben auf zwei Ebenen weiter. Ein weiterer Mechaniker erfand ein Montageband, an dem Metalldraht zu einem Wagen geformt werden konnte. Am 4. Juni 1937 rollte im wahrsten Sinne des Wortes der erste Einkaufswagen vom Band – und gleich in Goldmans Humpty Dumpty in Oklahoma City. Die Erfindung, die heute Einkaufswagen heißt – oder Trolley in den USA, Kanada und anderswo –, machte Goldman reicher als das Lebensmittelgeschäft. Die Wägelchen eroberten die ganze Welt – nicht nur die Supermärkte, sondern alle großen Einzelhandelsgeschäfte wie Baumärkte.

Hatte der Kunde seine Einkäufe bezahlt und eingepackt, konnte er sie bis zum Auto rollen. In vielen amerikanischen Supermärkten ist es üblich, den Wagen dann einfach auf dem Parkplatz stehen zu lassen. Ein Mitarbeiter des Supermarkts, gewöhnlich ein Teenager, sammelt sie dann ein und steckt sie am Eingang zu einer langen Schlange zusammen. Andere Supermärkte richten eigens Rückgabestellen ein und fordern die Kunden damit zu Schattenarbeit auf. Die meisten Käufer übernehmen diese auch brav – ohne jeden anderen Anreiz als nur die Einhaltung gesellschaftlicher Normen. Bringen Kunden ihre Wagen selbst zur Sammelstelle, kann der Supermarkt auch noch die Teenager von der Gehaltsliste streichen oder ihnen andere Aufgaben übertragen.

In Europa und Kanada haben die Kunden durch das Münzeinwurfsystem einen zusätzlichen Anreiz, den Einkaufswagen ins Depot zurückzubringen. Dort muss der Käufer eine Münze (in Europa 1 Euro, in den USA sind 25 Cent üblich) in den Schlitz stecken, um den Wagen abzukoppeln. Diese erhält er zurück, wenn er den Wagen wieder andockt. Dieses System verhindert Schäden an geparkten Fahrzeugen durch herrenlose Einkaufswagen. Außerdem motiviert es die Kunden, die Wagen dorthin zurückzubringen, wo sie sie hergeholt haben: Erledigen sie diese Schattenarbeit nicht, verlieren sie 1 Euro.

In den ersten Jahren des 21. Jahrhunderts tauchten die ersten Selbstbedienungskassen als neuartige Schattenarbeitsgattung im Supermarkt auf. Die Scannertechnik, die Strichcodes auslesen und Preise direkt an eine digitale Kasse melden kann, machte dies im Zusammenspiel mit dem Einzug elektronischer Zahlsysteme möglich. Viele Jahre lang zogen Kassiererinnen in Supermärkten die Waren über den Scanner. Wieso sollte man den Scanner nicht dem Kunden zur Verfügung stellen und *ihn* die Arbeit machen lassen? Et voilà! Die Selbstbedienungskasse war geboren.

In aller Regel richten Supermärkte am Ende einer Kassenreihe vier bis sechs solche Selbstbedienungsscanner ein, die von einem Mitarbeiter beaufsichtigt werden. Käufer, die nur wenig im Wagen haben und nicht Schlange stehen wollen, können sich stattdessen am Roboter anstellen. Sie scannen ihre Einkäufe selbst und tüten diese auch selbst ein, Obst und Gemüse eingeschlossen. Sie wiegen alles ab und geben dafür über die Tatstatur einen Code ein. Kredit- und Zahlkarten vereinfachen die Zahlung, doch Barzahlung ist ebenfalls möglich. Hin und wieder weist eine Roboterstimme den schattenarbeitenden Kunden mit dem Hinweis zurecht: »In der Einpackstation befindet sich ein unerwarteter Artikel.« Diesen Spruch gibt es sogar schon als humoristischen Aufdruck auf T-Shirts. (Der »unerwartete Artikel« ist übrigens häufig eine Handtasche oder ein Rucksack, der im Kassenareal abgelegt wurde.)

SB-Kassen werden nicht immer gut angenommen. Sainsbury's-Chef Justin King erklärte: »Selbstbedienungskassen sind wie Marmite [ein salziger, dunkelbrauner Brotaufstrich auf der Basis von Hefeextrakt]: Man liebt sie oder man hasst sie.« So stellen sie entweder eine künftige Modewelle dar oder aber eine Technik, die vom Verbraucher abgelehnt wird – je nachdem, welchen Berichten Sie Glauben schenken möchten. Eine 2014 durchgeführte Umfrage ergab, dass 45 Prozent der britischen Supermarktkunden an diesen Kassen immer oder häufig Unterstützung durch das Personal benötigen. Nur 2 Prozent gaben, an, stets alleine klarzukommen. Knapp über die Hälfte (55 Prozent) entscheiden sich lieber für eine Kassiererin, wenn sie mehrere Artikel kaufen und die Wahlmöglichkeit besteht. Ältere Einkäufer (über 65) wählen mit deutlich höherer Wahrscheinlichkeit (82 Prozent) die menschlich besetzte Kasse. Bei den 18- bis 24-Jährigen sind das nur 42 Prozent.

Eine Erhebung von 2009, die das Londoner Beratungsunternehmen Retail Banking Research Ltd. durchführte, bestätigte, dass es Ende 2008 weltweit 92.600 SB-Kassen gab (80 Prozent davon in Nordamerika), und prognostizierte, dass sich diese Zahl bis 2014 auf 430.000 verdoppeln würde. Eine Analyse der Beratungsfirma Frost & Sullivan zu den tatsächlichen und projizierten Auslieferungen von 2012 setzte diesen Wert Anfang 2014 auf 194.300 an – weniger als die Hälfte der von Retail Banking Research prognostizierten Zahl. Doch die durchschnittliche jährliche Umsatzsteigerung lag immerhin von 2009 bis einschließlich 2013 bei 6,5 Prozent. National Cash Register (NCR), das die allermeisten Kassenautomaten herstellt, beruft sich natürlich auf alle Äußerungen, die der Technik Vorschub leisten. So sagt NCR, die Selbstbedienungskassen sorgten für Folgegeschäft und verkürzten die Wartezeit um 40 Prozent. 2011 behauptete NCR, über 150 Einzelhändler in 22 Ländern würden die Automaten des Unternehmens einsetzen, und prognostizierte ein Marktwachstum um 15 Prozent im Jahr. Doch in einem Land wie Brasilien mit niedrigen Arbeitskosten und starken Gewerkschaften ist diese Technik nicht so populär.

Inzwischen haben manche Supermärkte SB-Kassen sogar wieder abgebaut, um ihren Kundenservice zu verbessern. Im Herbst 2011 beispielsweise kündigte Big Y Foods, das 61 Supermärkte in Connecticut und Massachusetts betreibt, ein allmähliches Auslaufen der automatischen Kassen an. Damit schließt sich Big Y anderen regionalen Ketten und verschiedenen nationalen Akteuren wie Albertsons an, das 217 Supermärkte im Westen und Süden der USA betreibt. 2011 ließ Albertsons verlauten, man werde die Selbstbedienungskassen in 100 Niederlassungen abschaffen und stattdessen Standard- und Schnellkassen einsetzen. »Wir möchten einfach Gelegenheit haben, mehr mit dem Kunden zu kommunizieren«, erklärte Albertsons-Sprecherin Christine Wilcox.

Trotz ihrer Vorteile für die Inhaber und der Annehmlichkeiten, die sie zumindest manchen Käufern bieten, bringen die Roboterkassen auch gewisse Probleme mit sich (Ladendiebstahl zum Beispiel). Die Geräte haben nämlich keine Augen, Ohren und Gehirne. Ladendiebstahl ist in der Lebensmittelbranche ein großes Problem, weil die Margen so niedrig sind: Lässt ein Dieb auch nur eine Dose Bohnen mitgehen, muss das Geschäft mehrere Dutzend Dosen zusätzlich verkaufen, um den Verlust auszugleichen. Und SB-Kassen machen den Langfingern das Leben leichter. In einer Umfrage der britischen Website watchmywallet.com von 2012 gaben fast

4952 Käufer (nahezu ein Drittel der Befragten) zu, beim Selbstscannen von Artikeln schon einmal etwas geklaut zu haben. Eine beliebte Technik ist es, den Code eines billigeren Produkts einzugeben, etwa für Zwiebeln, und in Wirklichkeit ein teureres Produkt wie Avocados abzuwiegen und einzupacken. Die Waage an der automatischen Kasse kennt nur das Gewicht und den eingegebenen Code – was da wirklich auf der Waage liegt, weiß sie nicht.

Noch dreister sind Diebe, die Artikel einstecken, ohne sie zu scannen. Ohne Kassierer geraten viele in Versuchung. Selbst Prominente wie der britischer Fernsehkoch Antony Worrall Thompson sind dagegen nicht gefeit. Er wurde innerhalb von 16 Tagen von Sicherheitskameras gleich fünfmal dabei gefilmt, wie er an Selbstbedienungskassen von Tesco-Filialen Wein und Käse vorbeischmuggelte. Es wurden polizeiliche Ermittlungen gegen ihn eingeleitet. Manche unbescheideneren Diebe bleiben aber nicht bei Wein und Käse. In einem Elektronikmarkt wurde ein Mann verhaftet, nachdem er das Preisschild an einem Plasma-Flachbildschirm gegen das einer DVD für 4,88 Dollar ausgetauscht und versucht hatte, den 2000-Dollar-Fernseher durch die SB-Kasse zu bugsieren.

Supermärkte ergreifen Maßnahmen gegen Ladendiebstahl. Die Aufsichtsperson an den Selbstbedienungskassen kann stichprobenartig überprüfen, ob Kunden wirklich alles bezahlen, was sie mitnehmen. Supermarktmitarbeiter beobachten auch direkt, ob Kunden ihre Waren scannen – oder eben nicht.

Ein Automat weiß nicht, wer sein Kunde ist. Daher könnten Kinder und Jugendliche Produkte erwerben, für die Altersbeschränkungen gelten, wie Tabak und Alkohol. Der Kassenroboter merkt das nicht. Das Verkaufspersonal sollte sich bei solchen Käufen dagegen den Ausweis zeigen lassen, was jedoch nicht immer geschieht. Dieses Problem könnte irgendwann durch Biotechnik gelöst werden, die mit Fingerabdrücken oder Iriserkennung arbeitet.

Die Supermärkte lassen sich raffinierte Anreize einfallen, um Käufer an die SB-Kassen zu locken. So werden manchmal nur zwei oder drei herkömmliche Kassen besetzt und gleich daneben mehrere automatische Kassen eröffnet. Dadurch wachsen die Schlangen bei den menschlichen Kassierern und es entsteht der Eindruck, dass es schneller geht, wenn Sie Ihre Einkäufe selbst scannen. Das stellt eine Form der Manipulation dar, bei der durch Psychotricks verzerrt wird, wie der Kunde die Wartezeit wahrnimmt. Hat er mehr als nur ein paar Artikel im Wagen, ist die Roboterkasse womöglich gar nicht schneller – unter anderem deshalb, weil professionelle Kassiererinnen und Packer Waren zügiger scannen und eintüten können als ungeübte Amateure. Doch weil die schattenarbeitenden Kunden aktiv an dem Prozess mitwirken, macht es ihnen vielleicht nichts aus, wenn sie effektiv länger brauchen, denn wenn man etwas *zu tun* hat, vergeht die Zeit gefühlt schneller, als wenn man auf etwas *wartet*. Das trübt ihre Wahrnehmung von der tatsächlich vergangenen Zeit.

Seit ein paar Jahren experimentieren Supermärkte wie Shop Rite mit einer noch radikaleren Form der Schattenarbeit. Kunden mit einer Kundenkarte können sich einen elektronischen Scanner ausleihen, der die Strichcodes aller Artikel im Laden scannt und die Preise aufzeichnet. An einer Wand am Eingang hängen ein paar Dutzend solcher Geräte für die Kunden. Mit diesen Stäben scannen die Kunden auf ihrem Weg durch die Gänge jedes Produkt, das sie aus dem Regal nehmen. Sie können die Waren auch gleich in eine Tüte packen und dabei nach Gusto sortieren. Am Ende geben solche Kunden ihren Scanner einfach an der Kasse ab und zahlen den errechneten Gesamtbetrag. Sie verlassen den Supermarkt mit bereits gepackten Tüten.

Durch die Einführung von Selbstbedienungsscannern in der Nahrungsmittelabteilung beschleunigt diese Art der Schattenarbeit den Einkauf noch mehr. Der Scanner kann den aufgelaufenen Betrag anzeigen, sodass der Kunde immer weiß, wie viel er schon ausgegeben hat. Wer aufs Geld schauen muss, hat es dadurch leichter. Im Zuge dessen übernimmt der Kunde sämtliche Aufgaben des Kassierers bis auf die Entgegennahme der Zahlung. Im Grunde verwirklicht dieses System Clarence Saunders' Vision von einem Foodelectric-Laden – 70 Jahre nachdem er mit dieser Idee spielte.

Ein anderer Aspekt des Lebensmitteleinkaufs greift dagegen ironischerweise auf die allerersten Käufererfahrungen in Amerika zurück: Direktvermarkter und solidarische Landwirtschaft. Dabei bezahlen Kunden einen Teil der im Sommer geernteten Produkte, noch bevor sie angebaut werden. Dieses System erinnert an die öffentlichen Märkte der Kolonialzeit. Damals gab es wenig Technik und die Direktvermarkter schlossen die Mittelsmänner aus dem Lebensmittelhandel aus. Diese stellen inzwischen eine eigene Lieferkette im Lebensmittelgeschäft dar, die die Direktvermarkter und solidarische Landwirtschaft durch Disintermediation ausschalten.

Durch Direktvermarktung und solidarische Landwirtschaft entsteht auch eine Verbindung zwischen den Bauern und den Konsumenten. Das kann die Entfremdungsgefühle abbauen, die Menschen bei der industriellen Produktion landwirtschaftlicher Produkte beschleichen. Generell kommen solche Anbieter ohne Einkaufswagen, Kassen oder digitale Technik aus. Wer mit dem Einkaufskorb am Arm an den verschiedenen Marktständen vorbeiflaniert, fühlt sich mitunter wie ein Zeitreisender, der vor 300 Jahren einkaufen geht. Das ist wie Urlaub von vielen Formen der Schattenarbeit.

Lektionen aus dem Supermarkt

Zuerst waren Menschen irgendwann einmal Jäger und Sammler. Für unsere Spezies gibt es vermutlich nichts Grundlegenderes als die Beschaffung von Nahrung. Sie war stets eine soziale und funktionelle Aktivität. In der Vergangenheit dienten Märkte, Geschäfte und Lebensmittelläden nicht nur dem Erwerb von Nahrungsmitteln, sondern waren auch Orte der Zusammenkunft und Geselligkeit. Im vergangenen Jahrhundert fielen diese sozialen Aspekte der rein ökonomischen Betrachtungsweise des Nahrungsmittelmarkts zum Opfer.

Doch der Wegfall der zwischenmenschlichen Aspekte des Einkaufens verursacht der Gemeinschaft und den Ladenbesitzern auch Kosten. Gelegenheiten zum Austausch – beispielsweise mit den Mitarbeitern von Supermärkten, die Gratiskostproben eines neuen Produkts anbieten –, runden die Einkaufserfahrung ab und binden den Kunden an ein Geschäft, das er lieber aufsucht als konkurrierende Anbieter. Geselligkeit kann auch den ideellen Unternehmenswert steigern. Generell bemühen sich Einzelhändler, Kunden *in* ihre Läden zu locken, und kreative Methoden, die sozialen Dimensionen der Nahrungsbeschaffung wiederaufleben zu lassen, tragen dazu bei.

Zweitens ist die Arbeit in einem Lebensmittelgeschäft bis zu einem gewissen Grad ein Nullsummenspiel: Entweder sie wird vom Personal erledigt oder von den Kunden. Das traditionelle System mit Regalen und Ladentisch war höchst arbeitsintensiv, da Mitarbeiter den Kunden jeden Artikel anreichen mussten. Überträgt man diese Aufgabe auf den Kunden, muss so ein Markt so konzipiert sein, dass klar ist, wo alles steht – und was es ist. Supermärkte mussten ihre Kunden entsprechend schulen. King Kullen war der Erste, der große Zeitungsanzeigen schaltete, die dem Verbraucher mitteilten, was im Angebot war – und zu welchem Preis. Solche Informationen übertragen Wissen auf den Kunden, sodass er weniger Fragen an den Verkäufer hat. Der Laden muss infolgedessen weniger Zeit für die Bedienung von Kunden aufwenden.

Drittens können einfache technische Hilfsmittel wie Einkaufswagen die Schattenarbeit für die Kunden vermehren. Einzelhändler, die wissen, was ihre Kunden brauchen (etwa Mütter, die mit kleinen

Kindern einkaufen gehen), können sie in ihre Geschäfte locken, indem sie ihnen Hilfen anbieten, die den Einkauf rationeller gestalten.

Viertens leisten gesellschaftliche Normen der Schattenarbeit kräftig Vorschub. Allein durch das Ausweisen spezieller Sammelstellen für Einkaufswagen auf Parkplätzen können Supermärkte ihre Kunden dazu bringen, ihre Wagen selbst aufzuräumen. Die angestammte Kooperationsbereitschaft der meisten gut sozialisierten Erwachsenen sorgt schon dafür.

Fünftens bieten hoch technisierte Lösungen wie Selbstbedienungskassen den schattenarbeitenden Kunden mehr Autonomie. Wenn solche Neuerungen von den Käufern angenommen werden sollen, müssen sie aber einfach und eingängig sein. Mitarbeiter können als Tutoren fungieren für Kunden, die mit den Kassenautomaten nicht gleich zurechtkommen.

Autonome Kunden stellen für den Einzelhändler ein gewisses Risiko dar, etwa durch Ladendiebstahl. Dieser wird erleichtert, wenn der Kunde den gesamten Prozess des Abkassierens selbst in der Hand hat – einschließlich der Zahlung (oder Nichtzahlung). Gegenmaßnahmen wie Taschenkontrollen an SB-Kassen sind zwar nachvollziehbar, bergen aber die Gefahr, Kunden zu vergraulen.

Sechstens sorgt die Silostruktur, die Roboterkassen anstelle menschlicher Kassierer für den Kunden schaffen, für Distanz. Eine Verringerung zwischenmenschlicher Kontakte schadet der Kundenbindung. Einkaufen hat nichts »Warmes, Herzliches« (also Menschliches) mehr, wenn es mithilfe von Robotern erfolgt. Seit frühgeschichtlichen Zeiten war die Beschaffung von Nahrungsmitteln in der Gesellschaft anderer Vertreter der Art Homo sapiens stets am effizientesten und am vergnüglichsten.

Fünftes Kapitel: Schattenarbeit am Computer und im Internet

Es gibt eine Tendenz zum Totalismus, zur totalen Information, und mit dem Erlangen der totalen Information wird die totale Überwachung erleichtert.

Jerry Brown

Im Frühjahr 2014 entdeckten Bauunternehmer, die ein zur Zwangsversteigerung vorgesehenes Haus in einem Vorort von Pontiac, Michigan, inspizierten, den »mumifizierten« Körper von Pia Farrenkopf auf dem Rücksitz ihres in der Garage geparkten Jeeps. Anscheinend war sie schon seit fünf Jahren tot. Sie wäre 49 Jahre alt gewesen. Wie oder warum sie starb, hat man noch nicht herausgefunden.

Farrenkopf war unverheiratet, hatte weder Kinder noch Haustiere und seit Langem keinen Kontakt mehr zu ihrer Familie. Sie hatte 2008 ihre Stelle bei Chrysler Financial aufgegeben und wurde daher an ihrem Arbeitsplatz nicht vermisst. Die Nachbarn nahmen an, sie sei häufig geschäftlich im Ausland unterwegs, was erklärte, warum sie sie nie zu Gesicht bekamen. Laut einem Bericht in *USA Today* waren sie nachbarschaftlich genug, gelegentlich Rasen zu mähen, wenn Farrenkopfs Gras zu hoch wurde. Auf diese Weise überdauerte ihre Rasenpflege sie tatsächlich um mehrere Jahre.

Sonderbarerweise traf dies auch für ihren Status als zahlende Kundin zu. Farrenkopf hatte ihre Hypothek und ihre Strom- und Wasserrechnungen automatisch abbuchen lassen und sie wurden auch weiterhin über Jahre von ihrem gut gefüllten Bankkonto abgezogen.

2013 ging das Geld schließlich aus und die Hypothekenzahlungen hörten auf. Da kündigte die Bank die Hypothek und beauftragte die Baufirma, deren Mitarbeiter Farrenkopfs Leiche in der Garage entdeckten. Wäre die Grundschuld schon früher abbezahlt gewesen, würde Farrenkopf vielleicht immer noch in ihrem Jeep sitzen.

Vom Zeitpunkt ihres Todes bis zur Entdeckung ihrer Leiche war Farrenkopf »ein bisschen wie Schrödingers Katze: biologisch zwar tot, aber in gewisser Hinsicht noch lebendig, da sie für ihren Strom, ihr Telefon und das Dach über ihrem Kopf bezahlt hat«, schrieb Carmen Maria Machado in einem Beitrag für newyorker.com. »Bis ihre Leiche auftauchte, waren Farrenkopfs institutionelle Verbindungen das Einzige, was sie >am Leben< bleiben ließ.« Machado meint, sie hatte »eine Art institutionellen Doppelgänger, so wie wir alle: eine Existenz, die sich entwickelt, während wir in sozialen Medien posten, online einkaufen, E-Mails verschicken und das Internet nutzen, um Rechnungen zu bezahlen und Bankgeschäfte und Dutzende anderer finanzieller und technischer Transaktionen zu erledigen.«

Offenbar hat inzwischen jeder von uns zwei Körper, einen biologischen und einen informationellen. Die beiden sind sicherlich miteinander verbunden, existieren aber auch völlig getrennt voneinander, wie Farrenkopfs Fall zeigt. Kriminelle können einen »Identitätsklau« Ihres informationellen Körpers bewerkstelligen, ohne Ihren realen Körper zu berühren. (Einen leiblichen Körper zu kidnappen, ist noch ganz 20. Jahrhundert.) Der informationelle Körper existiert im Cyberspace als Datenbits, die auf Computern und in der Cloud gespeichert sind, und er wickelt weitgehend Ihre Transaktionen mit der Finanzwelt, mit Institutionen und sogar mit der sozialen Sphäre ab, etwa auf Facebook.

Illustrationen des menschlichen Körpers können nur das Kreislaufsystem abbilden, indem alles andere wie Muskeln, Blut und Knochen weggelassen wird. Die Gefäßbildung ist so umfassend, dass Blutgefäße und Kapillaren selber ein ganz gutes Bild von Körpergröße und -form vermitteln. Man könnte jemanden sogar allein an seinen Venen und Arterien erkennen.

Gleichermaßen sind unsere informationellen Körper, die sich nur aus Daten zusammensetzen, in wirtschaftlicher Hinsicht dennoch als wir selbst erkennbar. Das Aggregat aus Sozialversicherungs- und Kundennummern, Kranken- und Bonitätsgeschichten, E-Mail, Beiträgen in den sozialen Medien und institutionellen Datensätzen, das alle Erwachsene hinter sich her ziehen, mag vielleicht nicht so einzigartig sein wie Fingerabdrücke oder Netzhaut-Scans. Jedoch ist es gut genug, um Rechnungen zu bezahlen und in dieser Welt zu bestehen. Des Weiteren werden wir ständig ermahnt, diese Alter Egos wachsam zu schützen, damit sie nicht von Identitätsdieben gestohlen werden, die Kapital aus ihnen schlagen. Mittlerweile sporn uns die Wirtschaft ständig dazu an, mehr Details über unsere informationellen Körper weiterzugeben. Wirtschaftliche Institutionen sind weitaus mehr an unserer Daten-Cloud interessiert als an unseren durchbluteten physischen Identitäten, die quasi zur Nebensache werden können, wie Pia Farrenkopf so tragisch belegte.

Statistik ist sexy

Hal Varian, Chefökonom von Google, gab 2009 einen Kommentar gegenüber der Fachzeitschrift *McKinsey Quarterly* ab, der den sozialen Status von Statistikern sofort aufgewertet hat. »Ich sage es immer wieder«, verkündete er. »Der begehrteste Beruf in den nächsten zehn Jahren wird der des Statistikers sein.«

Ja, diese sexy Datenfreaks, die uns mit ihren geschichteten Stichproben bezirzen und mit unbekümmerter Arroganz Regressionskoeffizienten raushauen – wer kann ihnen widerstehen? Von ihren

Standardabweichungen ganz zu schweigen. Worin besteht das Geheimnis ihres umwerfenden Sex-Appeals?

Die Antwort führt uns zurück zu Henry Kissingers viel zitierter Bemerkung von 1973: »Macht ist das ultimative Aphrodisiakum.« Daten verkörpern Macht. Informationen sind der Ausgangsstoff für Erfolg. Doch nur durch sich selbst vermag das Rohmaterial wenig; es muss aufbereitet werden. Die Macht liegt weniger in den Daten als vielmehr in ihrer Verarbeitung. Es ist die Interpretation von Informationen – das Ergründen ihrer Bedeutung und wie sie sich in der wirklichen Welt verwenden lassen –, die Mehrwert bringt. Computer können diese Arbeit nicht erledigen, zumindest nicht alleine. »Diese Datensätze nutzbar zu machen, ist eine Herausforderung«, sagte Varian. »Weitgehend wird man dafür Menschen brauchen.« An dieser Stelle kommen die Statistiker ins Spiel: Sie bringen den Lehm der Tatsachen in erkennbare Formen und interpretieren dann ihre Bedeutung. Ihre Stemmeisen hebeln an den Dreh- und Angelpunkten der Macht Erkenntnisse heraus – und ja, es gibt Menschen, die das sexy finden.

Das neue Big-Data-Phänomen verstärkt den Einfluss der Statistiker noch. Big Data beinhaltet die Aufstellung und Aufgliederung von Datensätzen, deren Größe die Kapazitäten von Standardsoftwaresystemen übersteigt. Die Technik ermöglicht es jetzt, Dateien, die in Terabyte (1000 Gigabyte) und Petabyte (1000 Terabyte) bemessen werden, zu erfassen und zu speichern. Aber die echte Magie von Big Data besteht nicht in gigantischen Datenbanken oder gar in explodierender Rechenleistung, sondern teilweise darin, enorme Datensätze miteinander zu verbinden, um ein synergistisches Ergebnis zu erzielen. Und Algorithmen, diese Schritt-für-Schritt-Regeln für das Erstellen einer Berechnung, extrahieren den Sinn aus diesen Unmengen von Daten. Dadurch erschließt sich das eigentliche Potenzial von Big Data.

Wie Gary King, Professor für öffentliche Verwaltung in Harvard, zu Jonathan Shaw vom *Harvard Magazine* sagte, wiederholt sich an den Universitäten ein gewisses Muster. Es beginnt mit einer Gruppe hervorragender Experten, den absoluten Autoritäten auf einem bestimmten Fachgebiet. Dann taucht ein Außenseiter mit geringen Kenntnissen der Disziplin auf, geht ein Problem mit Statistiken und Algorithmen an und fördert erstaunliche Erkenntnisse zutage. Algorithmen sind ein weiteres Instrument zur Demokratisierung von Expertenwissen, indem man die revolutionäre Kraft von Daten nutzt, um etablierte Kapazitäten zu deklassieren.

Theodore Ruger, damals Juraprofessor an der Washington University in St. Louis, führte mit drei Kollegen einen Wettbewerb durch, um den Ausgang von Rechtsfällen des obersten US-Gerichtshofes auf der Prozessliste von 2002 vorherzusagen. Die vier Politikwissenschaftler entwickelten ein statistisches Modell, das auf sechs allgemeinen Fallcharakteristika basierte, die sie aus früheren Gerichtsverfahren gewannen; das Modell ignorierte Informationen über spezifische Gesetze und die Sachverhalte der vorliegenden Fälle. Ihr freundlicher Wettstreit stellte diesem Modell die qualitativen Einschätzungen von 87 Rechtsprofessoren gegenüber, von denen viele an dem Gerichtshof gearbeitet hatten. Die Rechtsexperten kannten die Rechtsprechung, das Präzedenzrecht und frühere Entscheidungen eines jeden amtierenden Richters. Das Ergebnis, das 2004 in der juristischen Fachzeitschrift *Columbia Law Review* veröffentlicht wurde, war eine verheerende Niederlage. Der Algorithmus berechnete 75 Prozent der Urteile des Gerichts korrekt voraus; die juristischen Experten als Gruppe lagen dabei in 59,1 Prozent der Fälle richtig.

Der Zauber der Statistik funktioniert aber auch ganz ohne Big Data oder leistungsstarke Algorithmen. Denken Sie an den Einfluss einer sehr simplen Beobachtung, die als Pareto-Prinzip bekannt ist. Das ist Statistik auf elementarster Stufe: ein einfacher Prozentsatz. Aber die Aussagekraft dieses Prozentsatzes ist überwältigend.

Der rumänische Unternehmensberater Joseph Juran stieß 1941 auf die Arbeit des italienischen Soziologen und Ökonomen Vilfredo Pareto (1848–1923) und gewann daraus eine Erkenntnis, die heute als die 80/20-Regel bekannt ist. Die Grundidee ist, dass bei einer großen Bandbreite von Sachverhalten 20 Prozent der Ursachen 80 Prozent der Ergebnisse erbringen. Juran nannte es das Pareto-Prinzip. In seinem eigenen Garten hatte Pareto festgestellt, dass 20 Prozent der Erbsenschoten 80 Prozent der Erbsen erzeugten. Als Ökonom entdeckte er das Auftauchen dieses überraschenden Verhältnisses auch in viel größeren Zusammenhängen. Pareto veröffentlichte 1906 seine Feststellung, dass 20 Prozent der italienischen Bevölkerung 80 Prozent des Landes besaßen. Seither kreuzt die 80/20-Regel bei einer atemberaubenden Vielfalt von Phänomenen auf.

Zum Beispiel analysierte das Entwicklungsprogramm der Vereinten Nationen 1992 die Verteilung des globalen Einkommens, gemessen am Bruttoinlandsprodukt. Die Daten zeigten, dass, weltweit betrachtet, die reichsten 20 Prozent der Bevölkerung 82,7 Prozent des Einkommens für sich verbuchten. Unternehmen erzielten 80 Prozent ihrer Profite mit 20 Prozent ihrer Kunden, während andere 20 Prozent 80 Prozent der Beschwerden äußerten. 20 Prozent der Patienten verbrauchen 80 Prozent der Mittel für das Gesundheitswesen. Kriminologen haben herausgefunden, dass ein Fünftel der Straftäter vier Fünftel der Verbrechen begehen. All diese Ergebnisse legen Strategien für die Mittelzuweisung nahe. Um zum Beispiel die Kosten für die Gesundheitsversorgung zu senken, sollte man sich darauf konzentrieren, die Ausgaben für jene 20 Prozent zu kürzen, die die enormen Rechnungen verursachen. Um bei der Verbrechensbekämpfung wirklich voranzukommen, sollte man die Resozialisierung auf die 20 Prozent der Delinquenten fokussieren, die hartgesottene Wiederholungstäter sind.

In den 1960er-Jahren wandten Werbetexter das Pareto-Prinzip an, um Schaefer Bier zu verkaufen. Die Marktforschung hatte aufgezeigt, dass 20 Prozent der Biertrinker 80 Prozent des Biers konsumierten. Die Botschaft war klar: Bemüh dich um die Schluckspechte. Das Ergebnis war Schaefers berühmter langjähriger Slogan »Trink Schaefer, wenn es mehr als ein Bier werden soll«. Und zwar wesentlich mehr als eins, genau genommen.

Die Statistik bewegt die Welt aber nicht nur beim Bierabsatz, sondern auch bei wichtigeren Belangen. Überlegen Sie mal, wie sich unsere sozialen Normen bezüglich des Tabakkonsums seit 1965 verändert haben, als 42 Prozent der Amerikaner rauchten. Damals steckten sich Raucher in Restaurants und Bars, bei der Arbeit, in Nachtklubs, Schulen und Sportstadien, in öffentlichen Verkehrsmitteln und an allen möglichen öffentlichen Orten Zigaretten an. Rauchwolken schwebten über dem Publikum von Rockkonzerten – obwohl das zugegebenermaßen nicht alles Tabakrauch war. In jeder Bar gab es einen Zigarettenautomaten, da Rauchen den Durst anregte. Sogar Krankenhäuser verkauften Zigaretten in Wartezimmern und Cafeterias.

Schneller Vorlauf ins Jahr 2014, in dem die US-Gesundheitsbehörde Centers for Disease Control and Prevention die amerikanische Raucherquote bei 18,1 Prozent festsetzte, Zigarettenautomaten fast verschwunden sind und Gesetze oder Richtlinien das Rauchen an nahezu allen öffentlichen Orten verbieten. Daten und statistische Analysen stecken hinter dieser Änderung des Lebensstils.

Und so kam es dazu: In den 1950er- und frühen 1960er-Jahren wiesen epidemiologische Studien die Rolle des Rauchens bei der Entstehung von Krebs nach, insbesondere Lungenkrebs. Mit dem bahnbrechenden Bericht des Leiters der obersten US-Gesundheitsbehörde aus dem Jahr 1964 war es amtlich: Die US-Regierung bestätigte die Rolle des Tabaks bei Krankheit und Tod und riet vom Rauchen ab. Neben den energischen Anstrengungen des Gesundheitswesens, vom Rauchen abzuschrecken, sowie Genussmittelsteuern auf Tabak trug das dazu bei, die Verbreitung des Rauchens zu reduzieren. Zigaretten erlebten eine Image-Veränderung. Sie waren plötzlich Krankheitsursache, nicht mehr sexy Accessoire für Filmstars wie Lauren Bacall und Humphrey Bogart, der starker Raucher war und mit 57 Jahren an Speiseröhrenkrebs starb.

Aber es war die epidemiologische Forschung über das Passivrauchen, die unsere Lebensweise veränderte. Wiederholte Untersuchungen von Personen, die den Rauch aus zweiter Hand inhalierten, wie etwa mit rauchenden Ehegatten verheiratete Nichtraucher, wiesen zweifelsfrei nach, dass Tabakrauch auch Menschen krank machen oder töten konnte, die sich selbst nie eine Zigarette angesteckt hatten. Solche statistischen Ergebnisse bildeten einen Brückenkopf für Nichtraucher-Gruppen, die die Abgeordneten dazu drängten, das Rauchen an Orten wie Bars und Restaurants zu verbieten. Ihre juristische Argumentation gründete sich auf den Grundsatz aus dem Gewohnheitsrecht, nämlich dass »mein Recht, die Faust zu schwingen, dort endet, wo deine Nase beginnt«. Man mochte vielleicht das Recht dazu haben, die eigene Gesundheit durch Zigaretten zu zerstören, aber man hatte nicht das Recht, andere in Mitleidenschaft zu ziehen. Eine Armee von Wissenschaftlern, Fachleuten aus dem Gesundheitswesen, Interessengruppen, gewählten Beamten und ganz normalen Bürgern arbeitete über Jahrzehnte daran, diesen Krieg zu gewinnen, wobei die Statistiker als ein zentrales Bataillon in diesem Kampf dienten. Datenverarbeitende Davids brachten die Goliathgleichen Tabakunternehmen zur Strecke. Die Steine in ihren Schleudern waren Korrelationen und F-Tests.

So kamen die unscheinbaren Statistiker zu ihrem Sex-Appeal. Durch die Entwicklung der Datenanalyse zum Machtzentrum kamen Datenfreaks en vogue. Eine neue Welle der Wertschätzung für junge Leute mit einem Händchen für Statistik setzte ein. Heute pferchen sich Studenten in die Klassenräume der Colleges, um Statistik und anderes Rüstzeug zum Ausschlachten von Big Data zu erlernen. Das

Prüfungsgremium College Board führte 1997 eine fortgeschrittene Einstufungsprüfung in Statistik ein. Die Zahl der Highschoolschüler, die sie ablegten, verdreifachte sich in der Dekade nach 2001 auf 149 und stieg bis 2012 auf 165. Die amerikanischen Universitäten verliehen im Studienjahr 2010/11 nahezu 3000 Bachelorabschlüsse in Statistik, was einem Anstieg um 68 Prozent gegenüber vier Jahren zuvor entspricht. Ein Kurs für Data Science an der Harvard-Universität zog 2013 400 Studenten an, und zwar nicht nur Bachelorstudenten, sondern auch Teilnehmer der Masterstudiengänge für Jura, Betriebswirtschaft, kommunale Verwaltung, Design und Medizin. An der University of California in Berkeley verfünffachte sich die Anzahl der Studenten, die im Hauptfach Statistik belegten, von 50 im Jahr 2003 auf 250 ein Jahrzehnt später.

Solche Studienfächer, die besonders viele Studenten anziehen, sind ein Index für gesellschaftliche Werte und Trends. Ein Artikel im *Wall Street Journal* von 2013 mit dem Titel »Datenfreaks sind jetzt die coolen Kids auf dem Campus« zitierte Richard de Veaux, einen Professor für Mathematik und Statistik am Williams College. Auf die Frage nach seinem Beruf hätte er nach eigenen Angaben noch vor 20 Jahren alles andere lieber gesagt als Statistiker. Heute sei es einfach nur toll, Statistiker zu sein. Und das stimmt wirklich. Es herrscht enormes Interesse an statistischen Erkenntnissen und es gibt so viele Daten, um es zu befriedigen. Die Suche nach diesen Daten hat einen Anstieg der Schattenarbeit entfesselt.

Der Rohstoff für Milliardengeschäfte

Obwohl der Begriff *Informationswirtschaft* schon zum Klischee geworden ist, haben nur wenige diesen Datenstrom bis zu seinem Ursprung zurückverfolgt. Die Flut von Informationen, die unser tägliches Leben durchschwemmt, hat eine Quelle. Sie können sie im Spiegel sehen. Ja, Sie sind es! Die Daten, die Institutionen suchen, sammeln, analysieren und ständig aktualisieren, stammen größtenteils von ihren Kunden. Die Unternehmen erkennen, dass die Menschen bereit sind, kostenlos Daten über sich selbst bereitzustellen. Zeit, die damit verbracht wird, ist Schattenarbeit.

Daten sind mittlerweile ein weiterer Rohstoff wie Wasser, Öl und Eisen. Wir durchleben gerade die frühen Dekaden der Informationswirtschaft, vergleichbar mit den ersten Jahrzehnten des Erdölbooms im 19. Jahrhundert. Unterirdische Ölvorkommen waren ein natürlicher Rohstoff, der einfach nur in Mutter Erde darauf wartete, angebohrt und ausgepumpt zu werden – und die Ölgesellschaften zahlten ihr nichts für das Erdöl. Ihre hauptsächlichen Ausgaben bestanden in den Förderkosten.

Ebenso sind jetzt naturgemäß die kostenlosen Daten in der Bevölkerung vorhanden und warten darauf, angezapft zu werden. Die Unternehmen brauchen nur in die Gewinnungskosten zu investieren, da sie die Schattenarbeit verrichtenden Bürger, die die Daten liefern, nicht bezahlen. Deren einziger Lohn ist möglicherweise psychologischer Natur: Die Datengeier streicheln unsere Egos, indem sie uns über uns selbst und unsere Meinungen befragen.

Soziale Medien wie Facebook und LinkedIn bieten ihren Mitgliedern kostenfrei ihre Dienste, um Unmengen von Informationen aus ihnen herauszuziehen. Mit mehr als 1,35 Milliarden aktiven Nutzern hat Facebook eine gigantische Datenbank aufgebaut, die Wirtschaftsunternehmen ein riesiges Archiv bietet – mit Namen und E-Mail-Adressen von Verbrauchern samt umfangreicher demografischer Profile, Präferenzen bei Musik, Filmen, Geschenken und Sonstigem, Gruppenzugehörigkeiten, Apps und Spiele, die sie anwenden, und natürlich ihr Netzwerk von »Freunden«. Daher animiert Facebook die Nutzer ständig, mehr Daten zu posten (Wörter, Bilder und Videos) und noch mehr »Freunde« auf ihre Listen zu setzen. Die schattenarbeitenden Nutzer kommen dem nach und lassen ihr Erdöl des 21. Jahrhunderts in Facebooks Tanks strömen. Größtenteils verrichten die Anwender von Facebook nicht wirklich Arbeit, wenn sie ihren Seiteninhalt erstellen; sie vergnügen sich mit sozialer Freizeitgestaltung. Aber sobald Facebook mit diesen Daten auf den Markt geht und Handel mit den von seinen Mitgliedern erstellten Inhalten treibt, fangen diese »Freistunden« an, nach Schattenarbeit zu riechen. »In deren Geschäftsmodell geht es darum, die Nutzer dazu zu bringen, Inhalte zu erstellen«, sagte Jeremiah Owyang, ein Analyst der Altimeter Group, 2013 zur *New York Times*. »Es sind die Anwender, die den Inhalt erzeugen, indem sie Dinge liken, und schließlich erkennt das eine Handelsmarke und setzt Dollars für Werbung ein. Das Produkt sind wir.«

Facebook ist juristisch dazu berechtigt, so zu handeln. Die Nutzer räumen dem Unternehmen diese Rechte ein, wenn sie die Standardformulierung (die natürlich nie jemand liest) der 4000 Wörter umfassenden Nutzungsbedingungen des Unternehmens akzeptieren. Wenn ein Mitglied auf der Website »like« anklickt, kann Facebook sogar diese Unterstützung in einer beliebigen Werbung hervorheben. Das Unternehmen nennt solche positiven Erwähnungen Sponsored Stories. Mitglieder können dem nicht widersprechen.

Sponsored Stories, die Facebook an ein Freundschaftsnetzwerk eines Nutzers schickt, erlangen ihre Macht durch eine grundlegende Tatsache der menschlichen Psychologie. Wir nehmen eine Empfehlung – gleich, ob es nun darum geht, jemanden einzustellen oder ihn in einem Klub anzumelden – ernster, wenn sie von einem Freund kommt. »Liken« Sie etwas auf Facebook, werden Ihre Freunde dieser Befürwortung mehr Glauben schenken als einer Fernseh- oder Internetwerbung. Facebook hat Investoren mitgeteilt, dass es zu 50 Prozent wahrscheinlicher ist, dass sich Konsumenten an eine Werbung erinnern, wenn sie mit den lobenden Worten eines »Freundes« daherkommt.

Nick Bergus, ein Multimediaproduzent aus Iowa City, erfuhr 2012, wie diese Sponsored Stories ihren Lauf nehmen. Am Valentinstag sah er auf Amazon eine Werbung für ein merkwürdiges Produkt, nämlich ein Fass mit 208 Litern »persönlichem Gleitmittel«. (Der Verkäufer umging scheinbar Groß- und Einzelhandel, indem er Großhandelsmengen direkt an den Konsumenten veräußerte.) Wie die *New York Times* berichtete, fand Bergus die Vorstellung von diesem gigantischen Bottich für mehr Spaß am Sex so komisch, dass er den Link auf Facebook mit dem Kommentar postete: »Zum Valentinstag. Und für jeden Tag. Für den Rest deines Lebens.« Bald schon sah er diesen Beitrag, nebst seinem Namen und Foto, mitten unter den Werbeanzeigen auf Facebook. Facebook hatte seine scherzhafte Bemerkung umfunktioniert zu einer Empfehlung, einer Sponsored Story – natürlich ohne Bergus vorher zu fragen. Er räumte in seinem Blog ein, dass er »leicht verärgert« war, aber er fügte hinzu: »Ich weiß, was es kostet, Facebook zu nutzen. Es kostet mich kein Geld. Nur jede Menge persönlicher Daten.« Wie das Sprichwort aus dem Internetzeitalter warnt: Wenn du nicht für das Produkt bezahlst, *bist* du das Produkt.

Als Facebook 2012 an die Börse ging (das Unternehmen hatte sich selbst auf 104 Milliarden Dollar geschätzt, obwohl beim Börsengang nur Aktien im Wert von 16 Milliarden Dollar verkauft wurden), fragten einige seiner Nutzer öffentlich, wo denn ihr Anteil sei. Sie hatten erkannt, dass durch die Schattenarbeit der Anwender der Website der Wert geschaffen wurde, den der Gründer Mark Zuckerberg und seine Geschäftspartner an die Investoren veräußerten. Leider haben diese Nutzer keinen Anspruch auf die Einnahmen, die Facebook aus ihren Beiträgen erzielt. Und sie sind auch nicht gut genug organisiert, um politischen Druck auszuüben.

Außerdem heimsen die Nutzer natürlich die Vorteile von Facebook ein, ohne dass sie eine monatliche Gebühr zahlen. (Es wird nie eine Gebühr geben. Facebooks Mitglieder sind sein Hauptkapital, und deswegen wird das Unternehmen wohl kaum ein finanzielles

Hemmnis für einen Beitritt schaffen.) Es ist eine Art Tauschhandel: Die Schattenarbeiter kreieren wertvolle Inhalte für Facebook im Austausch gegen kostenfreie soziale Freizeitgestaltung.

Wir, die unorganisierten Bürger, geben aber auch noch auf anderen Wegen kostenlos Inhalte preis. So hat das Internet eine Flut von Kundenrezensionen entfesselt. Die Grundidee ist vernünftig: Leute, die ein Buch gelesen, in einem Restaurant gegessen, einen Klempner beauftragt oder einen Tablet-Computer bei Best Buy gekauft haben, schreiben einen Beitrag über ihre Erfahrungen. Solche Bewertungen sind inzwischen überall verbreitet. Amazon war mit Leserrezensionen von Büchern in den 1990er-Jahren ein Vorreiter für dieses Verfahren; die laienhaften Stellungnahmen drängten die professionellen bald in den Hintergrund. Jetzt bietet Amazon Kundenbewertungen an für alles, was dort verkauft wird – sprich für fast alles, von der elektrischen Zahnbürste bis zum Hundefutter.

Zagat Survey betreibt eine Website und veröffentlicht Ratgeber, die komplett aus nutzergenerierten Inhalten bestehen: Kundenbeurteilungen und Rückmeldungen zu Restaurants in 18 Städten. (Die Restaurants brachten sogar Fensteraufkleber an, auf denen sie sich rühmten, dass sie »von Zagat bewertet« sind, als ob das allein schon einer Empfehlung gleichkäme. Das ist das Äquivalent zu einer Fernsehshow, die sich damit brüstet »von Nielsen bewertet« zu sein. Die Beurteilungen des Empfehlungsportals Yelp von der Basis der Bevölkerung (»Echte Leute. Echte Bewertungen«) für Speiselokale haben sich weltweit ausgebreitet und umfassen jetzt auch Nachtleben, Shopping, medizinische Dienstleister, die Autobranche und andere Sektoren. Die Website Angie's List hat mehr als zwei Millionen Haushalte registriert, die jährlich 10 Dollar oder mehr zahlen, um die Beurteilungen der örtlichen Unternehmen für häusliche Pflege, Gesundheitsleistungen, Automobilservice, Dienstleistungen rund ums Haustier und für weitere Dienste abrufen zu können. Das Internet präsentiert ein Sperrfeuer an Konsumentenkritiken für praktisch jedes Produkt oder jede Leistung.

Sie werden aber nicht erleben, dass sich professionelle Buchrezensenten, Restaurantkritiker oder technische Redakteure in diese Kritikforen einklinken. Sie bleiben zugegebenermaßen Amateuren vorbehalten. Aber Kunden verfügen ja über persönliche Erfahrung mit all den Dingen, die sie da anpreisen oder verreißen, und die Stimme von der Basis klingt glaubwürdiger.

Berufsmäßige Kritiker entwickeln manchmal ein inniges Verhältnis zu ihren Testobjekten. Amateure dagegen profitieren nicht von ihren Kritiken, zumindest nicht in beruflicher oder finanzieller Hinsicht, und so nehmen wir an, dass sie unvoreingenommen sind. Kundenbeurteilungen machen sich auch unsere populistischen Sympathien zunutze; wenn wir sie lesen, identifizieren wir uns mit den anderen Verbrauchern: »Das sind Menschen wie du und ich. «

Aber das stimmt nicht immer. Die Rezensionsseiten stehen demokratisch allen offen und die Rezensenten sind manchmal just die Firmen, die zur Beurteilung stehen. Indem sie Stellvertreter vorschieben, die sie als Kunden ausgeben, posten einige Geschäftsinhaber glänzende Kritiken über sich selbst oder harsche über ihre Mitbewerber. Der Anreiz dazu ist sicherlich vorhanden. Professor Michael Luca von der Harvard Business School veröffentlichte 2011 eine Studie, die aufzeigt, dass eine Verbesserung um einen Stern in der Durchschnittsbewertung bei Yelp (fünf Sterne sind die höchste Bewertung) für ein Restaurant zu einer fünf- bis neunprozentigen Umsatzsteigerung führte. Laut einer Studie der Cornell University konnte ein Extrastern bei TripAdvisor bedeuten, dass es bei den Zimmerpreisen für Hotels oder Motels zu einem plötzlichen Ausschlag von 11 Prozent kam.

Aus diesem Grund war es unvermeidbar, dass einige Gasthäuser und Restaurants – in aller Regel unabhängige Geschäfte, die sich mit starker Konkurrenz konfrontiert sahen – versuchen würden, das System abzuzocken. Luca und sein Kollege Georgios Zervas von der Boston University publizierten 2013 »Fake It Till You Make It: Reputation, Competition, and Yelp Review Fraud« [sinngemäß: Durch Fälschung zum Erfolg: Reputation, Wettbewerb und Betrug mit Yelp-Bewertungen – A. d. Ü.] Sie analysierten 316.425 Yelp-Kritiken von Bostoner Restaurants und stellten fest, dass 16 Prozent betrügerisch waren, da sie von Yelps firmeninternem Algorithmus, der verdächtige Beiträge markiert, ermittelt wurden. Yelp bestätigte die Studie und setzte sogar noch einen drauf, indem es verkündete, dass seine Filtersoftware tatsächlich über 25 Prozent von Yelps 42 Millionen Bewertungen als Fälschungen kennzeichnete. Yelp löscht solche Meldungen nicht komplett, sondern isoliert sie mit der Bewertung als »aktuell nicht empfohlen« unten auf der Seite eines Unternehmens und sie werden bei der Sternebewertung des Geschäfts nicht miteinbezogen. Keiner weiß, wie viele unechte Kritiken dem Algorithmus entgehen und sich unter die echten mischen.

Professionelle Fälscher versuchen es auf jeden Fall. Der im 21. Jahrhundert geprägte Begriff *Astroturfing* kommt von AstroTurf, dem Originalkunstrasen, der für Sportplätze benutzt wird. Das Verb *astroturf* bedeutet so viel wie »im Internet künstlich die Unterstützung der Basis vortäuschen«. Gegen eine Gebühr sind gewisse Firmen für »Reputationsmanagement« einem Unternehmen dabei behilflich, durch das Erstellen falscher Bewertungen eine solche breite Unterstützung zu simulieren. Sie behaupten, dass ihre fachmännischen Fälschungen an den überprüfenden Algorithmen von Seiten wie Yelp vorbeischlüpfen.

Das gelingt jedoch nicht immer. Der New Yorker Generalstaatsanwalt Eric Schneiderman meldete 2013 einen Vergleich gegen Zahlung eines Bußgeldes von 350.000 Dollar sowie die Vereinbarung von Unterlassungserklärungen für 19 Reputationsmanagement-Unternehmen, die Ersatzbewertungen von Stellvertretern gepostet hatten, die auf den Philippinen oder in Bangladesch saßen. New Yorks jahrelange Ermittlungen schlossen auch einen Undercover-Einsatz ein: einen Mittelsmann, der sich als der Eigentümer eines Joghurtladens in Brooklyn ausgab, der auf positive Rückmeldungen aus war. Er fand bald eine Firma, die ihm versicherte, dass sie für ihn eine Menge solcher Beiträge erzeugen könne, die von Yelp, Google, Citysearch und andere Seiten nicht ausgefiltert werden könnten.

Luca und Zervas stellten fest, dass betrügerische Rezensionen in der Tendenz extremer (ob nun positiv oder negativ) als authentische sind und dass Restaurants mit schlechtem Renommee solche wahrscheinlich eher posten, insbesondere auf stark wettbewerbsorientierten Märkten. Für Restaurantketten, die selten Bewertungen fälschen, sind Verbraucherkritiken nicht so wichtig. Die Autoren kamen zu dem Schluss, dass Wettbewerb und Marktanreize, und nicht Unternehmensethik, zum Betrug mit Kritiken animieren.

Die Forscher können nicht direkt feststellen, welche Bewertungen gefälscht sind. Folglich brauchten die Wissenschaftler den Filteralgorithmus von Yelp, um zu einer Einschätzung der Häufigkeit zu gelangen. Es mag ja sein, dass Yelps Filter – der »etablierte«, »vertrauenswürdige« Kritiker als Maßstab heranzieht, um im Gegensatz dazu die verdächtigen auszumachen – gute Arbeit beim Herausfiltern von Betrugsfällen leistet. (Yelp veröffentlicht keine Details darüber, wie der Algorithmus funktioniert, weil dadurch sonst nur Betrügern geholfen würde, das System auszutricksen.) Aber wir wissen noch weniger über die Betrugsfilter, falls vorhanden, von Hunderten anderer Seiten für Verbraucherrezensionen, die uns mit dem uralten Hinweis auf »Gewährleistungsausschluss« abspeisen.

»Die prüfenden Algorithmen treten in einer Art Wettrüsten gegen die Fälschungen an«, sagt Luca. »Die Zocker versuchen immerzu herauszukriegen, wie man die Prüfmechanismen überlisten kann, die von den Rezensionsseiten stetig verbessert werden. Insgesamt ist der Inhalt von Yelp ziemlich gut. Wir führten eine Studie durch, die erkennen ließ, dass man allein durch die Verwendung von Yelp-Kri tiken mit einem hohen Grad an Genauigkeit herausfinden konnte, welche Restaurants wegen Verstößen gegen das Gesundheitsgesetz angezeigt werden sollten. Mit unbrauchbaren Bewertungsdaten wäre so etwas nicht möglich.« In der Tat nutzt Luca diese Daten, um den Behörden bei der Entscheidung zu helfen, welche Restaurants sie inspizieren sollten. Mit ihrer Schattenarbeit übernehmen Yelp-Kritiker damit die Funktion von Gesundheitskontrolleuren und sparen den Kommunen womöglich Geld ein.

Es gibt auch eine Grauzone, in der Restaurantbesitzer zufriedene Kunden unverblümt auffordern, positive Mitteilungen zu posten. Yelp rät offiziell von dieser Praxis ab, aber solche Bewertungen sind eigentlich keine Betrugsfälle und die Anreize dafür bleiben bestehen. Neue technische Möglichkeiten wie das Bestellen mit iPads von Restauranttischen aus ermöglichen sofortiges Rezensieren. »Ein hervorragender Zeitpunkt, um Gästebewertungen zu erfassen, ist, bevor sie das Restaurant verlassen, solange die Details des Erlebnisses noch frisch im Gedächtnis sind«, empfahl *Self-Service World*, eine Online-Zeitung für Selbstbedienungstechnologien und -branchen. »Die Bereitschaft, Feedback zu geben, ist durch diese Unmittelbarkeit auch viel größer, da sich sogar die zufriedensten Gäste später oft nicht mehr dazu veranlasst sehen, ihre Erfahrung zu bewerten.«

Bazaarvoice, ein internationales Unternehmen mit Firmensitz in Austin, Texas, und mit Geschäftsstellen überall in den Vereinigten Staaten und in Europa, Asien und Australien, ist stark vertreten in der Branche für Verbraucherbewertungen. Seine Website bedrängt potenzielle Kunden, um »mehr zu verkaufen, sollten sie die Leute animieren, Produkte zu rezensieren, Fragen zu stellen, Antworten zu geben und an Storys teilhaben zu lassen«.

Bazaarvoice unterstützt seine Kunden dabei, Bewertungen von Produzenten-Webseiten wie AVON und LG auf die Seiten von Einzelhändlern wie Walmart zu übertragen. Ein solcher Aufwand kann den

Effekt von Kundenbewertungen stark vergrößern. Dieser Prozess könnte laut Luca zu »einer gewaltigen Verzerrung auf dem Markt« führen, und zwar durch verfälschte Wahrnehmungen dessen, welche Erfahrungen zufällige Verbraucher wirklich mit einem bestimmten Produkt gemacht haben.

Konsumentenbewertungen sind freiwillige Schattenarbeit. Wie jede Schattenarbeit zahlt sich auch diese aus, wenngleich nicht in finanzieller Hinsicht. Die Bürgerkritiker wollen ihre Meinung loswerden – sie, zumindest theoretisch, der ganzen Welt mitteilen. Websites wie Amazon und Yelp gewähren den Rezensenten sogar eigene Profilseiten, die nicht nur ihre Beiträge sammeln, sondern auch Informationen wie persönliche Daten, Ortsangaben, Interessen, E-Mail-Adressen sowie Vorlieben bei Ernährung, Musik, Büchern und Filmen bereitstellen können. Sich eine Identität als schattenarbeitender Kritiker aufzubauen, kann das bedürftige Ego mit einem authentischen Internetauftritt streicheln.

Die Bürgerkritiker sind nicht komplett eigenmotiviert. Viele Unternehmen, die Konsumentenbewertungen veröffentlichen, akquirieren sie offensiv. Angie's List mahnte schnell bei mir an, einen Automechaniker und einen Klempner zu bewerten, deren Kunde ich war, nachdem ich gelesen hatte, dass sie auf dieser Website empfohlen wurden. Per Mail erhielt ich unaufgefordert einen sechsseitigen Fragebogen des Magazins *Consumer's CHECKBOOK* mit einem Begleitschreiben, in dem ich um meine »Bewertungen von Kfz-Werkstätten, Ärzten, Installateuren, Autoversicherungen, Dachdeckern, Teppichreinigern und anderen lokalen Dienstleistungen, die Sie in Anspruch genommen haben«, gebeten wurde. Beteiligte ich mich an dieser Schattenarbeit, erhielte ich ein Gratisexemplar meiner Lokalausgabe von *Boston Consumers' CHECKBOOK*.

Manche Anbieter räumen sehr produktiven oder viel gelesenen Mitwirkenden einen elitären Status als »Topkritiker« ein. »Wenn man die Leute als Topkritiker bezeichnet, ist das so was wie ein *Orden*: Man zeichnet sie dafür aus, dass sie die Besten sind«, sagt Sucharita Mulpuru, Analystin bei dem Marktforschungsinstitut Forrester Research. »Es tut dem Ego gut, wenn man ein Publikum hat.« Wer hauptsächlich positive Bewertungen schreibt, leistet indirekt auch Schattenarbeit als Verkaufsförderer, denn er trägt dazu bei, die Produkte der Website an den Mann zu bringen. Solche Akteure dafür zu belohnen, macht Sinn – selbst wenn es nicht ihre Absicht war, sich als Verkäufer zu betätigen. Die gebotenen Anreize scheinen auch zu ziehen. Nach ihrer kolossalen Zahl von Rezensionen zu urteilen, arbeiten manche Rezensenten mindestens Vollzeit als Kritiker, wobei sie es als Schattenarbeiter auf mehr Stunden bringen als die professionellen Kritiker, die dafür ein Gehalt bekommen.

Es gibt noch einen weiteren Vorbehalt: In einem unmoderierten Forum melden sich die Unzufriedenen gewöhnlich schneller zu Wort als die Zufriedenen.

Jedes Produkt auf dem Markt, ganz gleich, wie hochwertig es ist, wird die eine oder andere scharfe Kritik erhalten. Gäbe es viele Kundenberichte über den 400.000 Dollar teuren Rolls-Royce Phantom (es gibt sehr wenige, da sich Rolls-Royce-Käufer nicht für Konsumenten-Feedback interessieren), dann wäre sicher jemand dabei, der sich über seinen hohen Kraftstoffverbrauch und sein schlechtes Kurvenverhalten beklagen würde. Man kann zwar Obszönitäten oder Missbrauch melden, aber sonst gibt es kein Mittel gegen diese negative Verzerrung, da keine Kontrollsoftware als sogenannter Gatekeeper den Datenverkehr überwacht.

Betrachten wir einmal Produce59, einen Rezensenten bei TripAdvisor.com, der sich einem Bericht von Jim Windolf in der *New York Times* zufolge über das Comfort Inn & Suites in Fredericksburg, Virginia, folgendermaßen beschwerte: »Die Heiz-/Klimaanlage war zwar formschön und leise; jedoch ist das Thermostat an der

Wand angebracht, sodass es gar nichts bringt, wenn man direkt die Regler am Gerät betätigt.« Was für ein Missstand – ein Thermostat an der Wand! Bezüglich eines Kentucky Econo Lodge Motels bemerkte Tropicandan: »Das Frühstück war angemessen, aber nichts Außergewöhnliches.« Stellt sich die Frage, was für ein ausgefallenes Frühstück dieser Gast im Econo Lodge in Cave City, Kentucky, wohl erwartet hat. Windolf kommt zu dem Schluss, dass auf den Bewertungs-Websites »der amerikanische Konsument zur Nervensäge mutiert«.

Amazon(as) der Schattenarbeit

Münzautomaten wirkten einst wie mechanische Geräte aus dem 20. Jahrhundert, hoffnungslos abgekoppelt vom digitalen Orbit des Internets. Jetzt nicht mehr. Neuere Modelle verbinden auf einfallsreiche Weise die Automaten mit dem Internet. Der Pepsi-Like-Automat trat zum ersten Mal 2013 bei einem Beyoncé-Konzert in Antwerpen, Belgien, auf den Plan. (Pepsi und Beyoncé unterzeichneten 2012 einen Sponsorenvertrag über 50 Millionen Dollar.) Dieser innovative Apparat lädt die Nutzer von Smartphones ein, likepepsi.com zu besuchen, sich mit ihrem Facebook-Account zu verbinden und die Pepsi-Facebook-Seite zu »liken«. Als Belohnung spuckt er dann eine Gratis-Pepsi aus. Leute ohne Smartphone können sich über den 42-Zoll-Touchscreen des Automaten bei Facebook einloggen und so ebenfalls ihr kostenloses Erfrischungsgetränk bekommen.

Was Pepsi im Gegenzug erhält, ist ein wahrer Schatz an Informationen. Für eine Marke wie Pepsi mögen die »Likes« unbedeutend sein, aber die Verbindungen zu Facebook-Accounts stellen eine Goldgrube für zielgerichtete Werbung dar. Der Pepsi-Like-Automat beweist, welchen Wert die Unternehmen mittlerweile dem Sammeln von Kundeninformationen beimessen: Um bestimmte Daten zu erhalten, lohnt es sich schon einmal, ein Produkt zu verschenken.

Informationen übersetzen sich in Geld und Macht. Deshalb sammeln die Unternehmen unablässig Daten über ihre Kunden. Das Resultat ist täglicher Kontakt über alle verfügbaren Kanäle. Jeder, so scheint es, will mehr über Sie wissen, und die Institutionen haben nicht die geringsten Hemmungen, ihre Fragen zu stellen. Wir werden online, per Telefon und per Post mit Umfragen bombardiert und dreist dazu aufgefordert, unsere Zeit und unsere Daten zu opfern. (Die Pepsi-Like-Maschine spendiert einem wenigstens noch ein Getränk dafür.) Dieses Datenschleppnetz – und ergriffene Gegenmaßnahmen, um sich ihm zu entziehen – bringt Schattenarbeit mit sich, oftmals mit geringem oder keinem Nutzen für den Verbraucher.

Früher einmal war jeder Kauf mit dem Austausch des Geldes gegen die Ware beendet. Heutzutage hat ein solches Geschäft ein Nachspiel: die Datenerhebung. In der Regel trudelt sie per E-Mail ein, als »Kundenzufriedenheitsumfrage«, die ihre Erfahrung mit dem Produkt, dem Service, der Verkaufstransaktion oder der Kundenbetreuung untersucht. Befragungen gibt es aber auch in Papierform. Zwangsläufig enthalten sie ein paar demografische Punkte, die es dem Unternehmen ermöglichen, ein Profil seines Kundenstammes zu erstellen. Wie ein Bericht enthüllte, können die Statistiker aus solchen Informationen herauslesen, dass Gespräche der Kundenbetreuer mit Frauen 1,7-mal länger dauern als Gespräche mit Männern. »Jedes Mal, wenn ich zum Arzt gehe oder irgendwelche Probleme mit der Rechnung kläre oder irgendetwas online kaufe, erhalte ich eine dieser nervigen Umfragen, die mich nach meiner Erfahrung löchern«, sagt Hart, Bankkaufmann aus Lakeville, Connecticut. »Es nimmt kein Ende. Warum soll ich alles bewerten?«

SurveyMonkey aus Palo Alto, Kalifornien, eine Internet-Umfrageplattform, verarbeitete Mitte des Jahres 2014 2,2 Millionen Antworten täglich, mehr als das Doppelte als zu Beginn des Jahres 2013 mit einer Million. Das im Jahr 1999 gegründete Unternehmen hat inzwischen 43 Millionen Umfragen verschickt. Eine Befragung ist mittlerweile schnell konzipiert: SurveyMonkey stellt sogar eine Handy-App zur Verfügung für Kunden, die das nach einer Runde Golf noch schnell zusammen erledigen wollen – im Country-Klub vielleicht.

Ein Extrembeispiel ist Jeff Ferreira, Designer aus dem Raum Boston, der von einem einzigen Verkäufer innerhalb von nur zwei Monaten mit 15 Umfragen bombardiert wurde. Das Ganze trug sich zu, als er – insgesamt fünfmal – versuchte, sich eine Spiegelkonsole, die er online für 600 Dollar gekauft hatte, in unbeschädigtem Zustand liefern zu lassen. *The Boston Globe* berichtete, dass jedes Mal, wenn er den Verkäufer anrief, um sich zu beschweren, »prompt drei Kundenzufriedenheitsumfragen in seinem Posteingang landeten«.

»Ich habe sie nicht ausgefüllt«, bemerkte Ferreira. »Ich habe schon genug Zeit damit verbracht, sie am Telefon anzubrüllen.«

Regelmäßig fordern Unternehmen jetzt ihre schattenarbeitenden Kunden auf, persönliche Informationen herauszurücken, um dadurch Transaktionen reibungslos zu gestalten oder sogar als Voraussetzung für einen Einkauf. Um Internetkäufe zu tätigen, eröffnen die Kunden Konten bei Buchhandlungen, Banken, Zeitungen, Versorgungsunternehmen, Sportmannschaften, Anbietern von Bekleidung, Telefongesellschaften und so weiter. Jeder möchte, dass Sie ein Konto eröffnen. So beschafft man sich schließlich Kontakt- und demografische Daten. Wenn alle Transaktionen rückverfolgt wurden, kann sich der Verkäufer dann ein persönliches Profil erstellen.

Dieses Profil versetzt die Anbieter in die Lage, eine »Empfehlungsmaschinerie« in Gang zu setzen. Sobald deren Algorithmen Ihre bisherigen Einkäufe durchleuchtet haben, kann Amazon Bücher oder Schreibtischlampen, die Ihnen gefallen könnten, empfehlen und Netflix-Filme zum Ausleihen vorschlagen. Auf meinem Computer erscheinen beim Öffnen von amazon.com Miniaturansichten von Bill Brysons Büchern, ein Autor, dessen Werke ich gekauft habe, sowie von Büchern über Pharmaunternehmen, ein Thema, das ich im Internet recherchiert habe. Ich sehe auch Anzeigen für Funkwecker, Schnellkochtöpfe und Handtücher aus Makobaumwolle – Geschenke, die ich bei Amazon gekauft habe. Personalisierte Werbung taucht auf vielen Websites auf, über die man Geschäfte getätigt oder auch nur darüber nachgedacht hat.

In der Vergangenheit betätigten sich die Werber als Marktschreier: »Kommt einer, kommen alle.« Heutzutage wissen sie genau, wer Sie sind, und können Ihnen ihre süßen Worte, individuell abgestimmt, direkt ins Ohr säuseln. Kaufprofile ermöglichen zielgerichtetes Verkaufen; sie erlauben es, dass Werbetreibende sich auf Menschen konzentrieren, die sich als potenzielle Käufer »vorqualifiziert« haben. Solche gezielten Verkaufsangebote haben bessere Erfolgsaussichten.

Außerdem bringt Ihnen Ihr Profil nicht nur die Werbung bis an Ihre Türschwelle, sondern könnte auch den Preis beeinflussen, den Sie zahlen. Wenn Sie eine Kundenkarte einer Supermarktkette wie Safeway besitzen, so kann das Geschäft sein Datenarchiv über Ihre früheren Käufe nutzen, um abzustimmen, was Sie an der Kasse für bestimmte Produkte bezahlen müssen. Wenn Sie zum Beispiel ein regelmäßiger Konsument von Snapple-Eistee sind, bekommen Sie diesen womöglich billiger, um Sie zu animieren, mehr davon zu kaufen – gleich eine ganze Kiste vielleicht. Der Rabatt greift, sobald Ihre Kundenkarte an der Kasse gescannt wird. Möglicherweise bekommen Sie auch einen Snapple-Kupon für künftige Besuche. Ihr Nachbar, der bisher keinen Snapple-Eistee kauft, erhält keinen solchen Preisanreiz.

Weiß der Supermarkt, dass Sie eine große Familie haben (entweder aus den demografischen Informationen, die Sie ihm zur Verfügung gestellt haben, oder durch einen Algorithmus, der das aus den von Ihnen gekauften Müsli-Familienpackungen abgeleitet hat), könnte er Ihnen Anreize geben, Waschpulver oder tiefgekühlte Fertiggerichte in größeren Gebinden zu kaufen. Kaufprofile können auch Haustierbesitzer über ihre Hundefutterkäufe ins Visier nehmen, oder frischgebackene Eltern über ihre Windeleinkäufe. Die Daten können dem Geschäft sogar dabei helfen, auf aktuelle Ereignisse zu reagieren. Einem Bericht der *New York Times* zufolge verschickte Safeway beispielsweise nach einem Stromausfall in Washington im Jahr 2012 Kupons für Tiefkühlkost, um die Kunden zu unterstützen, ihre Vorräte wieder aufzufüllen, als der Strom wieder verfügbar war.

In der Einzelhandelsbranche ermuntert praktisch jede Handelskette, von Supermärkten über Drogerien, Haushaltswarengeschäfte und Baumärkte bis hin zu Bürobedarfsläden, die Kunden, eine Kundenkarte zu beantragen, die Ihnen Rabatte und andere bescheidene Vorteile sichert. Dafür ist immer eine – meist kurze – Anmeldung nötig, um die Kundendaten zu registrieren.

Der Moloch Gesundheitswesen, der in der Hochrisiko-Arena von Leben, Tod und Krankheit angesiedelt ist (mit den damit verbundenen finanziellen Verpflichtungen), zeichnet Unmengen von Informationen auf. Jedes Mal, wenn Sie eine neue Ärztin aufsuchen, die nicht zu Ihrem bestehenden Gesundheitsnetzwerk gehört, wird Ihnen ihre Assistentin einen Stift, ein Klemmbrett und einen mehrere Seiten langen Fragebogen aushändigen, der Sie dazu auffordert – wieder einmal –, explizit Ihre komplette Krankengeschichte zu schildern, mit allen Vorerkrankungen und den Erkrankungen von Blutsverwandten, zuzüglich Ihrer Krankenhausaufenthalte, Operationen, Allergien, ärztlichen Verordnungen und Unmengen anderer Informationen. Mittlerweile müht sich das Praxispersonal mit Bergen von Papierkram von den Krankenversicherern ab. Diese Dokumentationswut soll helfen, jede Entscheidung zu rechtfertigen – sogar vor Gericht, wenn nötig. (Natürlich kann sich die Dokumentierung auch als Bumerang erweisen und gegen einen verwendet werden.)

Auch Behörden verlangen haufenweise Informationen und erzeugen so Schattenarbeit. Antragsformulare für Baugenehmigungen, Studentendarlehen, Gewerbescheine, Kfz-Zulassungen, Führerscheine und mehr als genug andere staatliche Dokumente überhäufen die Bürger mit Schattenarbeit.

Die Steuer aber setzt allem die Krone auf. Der Internal Revenue Service (IRS), die US-Bundessteuerbehörde, stellt vielleicht die größte Einzelquelle für Schattenarbeit dar. (Natürlich haben wir bei dieser Schattenarbeit keine Wahl, da sie gesetzlich vorgeschrieben ist. Aber ob nun aus freien Stücken oder nicht, die Erfüllung der Steuerverpflichtungen gilt als echte Schattenarbeit.) Laut einem Bericht, der 2004 bei einer Konferenz zur IRS-Forschung vorgelegt wurde, schätzte die IRS 1998, dass »die Steuerzahler ungefähr 6 Milliarden Stunden jedes Jahr mit Steuerangelegenheiten verbrachten wie zum Beispiel Steuerplanung, Nachweisführung und das Ausfüllen von Formularen«. 2010 betrug die durchschnittliche zeitliche Belastung für diejenigen, die das Formblatt 1040 einreichten (70 Prozent der Steuerzahler), 23 Stunden Schattenarbeit pro Jahr.

Das Stillen des unablässigen Durstes nach Daten hat die Schleusen eines großen Flusses von Schattenarbeit geöffnet, den wir Amazon(as) nennen wollen. Ein Großteil dieser Datenerfassung ist durchaus sinnvoll: Für die Auslieferung von Produkten braucht man natürlich eine Adresse. Doch ist das etwas ganz anderes als das traditionelle Einzelhandelsgeschäft, das man betreten und nach der Barzahlung für den Einkauf wieder verlassen kann, ohne dem Kassierer auch nur seinen Namen zu verraten. Die Anonymität der Barzahlung verleiht einen weitreichenden Grad an Datenschutz. (Nicht ganz umsonst, allerdings: Anders als bei Kreditkarten gibt es bei Barzahlung keine »Cash-Prämien«.) Im Gegensatz dazu werden Kreditkarten- und Lastschrifttransaktionen gründlich erfasst und lassen sich zurückverfolgen. Diese ganze Dokumentierung, ob durch Cookies auf einem Server oder durch die Videoüberwachungskamera in einem kleinen Verbrauchermarkt, verlagert viele unserer täglichen Aktivitäten aus dem privaten Bereich in den öffentlichen Raum.

Unter Beobachtung zu leben hat gesellschaftliche Vorteile. Als 2013 Terroristen im Zieleinlauf des Boston-Marathons Sprengsätze hochgehen ließen, nachdem sie sich in der Menge verloren hatten, war einer meiner ersten Gedanken: Wie wollen sie diese Verbrecher jemals erwischen? Doch nur wenige Tage später hatte sie die Polizei bereits identifiziert, einen von ihnen getötet und den anderen verhaftet. Der entscheidende Faktor war eine Überwachungskamera in der Nähe der Ziellinie, welche die Täter beim Legen der Bombe aufgenommen hatte.

Aber dennoch schätzen die meisten von uns das Recht auf Privatsphäre. Wir wollen unser Leben ohne Aufsicht durch Staat oder Unternehmen führen. Wir würden unsere persönlichen Daten und Vorlieben lieber für uns behalten. (Immerhin bieten wir Identitätsdieben umso mehr Angriffspunkte, je mehr persönliche Informationen wir im Internet preisgeben.) Datenschutz war einst die Standardeinstellung. Ihre persönlichen Daten gehörten allein Ihnen. Nur wenn Sie bewusst einige Fakten über sich selbst weitergaben, gelangten diese an die Öffentlichkeit. Die Informationsrevolution hat diese Gleichung umgekehrt: Jetzt braucht es proaktive Schattenarbeit, um die Privatsphäre aufrechtzuerhalten.

Unsere »Informationskörper« bevölkern den öffentlichen Raum. Im Jahr 2009 zum Beispiel, als Facebook damit anfing, Nutzern zu erlauben, Beiträge öffentlich zu teilen, ließen es die Standardeinstellungen für neue Anwender zu, dass sie jeder einsehen konnte. (Facebook hat in seiner Geschichte komplizierte Datenschutz-Kontrollelemente angeboten, die von Nutzern verlangten, Einzelberechtigungen für nahezu alle Punkte festzulegen. Da Facebook aus mehreren Richtungen unter Druck gesetzt wurde, hat es diese Kontrollen verstärkt und vereinfacht.)

Jeder neue Web-Account, den wir eröffnen, erfordert die Eingabe einer Reihe von Kontaktdaten, und die computergesteuerte automatische Ausfüllfunktion macht das Ausfüllen von Formularen zu einem einfachen Vorgang, der nur Sekunden dauert. Jeder Account speichert eine weitere Version Ihrer Daten in einem weiteren Archiv, wodurch sowohl eine nützliche Verbindung als auch noch eine weitere Angriffsfläche geschaffen wird. Bei der Datenpanne in den Archiven des amerikanischen Discounters Target vor Weihnachten 2013, über die ausführlich in den Medien berichtet wurde, klauten Datendiebe 40.000 Kreditkarten- und Bankkartennummern sowie andere persönliche Daten über nicht weniger als 70 Millionen Personen. Keiner weiß, wo die Hacker das nächste Mal zuschlagen werden, aber je mehr Speicherplätze es gibt, desto mehr Ziele wie Target stehen ihnen zur Verfügung.

Das Ergebnis ist ein weiterer Zufluss, der den Amazon(as) der Schattenarbeit speist. Wenn Sie Ihre Privatsphäre schützen wollen, müssen Sie Maßnahmen ergreifen. Das kann viel Zeit und Geld kosten. In einer Kolumne der *New York Times* fragte Julia Angwin, die Autorin von *Dragnet Nation,* sogar, ob Privatsphäre ein »Luxusgut« geworden sei. Sie beschrieb detailliert, wie sie im Vorjahr 2200 Dollar ausgegeben »und unzählige Stunden« mit dem Versuch verbracht hatte, ihre Privatsphäre zu schützen. Das beinhaltete Verschlüsselungsdienste, einen Filter, der ihren Laptop-Bildschirm »vor Coffeeshop-Voyeuren« schützt, und einen monatlichen Service, der ihr Wegwerf-E-Mail-Adressen und -Telefonnummern bereitstellt, um sie gegen die Extraktion und den Verkauf ihrer persönlichen Daten abzusichern. Als Spezialistin auf diesem Gebiet verteidigt Angwin, ehemalige Reporterin des *Wall Street Journal,* die jetzt für ProPublica schreibt, ihre Privatsphäre sicher energischer als die meisten (und ihre 2200 Dollar sind möglicherweise steuerlich absetzbar), aber ihre Anstrengungen machen deutlich, dass es mittlerweile eine gewaltige Menge Schattenarbeit bedeutet, einfach nur zu erreichen, dass private Daten Privatsache bleiben.

Der Nerd als Leibeigener

Diese Medaille hat aber auch eine Kehrseite. Während die Institutionen tonnenweise Daten über uns horten, häufen wir auch Datenarchive auf unseren eigenen Computern an. Diese Dateien, Lesezeichen, Musikdownloads und Videoclips, Fotoalben, E-Mail-Nachrichten, Anwendungen und alle möglichen gespeicherten Daten wollen verwaltet, gesichert, aktualisiert und betreut werden – und natürlich müssen wir noch Sicherheitskopien von ihnen erstellen. Wohl oder übel werden wir dadurch alle zu schattenarbeitenden Nerds.

Die Digitaltechnik erzeugt Daten exponentiell. Eine Datei entwickelt sich aus einer anderen. Sicherungskopien verdoppeln zum Beispiel automatisch den digitalen Speicherbedarf jeder gesicherten Information. Mehrfache Entwürfe von Dokumenten oder verschiedene Schnitte von Videos bauen sich nebeneinander auf unseren Festplatten auf. Dateien, die an E-Mails angehängt sind, kopieren sich selbst als Anhänge, und der Empfänger kann die Nachricht speichern oder weitersenden und dabei noch mehr Kopien erzeugen.

Die Verbraucher haben die Arbeit übernommen, diese immensen Datenarchive abzuspeichern und zu managen. Das schließt normalerweise eine lange Liste digitaler Schlüssel – Benutzernamen und Passwörter – ein, die unser bevorzugtes Webportal öffnen. Die Nutzer müssen solche Listen aktualisieren und schützen. Aber wenn Sie eine Datei mit Passwörtern auf Ihrem Computer speichern, hat ein Hacker, der in Ihr Gerät eindringt, sofort Zugriff auf all Ihre Accounts. Deshalb ergreifen wir Gegenmaßnahmen. Manche verschlüsseln ihre Passwörter in einem Internet-»Tresor« gegen eine monatliche Gebühr. Meine eigene Lösung besteht darin, eine Liste der Benutzernamen und Passwörter auszudrucken und die zugrunde liegende digitale Datei auf einem entfernbaren USB-Stick zu aktualisieren, um sie aus dem Internet herauszuhalten.

Die Nerd-Leibeigenschaft sucht uns mit einem modernen Krankheitsbild heim, der »Passwort-Müdigkeit«. Eine englische Studie aus dem Jahr 2002 fand heraus, dass der durchschnittliche Internetnutzer 21 Online-Accounts hat. Diese Zahl hat sich wahrscheinlich seither verdoppelt und könnte in den Vereinigten Staaten noch höher liegen. Nahezu alle Webportale verlangen, dass die Nutzer neue, »sichere« Passwörter erfinden und sie sich merken. Aber wir sind diese permanenten Anforderungen leid: Das Resultat ist Passwort-Müdigkeit. Faule Zeitgenossen – und davon gibt es viele – benutzen möglicherweise *Passwort* als persönliches Passwort; es rangierte sage und schreibe zwei Jahre in Folge als das beliebteste Passwort, bis es 2013 vom gleichermaßen genialen *123456* entthront wurde. In einer Umfrage des US-Warentestmagazins *Consumer Reports* aus dem Jahr 2010 stellte man fest, dass mehr als zwei Drittel der Anwender dasselbe Passwort oder eine Abwandlung davon für alle ihre Accounts verwendeten.

»Milliarden Male täglich fordern uns Websites dazu auf, Benutzernamen und Passwörter selbst für die scheinbar unwichtigsten Aufgaben zu kreieren oder sich an sie zu erinnern«, schrieb Meghan Keneally 2012 in einem Essay im *Berkshire Eagle*. »Passwörter sind quälende Notwendigkeiten des täglichen Lebens, nicht nur für kleine Geheimnisse, sondern im Grunde genommen auch für den Zugriff auf unser Leben.« (Keneally weist mit ihrer Aussage darauf hin, wie weit unsere Datenkörper inzwischen schon an die Stelle unserer biologischen Körper getreten sind; Ihr Online-Leben ist mittlerweile »Ihr Leben«.) Aber dennoch sind die Passwörter lästig. »Zusätzlich zu der schlicht und einfach überwältigenden Zahl von tagtäglich benötigten Passwörtern«, schreibt sie, »taucht ein weiteres Problem auf, wenn jedes neue Passwort besondere Anforderungen stellt (acht bis zehn Zeichen, Sonderzeichen, keine Sonderzeichen, Großschreibung, Kunstwörter, keine Namen, kein Sinn!).«

Solche Ansprüche eröffnen eine Produktionsstätte für Schatten-arbeit. Als Faustregel gilt: Je sicherer das Passwort, desto schwerer kann man sich daran erinnern. Die Experten für Internetsicherheit werden »Tulpenliebhaber« nicht mögen. »2LiP!LvR« gefällt ihnen schon besser. Aber die meisten Menschen bevorzugen Passwörter, die sie auswendig können, anstelle bizarrer Folgen von alphanume-rischen Zeichen, die einem vorkommen wie die Twitter-Nachricht eines Marsmenschen.

»Es ist ein Albtraum«, sagte Comedian Tracey Ullman zu Jacob Bernstein von der *New York Times*. »Diese Passwörter werden im-mer länger und länger.« Der Autor Paul Rudnick fügte hinzu, dass das Herausfinden des Passwortes zu seinem Time-Warner-Kabel-modem »so etwas wie ein *Bourne Identity*-Moment für ihn war.« Bernstein fasst es zusammen: »Das Endergebnis: eine schwindeler-regende Ansammlung von persönlichen Codes, verborgen in Com-puterdateien, hingekritzelt auf Klebezettel oder einfach im Äther verloren gegangen. Praktisch jeder Internetnutzer ohne Studienab-schluss in Informatik scheint jetzt nur noch einen gescheiterten Log-in-Versuch von einem Nervenzusammenbruch entfernt zu sein.«

Dass Passwörter irgendwann ungültig werden, verschärft das Prob-lem. Die Harvard University fordert ihr Personal jährlich dazu auf, neue Passwörter zu erfinden. Aber das ist ein Klacks verglichen mit dem Unternehmensumfeld, in dem Passwörter alle 90 Tage ablau-fen. Dies zwingt die Angestellten in einen Zyklus, der darin besteht, ein neues Passwort zu erfinden, sich drei Monate daran zu erinnern, es dann zu vergessen und sich zeitgleich ein neues auszudenken und zu merken. Einige Mitarbeiter werfen das Handtuch und verlassen sich gleich auf die »Passwort vergessen«-Option, die ihnen bei je-der Anwendung ein neues Passwort mailt.

Benutzernamen sind eine Sache für sich. Wenn Sie einen neuen Ac-count eröffnen, der einen Benutzernamen erfordert, denken Sie nicht einmal an so etwas Einfaches wie Ihren eigenen realen Namen. Bei 7 Milliarden Menschen, die auf der Erde unterwegs sind, gibt es keinen Menschennamen, der nicht schon vergeben worden ist. Ganz gleich, für wie ausgefallen oder einzigartig Sie Ihren Spitznamen auch halten, machen Sie sich auf eine Überraschung gefasst, denn Sie werden feststellen, dass AsdrubalSandomirsky17 schon verwendet wird. Denken Sie sich ruhig weiter Benutzernamen aus, an die Sie sich möglicherweise erinnern können. Vielleicht stoßen Sie ja binnen einer halben Stunde auf einen, der die Freigabe von der Website bekommt. Glücklicherweise benutzen die meisten Seiten mittlerweile E-Mail-Adressen als Benutzernamen, da sie von vornherein einmalig sind.

Dann kommt die nächste Stufe der Sicherheitsvorkehrungen, die gefürchteten »Sicherheitsfragen«. Diese sind ganz in Ordnung, wenn gefragt wird, in welcher Stadt Sie geboren wurden oder wie der Mädchenname Ihrer Mutter lautet. Aber sie können auch fragwürdig werden, wenn sie Urteilsvermögen verlangen, denn das ist immer eine heikle Sache. Was für ein Highschool-Maskottchen hatten Sie? (Also, ich ging auf drei Highschools, meinen Sie jetzt die Löwen, die Tiger oder die Bären? – Meine Güte!) Wie hieß Ihr erster Freund/Ihre erste Freundin? (Wäre das dann die kleine Viertklässlerin, mein verzehrender Schwarm als Zehntklässler auf der Highschool oder meine erste echte Collegeliebschaft?)

Software-Upgrades lösen einen steten Strom von Schattenarbeit 2.0, 3.0 und 4.0 aus. Jeder Computernutzer erhält ein ständiges Rinnsal von Meldungen über neu herausgegebene Updates zu bestehender Software. Diese sind normalerweise kostenlos und es dauert nicht lange, sie zu installieren. Allerdings zwingen sie den Benutzer oft, den Browser oder eine andere Anwendung, die er gerade verwendet, zu schließen und so die eigene Arbeit zu unterbrechen. In der Theorie verbessern solche Optimierungen die Funktionalität oder Sicherheit Ihrer Software, obgleich ich bei der überwiegenden Mehrzahl der Fälle durch die Updates keine Veränderung in der Leistung bemerkt habe; aber vielleicht zählt ja das, was nicht passiert, wie etwa ein Virenangriff.

Dennoch ist der Kauf einer Software nicht das Gleiche wie der Kauf eines Silberbestecks. Das besitzt man, bewahrt es auf und gebraucht es – fertig. Aber von der Software glauben Sie nur, sie zu besitzen. In Wirklichkeit teilen Sie sie mit ihrem Entwickler, der weiterhin Updates herausgibt. Die Software entwickelt sich, weshalb sich »Ihr« Besitz laufend verändert – als würde sich der Boden unter Ihren Füßen dauernd bewegen. Darüber hinaus hat man bei der Aktualisierung nicht immer eine Wahl. Verzichten Sie ein paar Jahre lang auf das Upgrade des Betriebssystems Ihres Rechners, werden Sie feststellen, dass Sie von wichtigen Funktionen ausgeschlossen sind, weil das sich entwickelnde digitale Umfeld im Netz das von Ihnen gekaufte Betriebssystem »nicht mehr unterstützt«. Es ist so, als bekäme man gesagt, man müsse sich ein schnelleres Auto mit einem größeren Motor kaufen, weil sich die Autobahnen dermaßen verbessert hätten, dass sich die Mindestgeschwindigkeit auf 130 Kilometer pro Stunde erhöht hat. Legen Sie einen Gang zu oder machen Sie sich vom Acker. Das ist gewiss eine großartige Möglichkeit, immer neue Hardware und Software zu verkaufen.

Die tatsächliche Schattenarbeit kommt aber erst mit Upgrades, die erfordern, dass Sie einmal Beherrschtes neu erlernen. Das kann eine beträchtliche Investition an Zeit bedeuten, und diese wird wahrscheinlich mit zähneknirschender Frustration und lautem Fluchen verbunden sein. Und meistens ist das Endresultat dasselbe wie bei einem Leistungsanspruch an eine Versicherung – es kommt nichts dabei heraus. Die Softwareentwickler kümmert es scheinbar nicht, dass die Verbraucher durch den mit ihren Produkten verbundenen Lernprozess einen Sack voller Schattenarbeit aufgehalst bekommen. Wie die Umweltauswirkungen von Wasser in Flaschen tauchen solche Kosten in der Bilanz nicht auf.

Als Microsoft 2012 Windows 8 herausbrachte, fehlten beispielsweise plötzlich altgediente Elemente wie der Startknopf für den Zugriff auf die Programme und die Auswahlmenüs, die ihre Funktionen auflisteten. Nutzer mussten vieles neu lernen, was sie vorher konnten: in Schattenarbeit. Kevin McCarthy, 59-jähriger Werbetexter aus New York, brauchte allein mehrere Minuten, um herauszufinden, wie man mit dem neuen System eine E-Mail-Nachricht verfasst, wobei er sich wie »der größte Computeramateur aller Zeiten« fühlte, wie er der *New York Times* berichtete. Deren Beschreibung für Windows 8 besagte, dass es eine auf das Wesentliche reduzierte Optik und Bildschirmschaltflächen habe, die bisweilen an die runenartigen Bauanleitungen für Ikea-Möbel erinnerten.

Gefangene der Madison Avenue

Verbraucher müssen ihre digitalen Häuser auch immer wieder mal ausfegen. Denken Sie an Spam! Kaum jemand freut sich über Spam, dieses unaufhörliche Bombardement Ihres Posteingangs mit Angeboten über Millionen Dollar von abgesetzten nigerianischen Amtsträgern, für garantierte Methoden zur Penisvergrößerung und eine Flut anderer unerwünschter Offerten. 2012 war Spam ein 200 Millionen Dollar schwerer globaler Wirtschaftszweig. 11 Prozent der Spam-Empfänger lesen die Nachrichten tatsächlich.

Spam kommt per E-Mail, und in unserer Wirtschaft des 21. Jahrhunderts können nur wenige ohne E-Mail überleben. Das heißt, Spam muss erkannt und gelöscht werden. Junkmail-Filter können das automatisch (wenn auch mangelhaft, weil sie damit gleichzeitig ein neues Problem erzeugen, wenn sie echte Nachrichten in den Junkmail-Ordner umleiten), aber kein Filter ist perfekt. Also kommt auch Spam durch. Spam zu löschen nimmt Zeit in Anspruch. Laut einer Studie der betriebswirtschaftlichen Fakultät der University of Maryland dauert das bei einem durchschnittlichen amerikanischen

Erwachsenen 1,4 Minuten täglich. Das mag sich nicht nach viel anhören, aber es summiert sich: Es bedeutet, dass jedes Jahr *neun Stunden* Ihrer wachen Zeit abgezweigt werden für eine unbezahlte und unproduktive Aufgabe. Diese Schattenarbeit stellt lediglich wieder den Ausgangszustand her. Einigen Schätzungen zufolge hat Spam an allen E-Mails einen Anteil von 50 oder gar 80 Prozent. Ein Bericht aus dem Jahr 2009 veranschlagte die jährlichen wirtschaftlichen Kosten der mit Löschen von Spam verschwendeten Zeit auf 21,6 Milliarden Dollar. Spammer bieten ab und zu eine »Abbestell«-Option an, um ihren Klauen zu entkommen. Das ist nett, stellt aber noch eine weitere Schattenaufgabe dar: Man muss den klitzekleinen Abbestell-Link ausfindig machen, ihn anklicken und dann vielleicht noch die eigene E-Mail-Adresse eintragen oder eine »E-Mail-Präferenz«-Seite aktualisieren. Ich frage mich manchmal, ob ich wirklich abbestelle oder nur dem Spammer meine E-Mail-Adresse bestätige.

Unerwünschte Post, die wir in Briefumschlägen erhalten, muss auch entsorgt werden, aber sie der Papiertonne zu überantworten geht schneller, als sich aus einer E-Mail-Liste auszutragen. Der übergeordnete Punkt ist, dass wir alle immer noch richtige Briefkästen haben, die sich anfüllen mit Briefen, Rechnungen, Zeitschriften und Werbung. Aber wir haben auch ein, zwei oder sogar mehr E-Mail-Postfächer dazubekommen, um die wir uns ebenfalls kümmern müssen. Das dauert einfach länger und bedeutet mehr Schattenarbeit.

Der Wildwuchs der Kommunikationswege bringt eine weitere Art von Schattenarbeit hervor. Wollte man einen Freund erreichen, konnte man ihm einst einen Brief oder eine Postkarte schicken oder ihn zu Hause anrufen. Basta. Als Arbeits- und Privatleben immer mehr aufeinander übergriffen, konnte man ihn für ein kurzes Gespräch auch im Büro anrufen. Als Nächstes kam die E-Mail, und mit ihr eröffnete sich ein weiteres Kontaktmittel. Dann folgten die Mobiltelefone und schließlich das Simsen. Von Instagram will ich gar nicht reden.

Was passiert nun angesichts dieser Fülle verfügbarer Kanäle, wenn Sie Ihren Partner erreichen müssen – sagen wir wegen irgendeiner dringenden Angelegenheit? Vielleicht wollen Sie ins Theater und sehen auf der Website, dass zwei erstklassige Eintrittskarten verfügbar sind. Sie können die genaue Lage der Sitzplätze einsehen, genau wie beim Auswählen Ihres Platzes bei einer Fluggesellschaft, und es sind wirklich gute.

Großartig – abgesehen davon, dass sich noch mehr verändert hat. Jeder andere auf der Welt kann sich die Theater-Website ebenfalls anschauen und dieselben Informationen abrufen. Während Sie in Ihrem Arbeitszimmer sitzen, konkurrieren Sie mit sieben Milliarden Bewohnern des Planeten Erde. (Danken wir Gott, dass das nur online passiert und nicht in der Schlange an der Theaterkasse.) Okay, zugegebenermaßen werden nicht viele der 14 Millionen Einwohner von Dhaka in Bangladesch eine Freitagabendkarte für Luigi Pirandellos *Heute Abend wird aus dem Stegreif gespielt* an diesem speziellen Theater in Cambridge, Massachusetts, kaufen wollen. Allenfalls eine Handvoll. Aber viele andere versuchen das vielleicht, was bedeutet, dass Ihnen diese beiden hervorragenden Tickets jederzeit jemand wegschnappen könnte. Wollen Sie diesen Abend mit Larissa im Parkett verbringen, dann sollten Sie sie besser kontaktieren, und zwar gleich.

Was als Nächstes passiert, stellt eine faszinierende neue Art von Schattenarbeit dar: der Einsatz aller Medien. Sie rufen Larissas Handy-, private Festnetz- und Geschäftsnummern an und sprechen jeweils auf die Mailbox. Sie schicken E-Mails an ihre private Adresse und in die Firma. Sie krönen das Ganze noch mit einer SMS. Sie haben gerade sechs Mitteilungen verfasst und über verschiedene Wege versendet, damit eine Botschaft bei einer Person ankommt. Die gute Nachricht ist, dass vor zwei Jahrzehnten solch eine Attacke über mehrere Kanäle nicht möglich war. Die schlechte Nachricht ist, dass die elektronische D-Day-Landung Ihnen bloß etliche Minuten Schattenarbeit bescherte. Und noch ein paar Minuten mehr auf Empfängerseite für Larissa, da sie ja die gut ein halbes Dutzend überzähliger Einladungen, die sie erwarten, öffnet, abhört, löscht und, mit Glück, eine davon positiv beantwortet. Mit noch mehr Glück so rechtzeitig, dass Sie Ihre Karten noch bekommen.

Websites bombardieren die Betrachter mit Display-Werbung. Es wäre praktisch, die uninteressanten Werbeanzeigen einfach zu ignorieren, aber leider ist das nicht so einfach. Mit der Internetwerbung verhält es sich anders als mit gedruckter Werbung in Zeitungen oder Zeitschriften, die einfach irgendwo einfügt ist. Man kann sich in die Printanzeigen vertiefen, wenn man will, oder sie überspringen und seinen Artikel weiterlesen. Web-Werbespots sind aggressiver. Sie eifern der Fernsehwerbung nach, deren Tonspuren lauter plärren als das Programm, das man gerade verfolgt. Viele Internetwerbungen »poppen« vergrößert aus der Seite heraus, wobei sie den Inhalt, den man eigentlich zu lesen hoffte, verdecken und einen somit zwingen, sich mit den Werbeanzeigen zu beschäftigen. Noch aggressiver stört Werbung, die aufspringt und ein Video abspielt – in einer Lautstärke, die das notwendige Maß üblicherweise um mehrere Dezibel übersteigt. In diesem Moment muss man nach der Maus greifen und den Cursor auf das X in der oberen rechten Ecke positionieren, um die Werbeanzeige zu schließen, die man nie geöffnet hat. Klicken Sie in Ihrer Verärgerung bloß nicht hektisch auf die Werbung selbst! Dann werden Sie nämlich prompt zur Homepage des Werbeträgers weitergeleitet und es dauert noch länger, zu dem zurückzugelangen, was Sie eigentlich gerade tun wollten, ehe sich der Spot ungebeten auf Ihrem Bildschirm breitgemacht und mit seinem Trara angefangen hat.

Überlegen Sie mal, wie grundlegend sich das Lesen einer Zeitung vom Anschauen der Fernsehnachrichten unterscheidet. Wenn Sie eine Zeitung aufschlagen, dann haben Sie, wie bei der Werbung, die Wahl, eine Geschichte zu lesen – oder nicht –, und zu entscheiden, in welcher Reihenfolge Sie die Artikel abarbeiten. Das gilt generell auch für Online-Zeitungen, je nach Gestaltung der Seite. Bei Fernsehnachrichten hat der Zuschauer diese Freiheit nicht. *NBC Nightly News* präsentiert seine Berichte nicht alle auf einmal so wie die *Los Angeles Times*. Die Fernsehübertragung bringt jeweils einen Beitrag. Eine Nachrichtensendung (insbesondere eine mit Werbepausen) ist im Zeitablauf linear aufgebaut und die einzige Möglichkeit, einen Beitrag oder eine Werbung unbeachtet zu lassen, besteht darin, dass man die »Stumm«-Taste auf seiner Fernbedienung drückt, was zumindest den Ton abschaltet. Die Reihenfolge der Ereignisse wird von der Nachrichtensendung und nicht vom Zuschauer bestimmt und man muss sie mehr oder weniger über sich ergehen lassen. Die stimulierenden Bilder und Soundtracks im Fernsehen bringen eine Einbuße an Freiheit mit sich.

Gleichermaßen nehmen die bei YouTube verfügbaren »kostenlosen« Videos oder Nachrichten-Websites Sie normalerweise in die Geiselhaft der Werbung, bevor das von Ihnen ausgewählte Video gezeigt wird. Zwei Drittel der von *Consumer Reports* 2014 Befragten fanden diese Vorgehensweise nervig. Ein Werbespot läuft als ein Vorspiel, ganz ähnlich wie Kinos heutzutage Reklame zeigen, ehe der Film beginnt. (Keine Werbung über sich ergehen lassen zu müssen, wie es beim Fernsehen der Fall ist, war einst ein Privileg, das man mit dem Bezahlen eines Kinotickets erwarb.) YouTube und Kinos haben etwas gemein, das die Werber lieben: ein aufmerksames Publikum. Einmal stieß ich auf ein YouTube-Video, das als Preis für das Ansehen von mir verlangte, zuerst eine Multiple-Choice-Frage zu beantworten: Ich sollte angeben, für welches von fünf Unternehmen ich eine Internetwerbung gesehen hätte. Manchmal halten die Umfrage-Eindringlinge den von Ihnen gewünschten Inhalt so lange zurück, bis Sie der Aufforderung nachkommen.

Die anwenderfreundlicheren Webseiten erlauben es den Zuschauern wenigstens, den restlichen Spot per Mausklick zu beenden und das Video zu starten, nachdem man die ersten paar Sekunden des Spots gesehen hat. Der eigentliche Antrieb aber besteht darin, Aufmerksamkeit auf sich zu ziehen: die Verbraucher dazu zu bringen, diese Werbespots anzusehen. Die Werbetreibenden nennen das »Augäpfel einfangen«. Es ist dasselbe Geschäft, das es einst den Fernsehsendern ermöglichte, noch vor Kabel und Satellit kostenfreie Programme anzubieten – die Spots bezahlten die Rechnungen. Entscheiden Sie selbst, ob all diese Werbung Schattenarbeit erzeugt. (Geld kann sie Sie sowieso kosten, denn wenn die Werbung funktioniert, werden Sie letztendlich mehr Produkte kaufen.)

Es soll Menschen geben, die Werbung wirklich mögen – immerhin sind die Produktionsbudgets pro Sekunde höher als für die eigentlichen Sendungen und viele sind unterhaltsam und lustig. (Die höchst amüsante Werbestaffel »This Is SportsCenter« auf ESPN sollte auf einer DVD zusammengestellt werden.) Egal worauf es bei Ihnen hinausläuft, Werbung gehört ebenso wie Spam zu dem Medium, das Sie benutzen. Und das gilt auch für das Schleppnetz für Nutzerdaten.

Der Daten-Goldrausch ist im Gange. Er wird weitergehen und sich sogar noch verstärken, da die Informationswirtschaft wächst und die Technologie sich immer raffiniertere Wege ausdenkt, um Daten zu sammeln. Sie werden immer häufiger zu der Schattenarbeit aufgefordert werden, Fragebögen auszufüllen und an Meinungsumfragen teilzunehmen. Gleichzeitig wird ein Großteil der Datensammlung *keine* Schattenarbeit mit sich bringen, weil Telefone, Kreditkarten, Zapfsäulen, Supermarktkassen, Kabelkästen und Computer die Daten automatisch erfassen können, ohne Ihre Mitwirkung. Städtische Infrastruktureinrichtungen wie Mautstellen zeichnen weitere Daten auf, ebenso wie, laut einem Bericht von Jonathan Shaw, der 2014 im *Harvard Magazine* erschien, »mit Sensoren ausgestattete Gebäude, Züge, Busse, Flugzeuge, Brücken und Fabrikanlagen«. »Die Daten fließen so schnell, dass der gesamte Bestand der vergangenen zwei Jahre – ein Zettabyte [eine Trilliarde Byte] – das frühere Datenarchiv der menschlichen Zivilisation zwergenhaft erscheinen lassen. «

Die Personen, die an der Quelle der Daten sitzen, wissen oft nicht, wo diese Daten hinfließen oder welche Verwendung sie finden. Daten von der Registrierkasse in einem Fast-Food-Franchiseunternehmen beispielsweise können direkt zur Zentrale der Kette weiterlaufen statt zum Franchiseinhaber. Die Zentrale gleicht die Daten des Franchiseunternehmens möglicherweise mit den nationalen Standards der Kette ab. Das kann zu einer Effizienzvorgabe von der Hauptniederlassung führen: »Ihre Mitarbeiter machen zu lange Toilettenpausen – durchschnittlich fünf Minuten.« Die meisten Franchisenehmer werden dem zustimmen und ihren Angestellten entsprechende Vorschriften machen.

Automaten, die Nutzer anhand von Fingerabdrücken oder Iris-Scans identifizieren, stellen die Vorboten für biometrische Techniken zum Sammeln von Daten dar, die Gesundheitsdienstleistern, Marktforschern und Lebensversicherungsgesellschaften Massen von Informationen zur Verfügung stellen werden. Satelliten spüren heute jederzeit über GPS-Signale von Mobilgeräten Ihre exakte Position auf. In der heutigen Zeit fahren genug Smartphones in Autos mit, um die Apps mit GPS-Daten zu versorgen, die, sobald sie zusammengeführt wurden, die Verkehrsdichte aufzeigen können – und Verkehrsstaus erkennen durch die Berechnung der Durchschnittsgeschwindigkeit der Autos zwischen beispielsweise Ausfahrt 13 und 17 der Garden State Parkway, einer Schnellstraße in New Jersey.

Das Datenschleppnetz verspricht zentralisierte Datenbanken, die immer mehr Daten über jeden von uns speichern. Das Gefäßsystem unserer Datenkörper wird ergänzt mit feinen Kapillaren, und so wird eine immer detailliertere Darstellung unserer wirtschaftlichen und gesellschaftlichen Existenzen komplettiert. Erliegen Sie nicht der naiven Vorstellung, dass solche Datenbanken nur passiv vor sich hin bestehen wie neutrale Lagerstätten für Fakten – dem Mythos, dass »Daten an sich weder gut noch schlecht sind; es kommt darauf an, was man mit den Daten macht«. Das ist Unsinn. Das Speichern dieser Unmengen an Informationen ist ungefähr so, als würde man in Friedenszeiten eine große »neutrale« Armee unterhalten: Sie können sicher sein, dass diese Armee früher oder später zum Einsatz kommt. Diese Petabytes wurden nicht zufällig angesammelt. Und lassen Sie sich nicht täuschen: Irgendjemand macht irgendwo gerade in diesem Moment Gebrauch davon.

Die gute Nachricht ist, dass die über Sie gesammelten Informationen in gewisser Hinsicht zu weniger Schattenarbeit führen können, wenn Sensoren und elektronische Abnehmer immer mehr Daten erfassen, diese an irgendein Archiv übermitteln und Ihnen somit diese Arbeiten abnehmen. Das ist aber gleichzeitig auch die schlechte Nachricht. Die Schattenarbeit geht zurück, weil Sie nicht bewusst in die Übermittlung der Daten involviert sind. Aber Sie wissen auch nicht, welche Informationen Sie wem überlassen oder wo diese landen. Die Daten werden hinter Ihrem Rücken gesammelt.

Die Motivation, die hinter dem Datenschleppnetz steckt, ist zu mächtig, um sie komplett auszuschalten. Jedoch ist Aufmerksamkeit ein Mittel, sich gegen seine endlosen Ansprüche zu wehren. Leisten Sie Widerstand, wenn Ihre Regierung versucht, allen Bürgern *vorzuschreiben*, ein Smartphone oder einen GPS-Sender mitzuführen. Solche Bestimmungen erfordern nicht immer Gesetzesform. Sie könnten nicht mehr sein als ein gerichtliches Desinteresse, wenn etwa neue Unternehmensrichtlinien es sehr unbequem machen, Benzin ohne Kreditkarte zu kaufen.

Institutionen haben ihre eigenen Prioritäten – und Sie auch. Wie bereits angesprochen, behauptete der Philosoph John Locke, dass Arbeit Eigentum schafft; und wenn Ihre Schattenarbeit Daten erzeugt, dann sind diese seiner Auffassung nach Ihr Eigentum. Tatsächlich könnte eines Tages die Frage, wem Ihre Daten – Ihr Datenkörper – gehören, ein genauso umstrittenes Thema sein wie die Eigentumsrechte an Erdöl, Wasser oder irgendeiner anderen natürlichen Ressource.

Eine Schattenarbeitssaga: Sex, Partnersuche und Algorithmen

Dating ist ein relativ neues Phänomen in der Menschheitsgeschichte. Jahrtausendelang hatten selbst die Reichen und Schönen nicht jeden Samstagabend eine Verabredung.

Sie fanden auf andere Weise zueinander. In der Frühgeschichte war Monogamie bestenfalls ein zaghafter Vorschlag. Aber die Menschen fanden offensichtlich Wege, sich fortzupflanzen, die vermutlich nicht immer bequem waren. Als die Zivilisation und die Ehe in Erscheinung traten, übernahmen die Eltern die Kontrolle und arrangierten passende Verbindungen. Der Pragmatismus bestimmte. Für die Oberschicht ging es dabei um Geld, Besitz und auch politischen Einfluss. Für die Mittellosen konnten körperliche und geistige Gesundheit, ein einwandfreier Charakter und, falls verfügbar, gutes Aussehen genügen.

Die romantische Liebe, wie wir sie kennen, gibt es erst seit dem Mittelalter. Ungefähr im Jahr 1100 nach Christus erfanden die Troubadoure die *Minne*: eine besondere Anziehungskraft zwischen Mann und Frau, bei der erotisches Verlangen und spirituelle Erhebung ineinanderflossen. Reisende Minnesänger trugen Dichtung vor, die die Minne pries – überall in der malerischen Landschaft von Okzitanien, einer Region, die hauptsächlich das heutige Südfrankreich umfasste.

Die Minne hatte mit der Ehe wenig zu tun. Liebe und Heirat »gehörten« *nicht* »zusammen wie Pferd und Kutsche«, wie es in dem Lied heißt. Sie waren zwei unabhängige Dinge, die sich sogar gegenseitig ausschlossen. Die Ehe war eine Pflichtbeziehung, wohingegen die Liebe eine Verbindung aus der persönlichen Anziehung heraus war – also ziemlich unvereinbar. Das Buch *De Amore* (englische Übersetzung: *The Art of Courtly Love*) aus dem späten 12. Jahrhundert legte dar, dass wahre Liebe keinen Platz haben kann zwischen Ehemann und Ehefrau.

Über die Jahrhunderte entwickelte sich aus der Minne die romantische Liebe – die sich mit kräftiger PR-Unterstützung des einen oder anderen Dichters allmählich durchsetzte. Die Aufklärung und die politischen Revolutionen des 18. Jahrhunderts bereiteten den Boden für Populismus und Demokratie, welche die Autorität an der Spitze der gesellschaftlichen Hierarchie schwächten – unter anderem die der Eltern. In den westlichen Ländern näherten sich Frauen und Männer der Selbstbestimmung an, auch bezüglich der Wahl ihres Partners. Soziale Milieus öffneten sich nach und nach, wodurch es jungen Leuten möglich wurde, mit Gleichaltrigen Kontakte zu knüpfen und auszugehen – mit einem modernen Wort: Dating.

Traditionell lernte man Partner für solche Verabredungen durch Familie und Freunde, bei der Arbeit oder über Hobbys und gesellschaftliche Ereignisse kennen. Heutzutage erleichtern es auch gewisse Unternehmen, Verbindungen zu knüpfen. Professionelle Heiratsvermittler präsentieren ihre Auftraggeber gegen einen Obolus. Kontaktanzeigen, gedruckt oder online, Gruppen und Veranstaltungen für Singles (nicht nur zum Trinken und Tanzen, sondern auch Yogakurse, Fahrradausflüge und Gartenbauvereine für Singles) und »Speeddating« helfen dabei, Anschluss zu finden. Die Tatsache, dass es solche Unternehmen gibt, zeugt davon, dass herkömmliche Wege des Kennenlernens ihre Aufgabe nicht mehr erfüllen.

Einen Partner zu finden ist kompliziert geworden. Die amerikanische Scheidungsrate hat sich von 1960 bis 1980 verdreifacht und bleibt hoch, was Alleinstehende gegenüber diesen anfälligen Bindungen skeptisch macht, obwohl sie sie wieder und wieder suchen. Frauen schlagen inzwischen solide berufliche Werdegänge ein und ihre finanzielle Unabhängigkeit beseitigte, was vor den 1970er-Jahren noch ein starkes Motiv für die Ehe war. Berufe, die Geschäftsreisen mit Auswärtsübernachtungen erfordern, reduzieren die Gelegenheiten, mit einem potenziellen Partner Zeit und Raum zu teilen. Etablierte Paarungsbräuche sind weggefallen und haben Verwirrung hinterlassen. Traditionelles Liebeswerben und Heirat haben vielleicht unsere Optionen eingeschränkt, aber sie gaben uns auch klare Orientierung für die Partnerfindung: Wenn man sich in der Wildnis verirrt hat, kann eine übersichtliche Landkarte durchaus willkommen sein.

Im Zuge dieser Entwicklungen wenden Singles heute neue Hilfsmittel an. Als ich am College war, priesen Poster überall auf dem Harvard-Campus die Operation Match an – eine Möglichkeit, Gleichgesinnte durch einen Computeralgorithmus zu finden. Man füllte nur einen Fragebogen aus, schickte ihn zusammen mit 3 Dollar ein und hatte sechs Wochen später eine Liste mit passenden Partnern im Briefkasten. Zwei Harvard-Studenten hatten dieses Konzept 1965 in nächtlicher Runde erfunden. Operation Match war erfolgreich: Sie schaffte es 1966 auf das Valentinstag-Cover des *Look*-Magazins und einer der Erfinder trat in der amerikanischen Ausgabe der Fernseh-Spielshow *Sag die Wahrheit* auf. Wie Nell Porter Brown 2003 im *Harvard Magazine* schrieb, verfügte die Firma über Daten von einer Million befragten Personen, als die Eigentümer sie 1968 verkauften.

Schneller Sprung ins Jahr 2014: Inzwischen ist das Online-Dating eine Milliarden Dollar schwere Branche. Die herkömmlichen Wege über Arbeit/Schule und über Freunde/Familie bleiben im Spiel. Aber einem Bericht aus dem Jahr 2013 in *The Independent* aus London zufolge sind Online-Kontakte inzwischen die drittbeliebteste Methode, um miteinander anzubandeln. Online-Dating vergrößert den Pool möglicher Partner weit über diejenigen hinaus, die im realen Leben aufkreuzen. Es schwimmen tatsächlich viele Fische im Meer, und Online-Dienste verlegen die Fanggründe von dem See Ihrer Heimatstadt in den Pazifischen Ozean. Zu match.com (1995 gegründet) gehören neben dem Flaggschiff noch 30 weitere Datingseiten. Als das *Guinness-Buch der Rekorde* match.com 2004 zur weltgrößten solchen Seite erklärte, nahmen schon mehr als 15 Millionen Mitglieder weltweit seine Dienste in Anspruch. Aktuell ist match.com in 25 Ländern und acht Sprachen online.

Vier Mathematikstudenten aus Harvard brachten 2004 OkCupid auf den Markt und verkauften das Unternehmen sieben Jahre später an match.com. OkCupid nennt seine Fragebögen »Quiz« und fordert seine Nutzer dazu auf, eigene Quizfragen einzusenden. Laut einem Artikel im *New Yorker* von Nick Paumgarten hatte es bis 2011 mehr als 43.000 solcher Quiz-Vorschläge erhalten. Er berichtete, dass OkCupids durchschnittlicher Nutzer 300 Fragen beantwortet, woraus sich ein Archiv von 800 Millionen Antworten ergibt. Das ist ein gewaltiger Haufen von größtenteils auch noch äußerst persönlichen oder sogar intimen Daten, die die Seite an ihre Werbeträger verkaufen kann.

Die Strategie, einen statistisch kompatiblen Partner durch die Analyse riesiger Datenmengen zu finden, weicht radikal von allem ab, was früher üblich war. Jedoch tritt gewissermaßen nur Hardware an die Stelle von Hirnleistung. Informationen über Wohlstand, sozialen Status, Ausbildung und Herkunftsfamilie haben bei der Partnersuche schon immer eine Rolle gespielt. Ein entscheidender Unterschied ist, dass Ihre Freunde und Ihre Familie Ihre Einstellungen und Vorlieben schon sehr genau kennen. Deshalb brauchen sie Ihnen auch keine 300 Fragen zu stellen. Ihre Antworten sind bereits in ihren Gehirnen abgespeichert. Sie wenden ihre eigenen intuitiven

»Algorithmen« an, wenn sie Sie mit jemandem verkuppeln. OkCupid hingegen weiß gar nichts über Sie und braucht folglich die Quizfragen, um denselben Schatz an Informationen zusammenzutragen. Das erzeugt eine ordentliche Portion Schattenarbeit für den Anwender, der den Algorithmus füttern muss. Als nettes Nebenprodukt für OkCupid springt dabei noch eine reiche Ernte an digitalen Daten heraus.

Gebührenpflichtige Dienste wie match.com und eHarmony berechnen monatliche Beiträge. Kostenlose Dienste wie OkCupid verdienen ihr Geld durch ihre Werbeträger, nicht durch ihre Mitglieder. (Hier gilt wieder die Devise: Wenn Sie nicht für das Produkt zahlen, sind Sie das Produkt.) Ob kostenpflichtig oder gratis, Online-Dating-Dienste verlangen von ihren Kunden ausnahmslos Daten für ihre Formulare. In ihren Algorithmen stecken Theorien über Romantik. Die klassische Empfehlung, dass »sich Gegensätze anziehen«, findet hier eher wenig Rückhalt: Die Algorithmen bilden fast immer Paarungen aus Menschen mit ähnlichen Einstellungen, Werten und Überzeugungen, nicht mit gegenläufigen.

Fragebögen von Dating-Seiten prüfen Anschauungen und Präferenzen, um Persönlichkeitsprofile zu erstellen. Das Datenarchiv, das schattenarbeitende Kunden umsonst erschaffen, wird (gleich den Inhalten von Facebook) zum wertvollen Aktivposten, den die Seitenanbieter zu Geld machen können. In gewissem Sinne ist die Bereitstellung dieser Daten nur der offenkundige Einsatz: Man muss mit Informationen bezahlen, um mitzuspielen. Auf der anderen Seite ist das eine Aufgabe, die nicht anfällt, wenn sich Menschen über reale soziale Netzwerke kennenlernen statt in virtuellen. Insofern handelt es sich daher um von der Dating-Seite initiierte Schattenarbeit.

Die Partnersuche verwandelt sich vom Spiel zur Arbeit, wenn sie zum *Projekt* wird. Und genau das ist die Suche nach einem Sexualpartner und auch einem potenziellen Ehegatten heute für viele Erwachsene. Sie wissen ja: Arbeit ist etwas, das wir erledigen, um ein Ziel zu erreichen, Spiel dagegen reiner Selbstzweck. »Ich möchte jemanden finden, mit dem ich den Rest meines Lebens verbringen kann«, erklärte die 32-jährige Marketingberaterin Kara aus dem westlichen Massachusetts. »Deshalb trete ich einigen Computer-Partnerbörsen bei, und das gehe ich an wie jede andere Aufgabe.« Der zeitliche Aufwand, den Kara in diese »Aufgabe« investiert, ist moderne Schattenarbeit.

Wer eine Affäre sucht, muss nicht viel Zeit mit Online-Dating verbringen. Apps wie Hinge und Tinder importieren Daten aus Facebook-Profilen, wobei sie den Profilerstellungsprozess vereinfachen und die Schattenarbeit erheblich reduzieren. (Einen Vorteil bietet Facebook im Internetgeschäft: Es hilft den Leuten, der Schattenarbeit zu entgehen, auf unterschiedlichen Webseiten immer wieder dieselben persönlichen Daten einzugeben; Facebook ist eine Art Clearingstelle.) Die Tinder-Kundin kann mit ihrem Smartphone im Internet nach Fotos suchen und sich schnell entscheiden, ob sie den Kontakt herstellen will. Viele Kunden dieser Apps sind durchaus auf der Suche nach einer ernsthaften Beziehung, ziehen es aber vor, weniger Inhalte zu filtern und weniger Informationen preiszugeben. »Es ist nicht viel anders, als sähe man am anderen Ende der Bar einen attraktiven Mann und entschließt sich, ihn anzusprechen«, sagt Janice, Grafikerin aus Baltimore.

Solche Apps bringen Sie mit »Freunden von Freunden« zusammen – auf den ersten Blick wie im wirklichen Leben. Die Idee ist, dass Sie mit höherer Wahrscheinlichkeit besser mit jemandem auskommen, der ein Freund eines Freundes ist. Hört sich gut an. Der Haken dabei: Facebook-»Freunde« sind keine echten Freunde – und bei Internet-»Freundschaften« legt man ganz andere Maßstäbe an als bei Menschen, mit denen man wirklich Zeit verbringt. »Ich habe zufällige Facebook-Bekanntschaften nicht als sehr hilfreich empfunden«, sagt die 28-jährige Rachel aus Washington, die schon mehrere Online-Partnervermittlungen genutzt hat. »Meine Freundin Vanessa zum Beispiel kann schließlich auf Facebook jemanden zum Freund haben, den sie bei einem Auslandsstudienprogramm im College kennengelernt hat, mit dem sie aber seit acht Jahren kein Wort gesprochen hat.«

Rachel, eine Absolventin des Vassar-Colleges, die in der Kunstverwaltung tätig ist, sucht nach einer »wirklich dauerhaften« Beziehung, nicht nach einem Abenteuer. Wie viele junge Singles greift sie bevorzugt von ihrem Smartphone aus auf Dating-Apps zu. Daher ist die passende Bezeichnung für das, was sie tut, »Online-Partnersuche« und nicht »Computer-Partnersuche«. Als sie in New York wohnte, bearbeitete sie Nachrichten der Dating-App, während sie auf die U-Bahn wartete. Das Risiko dabei sieht sie darin, dass »man die Programme immer greifbar hat, was gefährlich ist, wenn man den Umfang der Interaktion oder die Arbeit, die man mit den Seiten hat, eingrenzen möchte«.

Rachel meint, dass »mehr Informationen nützlich sind – wie sich Menschen selber beschreiben, der Umgangston und die Detailtreue. Sie sendet niemals eine nichtssagende Nachricht wie »Wie geht's? «, sondern erwähnt vielleicht ein Buch, das der andere Nutzer gelobt hat, um ein Gespräch anzufangen. »Ich stecke da mehr Arbeit hinein.« Hätte ihr Kontakt auf eine Frage geantwortet, dass er für die gleichgeschlechtliche Ehe sei, so »hätte ich das abgespeichert und als Pluspunkt für ihn gewertet«, erklärt sie. Sie nimmt die Schattenarbeit auf sich, zum Beispiel für OkCupid mehr Fragen zu beantworten, die ihren Mitgliedern Anreize bieten, selbst mehr Daten bereitzustellen. »Je mehr Fragen man beantwortet, desto mehr Daten stehen zur Verfügung«, erklärt Rachel. »Ich kann nur sehen, wie ein Typ eine Frage beantwortet hat, wenn ich sie auch selbst beantwortet habe. Macht man sich mehr Arbeit damit, erschließen sich einem mehr Informationen über andere. Das fühlt sich echt wie eine Menge Arbeit an.«

Die Schattenarbeit beinhaltet auch die Verwaltung eingehender Reaktionen. Die meisten Nutzer ignorieren die überwiegende Mehrzahl der Nachrichten, die sie erhalten. Dabei betteln diese vor dem Löschen förmlich darum, geöffnet oder sogar gelesen zu werden. (»Man weiß ja nie.«) Die Mitglieder kommunizieren über E-Mails, die über die Dating-Seite weitergeleitet werden. Dadurch bleibt ihre Identität im Anfangsstadium geheim, da eine direkte E-Mail den Teilnehmer identifizieren würde, der möglicherweise gar nicht weiter kommunizieren möchte.

Nachrichten gehen rund um die Uhr ein. Rachel beantwortet diese oft in der Nacht nach einem langen Arbeitstag, nachdem sie noch mit Freunden ausgegangen und dann nach Hause gefahren ist. Stimmt die Chemie und der Kontakt entwickelt sich so weit, dass man eine Verabredung trifft, geht die Kommunikation zur SMS über – und die gesellschaftliche Übereinkunft, auf SMS umgehend zu antworten, nimmt einem die Zeitplanung aus der Hand. Zudem hält uns der ständige Blick auf das Display wach. Wer spätnachts noch OkCupid beackert, kriegt unter Umständen weniger Schlaf und ertappt sich dabei, wie ihn die Schattenarbeit der Partnersuche immer mehr ermüdet. »Normalerweise gehen über die Webseite dreimal Nachrichten hin und her, bis einer vorschlägt, Handynummern auszutauschen, um sich zu verabreden«, meint Rachel. »Habe ich die Nummer, tausche ich vermutlich noch drei weitere SMS aus, um einen Ort und einen Zeitpunkt festzulegen und ein Treffen auszumachen.«

Dann kommt das erste Date. »Ich glaube, ich bin da eine Ausnahme«, sagt Rachel. »Ich verbringe im Regelfall mindestens zwei Stunden mit einem Typen, wenn wir uns das erste Mal persönlich begegnen. Vielleicht brauche ich so viel Zeit, um mir einen Eindruck von ihm zu verschaffen, oder vielleicht ist er ja ein interessanter Gesprächspartner, auch wenn ich mich nicht so zu ihm hingezogen fühle. Viele andere setzen sich starrere Grenzen und verabreden sich beim ersten Mal etwa für 45 Minuten zum Kaffeetrinken. Dann beenden sie das Treffen, auch wenn sie den anderen gern wiedersehen wollen. Ich genieße es tatsächlich, jemanden kennenzulernen, und ich finde es schwierig oder sogar unhöflich, nach weniger als einer Stunde davonzustürmen. Meistens weiß ich beim ersten Date, ob ich jemanden wiedersehen möchte. Aber manchmal treffe ich auch eine zweite Verabredung, um ganz sicherzugehen.«

Der Aufbau der Webseite hilft Rachel sehr, die Nieten im Vorfeld herauszufiltern. »Ich weiß immerhin, dass sie zur Verfügung stehen und interessiert sind«, stellt sie fest. »Diese Arbeit erledigt die Website für mich.« Es gibt natürlich auch viele Möglichkeiten für künftige Dating-Kandidaten, sich selbst zu disqualifizieren. »Ich würde mir beispielsweise zweimal überlegen, ob ich mit einem Mann korrespondieren möchte, der offen sagt, dass er keine Kinder haben will«, meint Rachel. »Selbstverständlich ist das eine wichtige Frage, die man im Kontext betrachten und eingehender diskutieren muss, wenn man erst einmal wirklich ein Paar ist – ganz gleich, wie man sich kennengelernt hat –, aber für mich wäre ein öffentliches Bekenntnis des Desinteresses doch ein ziemliches Warnsignal.«

Am Ende müssen sich die Internetkunden immer noch persönlich treffen und selbst entscheiden, ob sie sich mögen. Dann entdecken sie vielleicht, dass der andere, wie Rachel anmerkt, »eine wirklich nervige Stimme oder irgendeinen merkwürdigen nervösen Tick« hat oder »dass er nur für ein Sommerpraktikum in der Stadt ist. Eigentlich würde ich lieber jemanden in der realen Welt kennenlernen.«

Die Kommunikation mit möglichen Partnern – über Telefon, E-Mail oder SMS – ist Bestandteil der Partnersuche und hat schon immer viel Zeit in Anspruch angenommen. »Insgesamt habe ich vielleicht zehn Stunden damit zugebracht zu browsen, Nachrichten zu schreiben, Verabredungen zu treffen und tatsächlich zu einigen zweistündigen Dates pro Woche zu gehen«, schätzt Rachel. »Ich bin mir nicht sicher, ob das so zutrifft – aber wenn doch, wie deprimierend ist das denn! Ich will gar nicht darüber nachdenken.«

In einer Hinsicht kehrt sich die Reihenfolge dessen, was auf der Dating-Seite geschieht, im echten Leben um. In der Realität lernt man die zukünftige Verabredung *erst* kennen, und wenn der Funke überspringt, tauscht man *dann* Telefonnummern oder E-Mail-Adressen aus und beginnt, Gespräche zu führen oder zu schreiben. So weiß man von Anfang an Bescheid über die nervige Stimme oder die nervöse Angewohnheit – und das wirkliche Aussehen. Ist ein K.-o.-Kriterium darunter, kann man den Betreffenden sofort disqualifizieren, ohne Zeit in einen längeren Dialog zu investieren, der in eine Sackgasse führt. Das spart enorm viel Schattenarbeit ein.

Die meisten Alleinstehenden teilen möglicherweise Rachels Präferenz für die wirkliche Welt gegenüber der virtuellen. Doch solange Online-Dating und die damit verbundene Schattenarbeit Zeit und Energie kosten und die Menschen immer stärker an ihre Bildschirme fesseln, kann sie die Internetsucher in digitale Silos einschließen. Ironischerweise könnte dies in der Tat dazu führen, dass es immer unwahrscheinlicher wird, in der realen Welt einen echten Menschen kennenzulernen.

Lektionen aus der Dating-Welt

Zunächst einmal vertreiben Handel und Unternehmen nicht mehr einfach nur Produkte und Dienstleistungen: Alle setzen sie auf das Beschaffen von Daten über ihre Kunden. In der Welt des 20. Jahrhunderts wollten die Unternehmen bloß Ihr Geld; heutzutage wollen sie auch wissen, wer Sie sind.

Zudem ist es nicht wirklich von Bedeutung, warum die Leute »zur Tür hereinkommen« – ob sie nun etwas kaufen, etwas in Erfahrung bringen, Kontakte knüpfen, eine Dienstleistung buchen, sich vergnügen … oder sich verabreden wollen. OkCupid hilft Singles bereitwillig dabei, miteinander auszugehen, aber da die Website keine Gebühren berechnet, besteht der Nutzen für das Unternehmen darin, eine riesige Datei mit Informationen über jeden Kunden aufzubauen. Diese durch die Schattenarbeit des Kunden erzeugte Datensammlung stellt einen Aktivposten für OkCupid dar, den man an zahlende Kunden verkaufen kann – sprich: an Werbeträger. Die Werbetreibenden werden fundierte, gezielte Werbung an die Kundschaft von OkCupid richten, die anschließend eine weitere Form von Schattenarbeit übernehmen durch die Auseinandersetzung mit den Avancen der Händler.

Zweitens haben Websites wie Facebook, die ihr vorhandenes Datenmaterial *anderen* Websites anbieten können, einen großen Vorteil, denn es kostet viel Zeit, persönliche Hintergrundinformationen zu beschaffen. Die Leute haben keine Lust, ihre ganzen Daten immer wieder neu einzugeben. Wenn sie diese Schattenarbeit mit einem Mausklick, der all ihre Daten von Facebook weiterleitet, umgehen können, werden sie das sicher häufig tun. Facebook kann seinen Partner-Websites diese Ressource in Rechnung stellen: »Anmeldung über Facebook«.

Drittens, so sehr sich die digitale Welt auch darum bemüht, entspricht sie in mancher Hinsicht der realen Welt nur unzulänglich. Man fügt zum Beispiel Facebook-Freunde sehr viel einfacher hinzu, als man echte Freunde in der Realität gewinnt. Ebenso klappt das Verkuppeln von »Freunden von Freunden« online nicht annähernd so gut wie im wirklichen Leben. Das Resultat ist, dass die Kundin der Online-Dating-Site allzu leicht auf Abwege geraten und Pfaden folgen kann, die zur Sackgasse werden.

Viertens haben wir es im digitalen Universum per definitionem mit einem eng gefassten Informationskanal zu tun: mit Dingen, die in

Bits codiert werden können. Da es sehr viele äußerst wichtige Dinge gibt, die sich *nicht* in Bits fassen lassen, erledigen wir eine Menge Schattenarbeit in dem Versuch, die Lücke in der Darstellung zu schließen. Wir wissen, dass der Datenstrom vieles unberücksichtigt lässt, und wir wissen auch, dass diese fehlenden Versatzstücke – wie das Timbre der Stimme eines Menschen oder sein Sprechtempo – eine große Rolle spielen. Bei der Partnersuche oder beim Knüpfen eines Kontakts investieren wir dann mehr Zeit, um die vielen weißen Flecken zwischen den Lichtpunkten auf dem Bildschirm auszumalen.

Sechstes Kapitel: Freizeit im Zwielicht

Die Grundlage jeder Zivilisation ist der Müßiggang.

Jean Renoir

Schattenarbeit wird zunehmen. Sie lohnt sich für Unternehmen und Organisationen enorm, sie können einfach nicht darauf verzichten. Kein Kapitalist kann der Chance widerstehen, die erdrückenden Personalkosten zu reduzieren, indem er Arbeiten den Kunden überlässt, die sie unbezahlt erledigen. Wenn sich die Schattenarbeit in unseren Tagesablauf einschleicht, prägt sie Sozialverhalten, wirtschaftliche Muster und Lebensstil.

So kann sie zum Beispiel den traditionellen Vertrag zwischen Kunde und Unternehmen umschreiben. In der Vergangenheit haben Unternehmen Güter und Dienstleistungen hergestellt und/oder geliefert, die die Öffentlichkeit kaufen und konsumieren konnte: Sie zahlen, und dafür können Sie Ihr Eis aus der Waffel schlecken. Doch eine Verkaufstransaktion hat zwei Phasen: *Herstellung* und *Vertrieb*. Schattenarbeitende Kunden dringen in beide Bereiche vor.

So *füllen* sie selbst ab, was sie sich kaufen. Sie zapfen ihr eigenes Benzin und ihr eigenes Bier, bedienen sich beim Frozen-Yogurt-Automaten und in der Schüttgutabteilung von Whole Foods schaufeln sie Basmatireis in Tüten und etikettieren diese. Sie füllen sich ihre Teller an der Salatbar oder schöpfen am Buffet Suppe, Lo Mein, Käsemakkaroni oder Rührei. Ähnliche Angebote sind in den Lebensmittelmärkten und Feinkostgeschäften wie die Pilze aus dem Boden geschossen.

Die Verbraucher übernehmen inzwischen aber auch schon die *Herstellungsphase* des Handels. Mit 3-D-Druckern müssen sie sich nur noch einen Plan herunterladen, um viele Objekte »auszudrucken«, die sie vor nicht allzu langer Zeit noch im Laden gekauft hätten. Sie produzieren zu Hause. Wenn Kunden Ikea-Möbel oder andere Bausätze zusammensetzen, übernehmen sie den Produktionsschritt der Endmontage. An den New-Balance-Automaten können sie sogar noch weiter gehen und in die Design-Phase des Produktionsprozesse eingreifen, wenn sie sich ihr individuelles Paar Laufschuhe konfigurieren.

Verbraucher und Unternehmen können ihr Verhältnis ganz neu definieren. Sie arbeiten zusammen, wenn Konsumenten aktivere Rollen im Geschäft übernehmen. Die Unternehmen werden mehr auf diese Schattenarbeiter hören müssen, die zufällig auch ihre Kunden sind. Technisch betrachtet wünschen sich die Unternehmen engere Rückkoppelung mit dem Kunden, vermutlich durch innovative digitale Kommunikation. (Mit gezielter Werbung geschieht das inzwischen bereits.) Kunden können über Facebook Nachrichten mit Unternehmen austauschen, über Instagram Fotos oder Videos von Produkten senden, um zu zeigen, was nicht gut gelungen ist oder wie sie es gerne hätten, mit Kundenbetreuungsabteilungen über Textnachrichten interagieren oder verstärkt »Live-Chat«-Dialoge mit Unternehmensvertretern nutzen. Genau um solchen Austausch geht es zum Teil beim unersättlichen Informationsschleppnetz. Eine engere Beziehung kann Unternehmen helfen, einen Kundenstamm mit positiverer Einstellung zum Unternehmen zu pflegen, wenn beide Lager eine informelle Partnerschaft entwickeln.

Der »Ikea-Effekt« kann auch die Markenloyalität für Produkte stärken, zu deren Konzeption und Konstruktion Verbraucher beigetragen haben. In vielen Sektoren werden sich Kunden vermehrt für personalisierte Waren und Leistungen interessieren – die ganz auf sie persönlich zugeschnitten sind. Sie bauen Tische zusammen und geben selbst Milch in ihren Kaffee – aber sie möchten auch beim Design ihrer Kleidung, Möbel und Fahrräder mitsprechen, was individuellere Produkte zur Folge hat. Crowdsourcing, das die Kreativität von Gruppen erschließt, könnte eine Plattform für eine solche breite Mitwirkung werden. So ermöglicht Crowdsourcing über das Internet Kunden beispielsweise die »Abstimmung« über verschiedene mögliche T-Shirt-Modelle. Diese Art der Schattenarbeit bringt den Unternehmen kostenlose Marktforschungsergebnisse – und garantiert im Grunde einen Mindestabsatz, denn Produkte, die sie selbst »miterfunden« oder auf ihre Präferenzen zugeschnitten haben, kaufen die Verbraucher gewiss.

Auch die Disintermediation wird zunehmen, weil Produzenten direkt an ihre Kunden verkaufen und über Verkaufsstätten, die von Bauernmärkten bis zu Discountern wie Costco reichen, die Mittelsmänner ausschalten. Sind sie erst einmal im Laden, setzen die Kunden ihre Smartphones ein, um sich selbst zu beraten, Produktinformationen zu besorgen und Preise zu recherchieren, ohne das Personal zu beanspruchen. Die Beschäftigten im Einzelhandel fallen aus der Gleichung heraus, wie das in den Großmärkten zum Teil schon der Fall ist. Noch leichter geht die Disintermediation über das Internet: Die Verbraucher ordern direkt auf der Website, ohne auch nur einen Laden zu betreten. Bilder von Produkten aus vielen Blickwinkeln mit Zoom- und Videofunktionen liefern inzwischen jede Menge Informationen, die den »Einkauf aus der Distanz« ermöglichen. Jüngere Verbraucher betrachten den traditionellen Einkaufsbummel als Zeitverschwendung (»In den Laden gehen nur alte Leute«, wie es ein Twen formulierte): Ein paar Mausklicks, und der Einkauf ist erledigt. Sie kaufen Klamotten und sogar Schuhe online. Passt etwas nicht, schicken sie es zurück. Das geht immer noch schneller und leichter als der Einkauf in einem traditionellen Geschäft.

Mit der immer breiteren Verfügbarkeit von Wissen wird Fachkompetenz demokratisiert. Arbeitnehmer in vielen herkömmlichen Positionen und Funktionen werden dadurch austauschbar. Das könnte zu einer kooperativeren, egalitäreren Gesellschaft führen, wenn der Zusammenbruch von Hierarchien für mehr Gleichheit sorgt. Die Vorstellung, jemand könne »über« ihnen stehen (ein Arzt oder Anwalt vielleicht), finden viele ebenso abwegig wie den Gedanken, jemand könne »unter« ihnen stehen. Sie räumen ihren Tisch im Bäckereicafé klaglos selbst ab und widersprechen am selben Tag unverblümt ihrem Kardiologen. Diese Gleichmacherei schlägt aber zunächst Wurzeln in der Gesellschaft, ohne sich notgedrungen auf die wirtschaftlichen Realitäten auszuwirken. Wissen mag Macht sein, doch es übersetzt sich nicht automatisch in Geld: Wissen verteilt sich immer gleichmäßiger. Für Einkommen gilt das Gegenteil.

Hinter diesem scheinbaren Widerspruch verbirgt sich ein Komplex wirtschaftlicher Faktoren. Ohne uns an tiefer gehende Analysen zu wagen, können wir einen Aspekt dieses heiklen Gefüges anhand eines Beispiels für Schattenarbeit deutlich machen. Ein Patient, der sich über Symptome informiert und mithilfe von WebMD und Wikipedia eine Selbstdiagnose versucht, nutzt die Abflachung der Kompetenzpyramide. Sucht er einen Arzt auf, ist er womöglich besser unterrichtet und damit gerüstet, eine aktivere Rolle bei der Behandlung zu spielen. Diese Entwicklung hat am Ende wirtschaftliche Folgen, weil die Schattenarbeit der Selbstdiagnose offenbar die Nachfrage nach dem Fachwissen des Arztes verringert. Nehmen solche Fälle in der Gesellschaft im Lauf der Jahre überhand, könnten sie am wirtschaftlichen Status des Medizinerberufs nagen: Wird die Ware, die der Arzt feilbietet, breiter verfügbar, dann sollte ihr Wert – und damit die Vergütung des Mediziners – nach wirtschaftlichen Grundsätzen eigentlich zurückgehen.

Nehmen wir mal an, unser hypothetischer Patient betätigt sich als Marktforscher. Bewirken seine Schattenarbeit und seine verbesserten medizinischen Kenntnisse eine Veränderung seines finanziellen Status im Verhältnis zu seinem Arzt? Letztlich bleibt der Patient

Marktforscher und der Arzt bleibt Arzt. Die sozialen und psychologischen Aspekte der Schattenarbeit sind unmittelbar und greifbar. Die wirtschaftlichen Konsequenzen werden, wenn überhaupt, länger brauchen, um ins System Eingang zu finden.

Die Soziopathologie des Alltags

Im Rahmen eines Nebenjobs musste ich einmal Heroinabhängige und andere opiatsüchtige Personen für ein Forschungsprojekt befragen, das vom National Institute on Drug Abuse durchgeführt wurde. Erwartungsgemäß zeigten sich an fast allen Anzeichen krankhafter Bewusstseinsveränderungen. Viele litten unter Depressionen oder anderen psychischen Erkrankungen. Dennoch gab eine überraschende Zahl der Süchtigen an, mit ihrem Lebensstil zufrieden zu sein. Sie waren weder verzweifelt noch deprimiert. Für sie war ihre persönliche Realität in Ordnung. Das einzige Problem dabei war, dass sie sich mit der der übrigen Menschen nur am Rande überschnitt.

Es kann gar nicht oft genug betont werden, wie wichtig die Verbindung zur *realen Welt* außerhalb des eigenen Denkens ist. Vernetzung ist überlebenswichtig. In einem gesunden, natürlichen Lebensraum gibt es wechselseitige Abhängigkeiten zwischen den Organismen, und jeder Einzelne spielt eine wichtige Rolle. Am zuverlässigsten können Pflanzen oder Tiere ihr Überleben sicherstellen, wenn sie zum Überleben ihrer Nachbarn beitragen. Wird ein Lebewesen für die biologische Gemeinschaft unwichtig und verliert seine Bedeutung für die Vitalität seiner Mitkreaturen, dann büßt es seine ökologische Nische ein und ist auf dem besten Wege auszusterben. E. M. Forster hatte ganz recht: *Vernetzt euch.*

Kommunikation ist wie Sauerstoff. Die Unfähigkeit zu kommunizieren – andere zu erreichen und zu empfangen – ist die Wurzel menschlichen Leids. Abgesehen von Folter ist die härteste Strafe im Gefängnis die Isolationshaft. Menschen, die von anderen abgeschnitten werden, werden gefährlich. Hinter Schlagzeilen über Verrückte, die Amok laufen, in der Schule um sich schießen oder andere Barbareien begehen, verbirgt sich mit erschütternder Wahrscheinlichkeit die Tatsache, dass der Täter ein Einzelgänger war.

Die Gesellschaft funktioniert nicht richtig, wenn die Kommunikation in Familien, Fußballmannschaften, Marketingabteilungen oder Studentengruppen zusammenbricht. Menschen, die abgeschottet in Silos agieren, koordinieren ihre Handlungen weder untereinander noch im Ganzen. Unvernetzte Einheiten, ob in der Verteidigung auf dem Spielfeld oder in einem Verwaltungsrat, sorgen für Dysfunktion und Kollaps.

Isolation ist aber wohlgemerkt nicht zu verwechseln mit Einsamkeit. Wer Zeit alleine verbringt, ob in Meditation, beim Einbau eines Fensters, beim Aquarellmalen, beim Saxofonspielen oder bei einem entspannenden Buch, der kann viel für sich herausnehmen. Solche Auszeiten sind Nahrung für die Seele, weshalb wir uns bewusst dafür entscheiden. Isolation dagegen ist keine Wahlmöglichkeit. Sie wird uns auferlegt durch Zurückweisung, gescheiterte Verbindungsversuche, eigene Entmutigung und manchmal auch durch Institutionen. Viele Dinge treiben die Menschen auseinander und nicht alle sind in unserer Persönlichkeit oder in sozialen Gruppen begründet. Wirtschaftliche Muster und Technologien, die zutiefst asozial sind, können ebenfalls zwangsläufig in die Isolation führen. Dazu kann auch Schattenarbeit gehören.

Die menschliche Lebensform entwickelte sich über Millionen von Jahren in der Gruppe. Von den Jägern und Sammlern über landwirtschaftliche Ansiedlungen bis zu den Dörfern der Feudalzeit lebten die Menschen in Stämmen, Clans und Großfamilien. Bis ins 18. Jahrhundert war kaum ein Mensch jemals allein. Nach historischen Standards stellt selbst die moderne Kernfamilie – Mutter,

Vater und Kinder im eigenen Haus oder in der separaten Wohnung – eine Fragmentierung dar: eine Einheit, die aus der Großfamilie herausgelöst wurde, die aus Großeltern, Onkeln, Tanten, Cousinen, Cousins und anderen Verwandten bestand, die in früheren Zeiten unter einem Dach oder ganz in der Nähe gelebt hatten. (Ich persönlich hatte das Glück, mit einer Variante dieses überlieferten Musters aufzuwachsen, da fast alle Geschwister meines Vaters und ihre Familien nur wenige Kilometer entfernt von uns lebten.)

Doch diese altertümliche Gemeinschaftsstruktur schwindet. In den letzten Jahrzehnten führten Erwachsene in nie dagewesener Zahl ein Single-Dasein – vor allem in der Großstadt. Mindestens 40 Prozent aller Haushalte in Atlanta, Denver, Seattle, San Francisco und Minneapolis haben nur ein Mitglied, und in Manhattan und Washington sind es fast die Hälfte. In anderen Ländern fallen diese Zahlen zum Teil noch höher aus: Über 50 Prozent der Pariser leben allein und über 60 Prozent der Stockholmer.

Für den Immobilienmarkt ist das von Vorteil. Es lässt aber auch den Rückschluss zu, dass die Menschen immer weniger soziale Kontakte haben. In ihrem Buch *Verloren unter 100 Freunden* beschreibt Sherry Turkle, wie sich die Menschen in einer Weise auf soziale Medien und digitale Unterhaltung stürzen, die sie von anderen abkoppelt. »Ich habe beobachtet, wie drei halbwüchsige Mädchen nebeneinander den Fußweg entlanggingen«, berichtet die Sozialarbeiterin Alice aus Tallahassee, Florida. »Sie redeten nicht miteinander. Sie nahmen einander gar nicht wahr. Alle drei waren in ihre Smartphones vertieft. In meiner Generation hätte man das als unhöflich empfunden.«

Statt ihre Ohren für ihre Umwelt zu öffnen, stopfen sich die Menschen Kopfhörer hinein, um Musikkonserven zu konsumieren, und blenden alle anderen Geräusche um sie herum aus. Die Ohrstöpsel zeigen, wie die Unterhaltungstechnik zum Faktor geworden ist, der Hörer und Seher voneinander isoliert. Individuelle Musik- und Film-

261

erlebnisse ersetzen den Gemeinschaftsritus einer Live-Aufführung vor Publikum. Ich war einmal auf der Premiere von Woody Allens Film *Der Stadtneurotiker* in einem überfüllten, ausverkauften Kino in Boston. Eineinhalb Stunden lang bog sich das Publikum vor Lachen, als Allens urkomisches Drehbuch und die tolle Besetzung eine brillante Pointe nach der anderen landeten. Ich hatte so viel Spaß, dass ich wenige Tage später eine Tagesvorstellung besuchte. Im Kino saßen verstreut nur sieben Leute. Es war genau derselbe Film, aber es lachte kaum jemand über dieselbe grandiose Komik. Lachen, eine grundlegende Publikumserfahrung, ist ansteckend. Man lacht leichter, wenn mehrere Hundert andere mitlachen.

Heute findet sich das Filmpublikum aber nicht mehr im Kino zusammen, sondern sitzt zu Hause, und jeder führt sich auf seinem Flachbildfernseher einen anderen Film zu Gemüte. Jede Familie hat ihr Heimkino. Wir kaufen keine Karte mehr an der Kasse und sparen uns die Interaktion mit dem Abreißer und der Popcornverkäuferin im Kino. Stattdessen laden wir unseren Film von Netflix herunter, zahlen mit unserer Visa-Karte und bereiten Popcorn in der Mikrowelle in der eigenen Küche zu. Diese Erfahrung bringen wir ausschließlich durch Schattenarbeit zu Wege. Wir übernehmen die Jobs des Kinobesitzers (indem wir den Film erwerben, und das Umfeld, um ihn vorzuführen), der Kassenkräfte (indem wir bezahlen), des Filmvorführers (indem wir den Film laufen lassen) und des Snackverkäufers (indem wir unser Popcorn selber machen). Die Publikumserfahrung geht dabei verloren.

Bei der Arbeit führen Telearbeit und die Allgegenwart des Computers dazu, dass Kollegen eher über Bildschirm und E-Mail kommunizieren als im direkten Gespräch per Telefon oder – Gott bewahre! – persönlich. (Gespräche – wie viel Zeit die kosten!) Die Vortrags- und Kommunikationsberaterin Cherie Kerr aus Santa Ana, Kalifornien, erzählte Stevenson Swanson vom *Chigaco Tribune* 2005, sie stelle überrascht fest, wie viele Kunden lieber E-Mails austauschen, als zu telefonieren. »Die Menschen stellen einfach nicht mehr so viele Kontakte her wie früher – oder wie nötig«, meinte sie. »Viele sprechen überhaupt nicht mehr gern mit anderen.« In dieser Hinsicht schwächt der Wegfall von Servicekräften wie Supermarkt-kassiererinnen oder Tankwarten durch Schattenarbeit und Roboter die Gemeinschaft. Schattenarbeit führt in die Isolation, in der sich jeder selbst genug ist. Doch der Preis für diese Autonomie ist hoch. Der tägliche Austausch von Nettigkeiten und Small Talk mit Dienst-leistern sorgte für Zusammenhalt in einem Viertel oder einer Kom-mune. In ihrem Buch *Consequential Strangers: The Power of People Who Don't Seem to Matter ... but Really Do* betonen Melinda Blau und Karen Fingerman die Bedeutung solcher Beziehungen – die vielleicht nicht sehr tiefgründig sind, aber dennoch enorm wichtig für die Gesundheit, das Familienleben, den schulischen Erfolg und ein erfülltes Sozialleben. Der Stanford-Soziologe Mark Granovetter bestätigt diesen Punkt in seiner bahnbrechenden Abhandlung »The Strength of Weak Ties« von 1973. Er weist nach, dass Menschen beispielsweise viel häufiger über vergleichsweise entfernte Bekannt-schaften, zu denen sie nur flüchtige Beziehungen unterhalten, einen Arbeitsplatz finden als durch solide Bindungen, etwa zu Freunden oder Verwandten. (Ein Vorteil der schwachen Beziehungen liegt in ihrer ungleich höheren Zahl.)

Dennoch lösen Roboter dieses zwischenmenschliche Gefüge auf. »Interaktive« Automaten sind in Wirklichkeit nicht interaktiv: Der Roboter antwortet nicht. Es sind die schattenarbeitenden Kunden, die steuern, wie sie ihre Geschäfte an einem Automaten ausführen. Sie müssen sich dabei nicht nach dem Feedback von anderen Menschen richten. Stattdessen eignen sie sich eine autonome, selbstbestimmte Mentalität an. Jeder Schattenarbeiter sitzt abgeschottet in seinem Silo und meidet Geplänkel wie Small Talk mit echten Menschen.

Hinzu kommt, dass der Automat ausschließlich auf Information ge-polt ist. Sinne und Gefühle werden im Austausch mit ihm nicht angesprochen – und spirituelle Aspekte schon gar nicht. Automatennutzer neigen manchmal selbst zu roboterhaftem Verhalten: verstandesbetont, unemotional und sklavisch den digitalen Daten unterworfen. Diese Art der Interaktion könnte nach und nach Akzeptanz finden oder gar zum Modell für den Umgang mit Menschen und Maschinen werden. Roboter könnten Verhaltensmuster prägen, die eine Epidemie des Asperger-Syndroms verursachen – indem sie im Grunde eine Nation biologischer Automaten schaffen. Jahrzehntelang hat der Mensch die Kunst der Robotik perfektioniert. Vielleicht drehen die Maschinen den Spieß jetzt um und übernehmen ihrerseits die Produktion – mit dem Menschen als Ausgangsmaterial.

In der Soziologie wird das Zurücktreten langfristiger Zugehörigkeiten in einer menschlichen Gemeinschaft als Atomisierung bezeichnet. Das chemische Bild trifft: Menschen, die früher zu Molekülen zusammengefügt waren, brechen in kleinere, unabhängige Einheiten auseinander – die Atome. Die Atomisierung bereitet den Boden für schwerwiegende Erkrankungen des sozialen Organismus – wie die *Anomie,* ein vom Soziologen Emile Durkheim geprägter populärer Begriff aus seinem Buchklassiker *Der Selbstmord.*

Anomie führt schlussendlich zum Zusammenbruch gesellschaftlicher Normen, den gemeinsamen Werten, die der sozialen Ordnung zugrunde liegen. Sie kann auch den Wegfall moralischer Regeln bewirken – eine Erosion der Standards für Verhalten, Ethik und Integrität. Ohne gemeinschaftliche Grundannahmen und Werte können die nunmehr »atomisierten« Individuen eine Jeder-für-sich-Ethik des egozentrischen, selbstbestimmten Verhaltens übernehmen.

Das hört sich womöglich nach Kapitalismus oder unserem Archetyp des »krassen Individualismus« an, ist aber in Wirklichkeit etwas ganz anderes. Per definitionem muss ein Unternehmer den Markt kennen. Der wahre Individualist wie Emersons Nonkonformist [siehe Seite 80] erhält eine empathische Bindung an die Gemeinschaft aufrecht. Wer die Konformisten nicht kennt, der kann kein Nonkonformist sein. Atomisierung und Anomie dagegen beinhalten losgelöstes Verhalten ohne Rücksicht auf Kollektivität. Das könnte Tür und Tor öffnen für eine Epidemie des soziopathischen Verhaltens. Manche Sozialanalysten, aber auch die täglichen Nachrichten weisen darauf hin, dass diese Epidemie bereits eingesetzt hat. Denken Sie nur an die zahlreichen Amokläufe an Schulen, die barbarischen Terroranschläge, die Mobbingwelle unter Teenagern, die von sozialen Medien noch verstärkt wird, den enormen Reichtum, den sich ein geringer Teil der Bevölkerung aneignet, während die Löhne der anderen stagnieren, ohne dass ausgleichend eingegriffen würde, oder an die plutokratische Dominierung von Nationalregierungen industrialisierter Demokratien.

Ironischerweise sind in einem solchen Szenario des sozialen Zusammenbruchs die Roboter womöglich die Einzigen, die sich noch anständig benehmen.

Freizeit im Zwielicht

Die schwindende Freizeit ist ein Mysterium des Lebens im 21. Jahrhundert. Es widerspricht der vernunftbegründeten Auffassung, dass Wohlstand eigentlich mehr Freizeit bedeuten müsste. In den letzten 80 Jahren hat die Weltwirtschaft ihr kollektives Bruttoinlandsprodukt etwa ums Sechsfache gesteigert. Parallel dazu ist die Weltbevölkerung seit 1930 ungefähr ums 3,5-Fache gewachsen, von zwei auf sieben Millionen Menschen. In den Industrieländern hat die Produktivität pro Kopf und pro Stunde neue Höchststände erreicht, was vor allem eine Begleiterscheinung der technischen Entwicklung war.

Zugegeben – dieser Wohlstand ist alles andere als gleich verteilt: Der Löwenanteil – und sogar etwas mehr als das – entfällt auf die oberen Kategorien. Dennoch verwundert es angesichts eines so robusten

Wirtschaftswachstums, dass die Menschen immer mehr unter Zeitdruck stehen – selbst in den reichsten Ländern. Allen historischen Präzedenzfällen zum Trotz scheint es vor allem den wohlhabendsten Bürgern an Freizeit zu mangeln.

In einer wissenschaftlichen Abhandlung untersuchten Mark Aguiar und Erik Hurst 2006 über fünf Jahrzehnte Zeitbudgeterhebungen und berichteten, dass die Amerikaner von 1965 bis 2003 eine vergleichsweise stabile Anzahl von Arbeitsstunden geleistet hätten. (Ihre Ergebnisse weichen wohlgemerkt von den Zahlen ab, die Juliet Schor vom Boston College und Stephen Greenhouse von der *New York Times* ermittelt hatten, wie an anderer Stelle schon erwähnt.) Sie gaben an, dass Männer sechs bis acht Freistunden mehr pro Woche hatten, weil die Arbeitszeit zurückging, und Frauen vier bis sechs Stunden mehr, weil sie weniger Zeit für Hausarbeit aufwenden mussten. Das übersetzten die Autoren in fünf bis zehn Wochen zusätzlichem Urlaub pro Jahr, basierend auf einer 40-Stunden-Woche. Sie stellten ferner fest, dass *schlechter* ausgebildete Erwachsene den größten Anstieg der Freizeit verzeichneten, und sprachen von einer »wachsenden ›Ungleichheit‹ der Freizeit, die ein Spiegel der Ungleichheit bei Löhnen und Ausgaben ist«.

Viele Amerikaner haben zwar mehr Geld, sehen sich aber trotzdem unter Zeitdruck. Bereits 1970 versuchte der schwedische Ökonom Staffan Burenstam Linder, dieses Paradox in *The Harried Leisure Class* zu erklären. Er behauptete, die Zeitknappheit sei ein Schlüsselfaktor für hoch entwickelte Volkswirtschaften:

> Es ist Folgendes passiert: In reichen Ländern wurden Ineffizienzen in der Nutzung von Zeit so weit eliminiert, wie es in der Macht des Menschen stand. Die Einstellung zur Zeit wird von der extremen Knappheit dieses Rohstoffs diktiert. Die Tage des Müßiggangs sind vorüber. Es ist wichtig, die eigene Zeit »richtig zu managen«. Das gelingt uns möglicherweise nicht optimal,

doch wir wissen, dass es sich um eine erstrebenswerte Kompetenz handelt. Der Taschenkalender wird zu unserem wichtigsten Buch. Wer ihn verliert, fühlt sich selbst verloren. Pünktlich-
keit wird zu einer Tugend, die wir von unseren Mitmenschen
verlangen. Warten ist eine Zeitverschwendung, die Menschen
aus reichen Ländern ärgert. Phasen ungewollter Untätigkeit
werden nur noch durch persönliches Missmanagement oder
durch das rücksichtslose Verhalten anderer ausgelöst und er-
regen Missfallen. Die Menschen lassen sich von der Uhr tyran-
nisieren. Sie werden heimgesucht von ihrem Wissen, dass die
schönen Momente vergehen, ohne dass etwas erledigt wurde.

Linder hatte den Eindruck, dass die Wirtschaftswissenschaftler einen wichtigen Punkt übersehen hatten: *Konsum braucht Zeit.* Wirt-
schaftsmodelle, so Linder, gehen davon aus, dass Konsum sofort
stattfindet. Doch dem ist nicht so. Wer ein Theaterstück, ein schö-
nes Essen in einem Lokal oder eine Europareise genießen will,
der braucht Zeit. Und wie Geld ist auch Zeit ein knappes Gut.
Mit steigendem Wohlstand, erklärte Linder, fühlten sich die Menschen gezwungen, ihr zusätzliches Einkommen für mehr Güter und
Dienstleistungen auszugeben, deren Konsum noch *mehr* Zeit erfordert. Aus diesem Grund erleben die wohlhabenden Schichten ver-
mehrten Zeitdruck – und haben weniger *Freizeit*. So viel also zur
»Leisured Class« – der Freizeitklasse.

Linders Argumentation erscheint in gewisser Hinsicht widersprüchlich: Ist es denn nicht der Konsum von Theatervorstellungen, Re-
staurantmenüs und Urlaubsreisen, für den die Freizeit eigentlich
da ist? Solche Konsumaktivitäten *sind* doch Freizeit. Tja, stimmt
schon – das können sie sein, wenn man solche Dinge aus freien Stücken unternimmt. »Freizeit« bedeutet schließlich: Stunden, die
man nach Gutdünken verbringen kann. (Das englische Wort dafür, nämlich *leisure*, stammt vom lateinischen *licere*, »erlaubt sein«.)
Und hier in Kurzfassung, was so manchen überraschen dürfte: *Man*

kann seine Freizeit auch anders verbringen als mit dem Konsum von Gütern und Dienstleistungen. Wir sind nicht (noch nicht, zumindest) gezwungen, all unsere nicht von Arbeit in Anspruch genommene Zeit der grundlegenden Wirtschaftsaktivität des Konsumierens zu opfern. Sie können in Ihrer Freizeit beispielsweise auch spazieren gehen, mit Ihrem Kind spielen, Ihren Garten genießen, sich ein erotisches Abenteuer gönnen, meditieren, ein Buch aus der Bücherei lesen, den Nachthimmel bewundern oder ein Nickerchen machen. Oder Sie tun einfach mal gar nichts.

1928 schrieb John Maynard Keynes »Wirtschaftliche Möglichkeiten für unsere Enkelkinder«. In seinem Essay prognostizierte er, dass 2028 der technische Fortschritt die wirtschaftliche Produktivität so effizient gemacht haben würde, dass die Menschen nur noch Drei-Stunden-Schichten oder eine 15-Stunden-Woche arbeiten würden und dadurch enorm viel Freizeit hätten. Ihr größtes Problem würde sein, was sie mit dieser vielen Freizeit anfangen sollten. Die Lösung dieses Dilemmas ist nicht so einfach, wie Sie glauben mögen. Bedenken Sie, wie sehr sich untätige reiche Menschen langweilen können. Nur Menschen, die »eine höhere Perfektion der Lebenskunst kultivieren«, so Keynes, würden in der Lage sein, »den Überfluss zu genießen, wenn er kommt«.[7]

Keynes sah mit bemerkenswerter Klarsicht kommen, wie sich das globale Wirtschaftswachstum über das folgende Jahrhundert versiebenfachen würde, doch die von ihm prognostizierte Freizeit im Überfluss bleibt aus. 2014 veröffentlichte Elizabeth Kolbert einen nachdenklichen Aufsatz in *The New Yorker*, der in einer Rezension

---

7 Zitate entnommen aus Norbert Reuter: *Wachstumseuphorie und Verteilungsrealität. Wirtschaftspolitische Leitbilder zwischen Gestern und Morgen*. Mit Texten zum Thema von John Maynard Keynes und Wassily W. Leontief, 2. vollständig überarbeitete und aktualisierte Auflage, Marburg 2007. www.sokratischer-marktplatz.de/pdf/ Text_Keynes_Enkelkinder.pdf,

von *Overwhelmed: Work, Love, and Play When No One Has the Time* von Brigid Schulte Keynes Prophezeiungen aufgriff. Das Buch, so Kolbert, »ergründet, warum sich die Amerikaner im 21. Jahrhundert ständig überfordert fühlen«.

Schulte stellt gleich mehrere Theorien auf, um das Verschwinden der Freizeit zu erklären. Eine ist, dass sie ihr Prestige verloren hat. In seiner *Theorie der feinen Leute* (1899) führte der Soziologe Thorstein Veblen an, dass demonstrativer Müßiggang ebenso wie demonstrativer Konsum den Privilegierten ermögliche, ihren elitären Status zu etablieren, zu bestätigen und zu manifestieren. Wie Rasen ursprünglich ein Statussymbol war, das zeigte, dass es sich der Besitzer des Grundstücks leisten konnte, Flächen aus rein optischen Gründen zu gestalten, machte demonstrativer Müßiggang deutlich, dass sich Aristokraten stunden-, ja tage- und wochenlang unproduktiven Tätigkeiten wie der Fuchsjagd widmen konnten.

Dieses Statussymbol scheint sich inzwischen umzukehren. Angehörige der Elite wetteifern darum, möglichst mehr zu tun zu haben als alle anderen. »Ich fragte Samantha, ob sie nächste Woche ein Mittagessen mit mir einplanen könne«, erzählt Leah, Eigentümerin einer kleinen Galerie in Brooklyn, die in der Upper East Side von Manhattan lebt. »Da sagte sie mir, sie hätte erst wieder in dreieinhalb Wochen einen Mittagessenstermin frei. Das sollte wohl heißen, dass sie beschäftigter und gefragter war als ich. *Also wirklich.*«

Selbst Wohlhabende, die nicht auf ein Einkommen angewiesen sind, arbeiten und stressen sich dennoch schonungslos. Vielleicht spüren sie den psychischen Drang, ihren privilegierten Status zu rechtfertigen, und erreichen das durch unermüdliche Aktivität. Unter dem Aspekt des persönlichen Vergnügens erscheint es lohnenswerter, die Freizeitmöglichkeiten zu nutzen, die sich Reiche leisten können, als sich den Tag mit Terminen randvoll zu packen. Doch das öffentliche Image ist der hektischen Aristokratie wichtiger als das Vergnügen.

Damit bestätigen sie eines der Postulate Veblens: Das Motiv des gesellschaftlichen Status wiegt gewöhnlich schwerer als rationales Eigeninteresse.

Veblen nahm auch Linders Auslassungen dazu vorweg, wie der Konsum mit steigendem Einkommen unweigerlich zunimmt. »Wenn jemand, was selten geschieht, seinen sichtbaren Konsum nicht erhöht, obwohl ihm die nötigen Mittel zur Verfügung stehen«, schrieb er in *Theorie der feinen Leute*, »so bedarf dies nach allgemeiner Ansicht einer besonderen Erklärung, und man ist sogleich bereit, hinter einem solchen Verhalten unwürdige Motive, wie etwa Geiz und Knauserigkeit, zu vermuten. Dagegen gilt es als normal, wenn auf den Reiz auch sofort die entsprechende Reaktion erfolgt. [...] das Ausgabenniveau, von dem wir uns im Allgemeinen leiten lassen, [...] entspricht [...] einem Konsumideal, das gerade außerhalb unserer Reichweite liegt [...]«[8]

Das zeigt, wo Keynes fehlging. Kolbert zitiert Beiträge zu *Overwhelmed*, die »Keynes Irrtum einer Fehlinterpretation der menschlichen Natur zuschreiben. Keynes geht davon aus, dass Menschen arbeiten, um genug Geld zu verdienen, um sich zu kaufen, was sie brauchen. Folglich, so seine Logik, könnten solche Bedürfnisse bei steigendem Einkommen in weniger Stunden befriedigt werden. Arbeiter könnten immer früher Feierabend machen und am Ende schon mittags nach Hause gehen.« Stattdessen, so argumentieren Veblen und Linder, finden die Menschen mit mehr Geld immer mehr Dinge, die sie kaufen können, wodurch sie mehr zu tun haben. Statt sich ihre Freizeitdividende ausschütten zu lassen, stellen sie fest, dass ihre Zeit immer knapper wird.

---

8 Thorstein Veblen, *Theorie der feinen Leute: Eine ökonomische Untersuchung der Institutionen*, Fischer, 2011, aus dem Amerikanischen von Suzanne Heintz und Peter von Haselberg, S. 109.

In dem sich abzeichnenden Bild von der Zukunft übernehmen große Institutionen die Kontrolle über mehr und mehr menschliche Vorhaben und kanalisieren die Zeit des Einzelnen in die grundlegenden wirtschaftlichen Aktivitäten der Produktion und des Konsums. Unternehmen, Staaten, Gewerkschaften, gemeinnützige Organisationen und die akademische Welt verfolgen gemeinsam das Programm, die Menschen verstärkt in *wirtschaftliche* Aktivität einzubinden – sprich in Tätigkeiten, die Geld bringen. Sie sollen arbeiten, Geld verdienen, einkaufen und für grenzenloses Wirtschaftswachstum sorgen. Eine wachsende Wirtschaft und mehr Geld können schließlich nur Gutes bewirken.

Für Freizeit, zumindest in der Form, die keine Kosten verursacht, gibt es keine institutionelle Lobby. Zeitvertreibe sind per definitionem unorganisiert. (Genau deshalb dienen sie ja dem Müßiggang.) Es gibt keine Interessenvertreter in Washington, die sich für Menschen einsetzen, die gerne Mittagsschlaf halten, lesen oder im Park spazieren gehen. Die Unschuld solcher Zerstreuungen macht sie anfällig für die Übergriffe organisierter Körperschaften – und davon gibt es viele –, die unsere Freizeit gern verplanen möchten. Sie betrachten sie als natürliche Ressource, die nur auf ihre ausgeklügelten Einsatzmöglichkeiten wartet.

1961 veröffentlichte Erving Goffman den Soziologie-Klassiker *Asyle: Über die soziale Situation psychiatrischer Patienten und anderer Insassen (Suhrkamp 1973, S. 11)*. Von 1955 bis 1956 arbeitete er im St. Elizabeths Hospital in Washington, dem ersten staatlich geführten psychiatrischen Krankenhaus in den USA, das damals 100 Jahre alt war. Es beherbergte über 7000 Patienten, als Goffman dort forschte.

Asyle beginnt mit dem langen Aufsatz »Über die Merkmale totaler Institutionen«, in dem der Autor bestimmte Merkmale von Einrichtungen herausgreift, die die vollständige Kontrolle über ihre Insassen übernehmen. In der Einleitung definiert er eine *totale Institution* als »Wohn- und Arbeitsstätte einer Vielzahl ähnlich gestellter Individuen [...], die für längere Zeit von der übrigen Gesellschaft abgeschnitten sind und miteinander ein abgeschlossenes, formal reglementiertes Leben führen«. Goffman schreibt: »Ein anschauliches Beispiel dafür sind Gefängnisse, vorausgesetzt, daß wir zugeben, daß das, was an Gefängnissen gefängnisartig ist, sich auch in anderen Institutionen findet, deren Mitglieder keine Gesetze übertreten haben.« Zu den totalen Institutionen gehören Militär, Klöster, psychiatrische Kliniken, Institutionen für geistig Behinderte und auch bestimmte Internate, insbesondere in ihrer früheren geschlechtsspezifischen Ausprägung.

Wer in einer solchen totalen Einrichtung sitzt, führt ein Leben, das wir als »vollständig institutionalisiert« beschreiben könnten. Die Kontrollorganisation schreibt den Insassen meist vor, wann sie zu schlafen und wach zu sein haben, wann und was sie essen, was sie arbeiten, welche körperliche Betätigung sie ausüben können, welche medizinische Versorgung sie erhalten und was sie anziehen. Die Insassen haben wenig bis keine Freizeit (oder zu viel), und die ihnen zur Verfügung stehende Zeit verbringen sie innerhalb ihres Komplexes, eingeschränkt durch dessen Regeln.

Im 21. Jahrhundert könnten wir fragen, ob andere Organisationen als das Militär, die Klöster, die psychiatrischen Kliniken etc. die Gesellschaft womöglich in eine solche totale Einrichtung ohne Mauern verwandelt haben. Globale Konzerne, mächtige Regierungen, das Bildungssystem, organisierte Arbeit, der Mega-Gesundheitsapparat, gemeinnützige Organisationen, Big Pharma, Big Data und ihre Handlanger, die allgegenwärtigen Nachrichten- und Unterhaltungsmedien – sie alle greifen immer mehr unstrukturierte Zeit ab. Ihr Ziel ist es, diese Zeit zu kontrollieren, in aller Regel zum Zweck der Gewinnerzielung. Es können allerdings auch politische oder soziale Absichten dahinterstecken wie Recycling.

Neben Arbeit und Konsum ist inzwischen die Schattenarbeit als dritte Kraft auf den Plan getreten, um den Institutionen Eigentumsrechte an unserer Zeit einzuräumen und diese zu zementieren. Schattenarbeit beansprucht einen weiteren Anteil unserer Freizeit und gestaltet diese nach institutionellen Vorstellungen. Im hektischen, getriebenen, aufgeladenen Theater des modernen Lebens betritt die Schattenarbeit die Bühne und bürdet uns noch mehr Aufgaben auf. Sie ist das neue Raubtier, das den Menschen große Brocken ihrer ohnehin knapp bemessenen Zeit herausreißt.

In diesem Kapitel entwerfe ich zwei kontrastierende Gegenbilder. Eines stellt die Gesellschaft fragmentiert dar, als Millionen atomisierter, silogebundener Individuen, die jeweils der eigenen Arbeit und der eigenen Schattenarbeit nachgehen, ihre Bedürfnisse online befriedigen und ihre Zufuhr an digitaler Unterhaltung ohne Anbindung an die Gemeinschaft aufnehmen, was den Boden für Anomie und den Zusammenbruch der Gesellschaft bereitet. Das zweite Szenario beschreibt Bürger, die eher *zu stark* in die Gemeinschaft integriert sind, insbesondere in soziale Einrichtungen, die individuelle Präferenzen hintanstellen hinter denen größerer Institutionen, wenn Unternehmen und andere große Organisationen unsere Alltag bestimmen, nahezu alle menschliche Energie in wirtschaftliche Kanäle leiten und institutionell bestimmten Zielen widmen.

Mit diesen beiden dunklen Visionen beschwöre ich womöglich Woody Allens Ausspruch herauf: »Die Menschheit steht wie nie zuvor in ihrer Geschichte am Scheideweg. In die eine Richtung führt er in die Verzweiflung und zu absoluter Hoffnungslosigkeit, in die andere zur Ausrottung. Beten wir, dass wir die Weisheit besitzen, uns richtig zu entscheiden.« Und es kommt noch schlimmer: Die beiden Visionen sind nicht unvereinbar: Es könnten *beide* zeitgleich eintreten.

Ich glaube nicht an eine vorgezeichnete, unvermeidliche Zukunft. Ich habe auch kein Patentrezept, wie wir diese beunruhigenden Aussichten abwenden können. Ich geben Ihnen jedoch gern einen Anhaltspunkt, was jetzt und in Zukunft wirklich wichtig ist. Ich gehe dabei von der Annahme aus, dass unser Umgang mit unserer Zeit verrät – und bestimmt –, wer wir sind.

Letztlich stellt die Studie zur Schattenarbeit eine Studie darüber dar, wie wir unsere Zeit verbringen. Diese Entscheidung ist die bedeutsamste für jeden Menschen. »Liebst du das Leben?«, fragte der 40-jährige Benjamin Franklin 1746 in *Poor Richard's Almanack*. »Dann verschwende keine Zeit, denn daraus besteht es.« Was Zeitverschwendung bedeutet – oder Geldverschwendung –, ist natürlich eine subjektive Sicht. Was für den einen »verschwendete« Zeit ist, ist für den anderen »gut investierte« Zeit. 1974 unterschrieb der Major-League-Baseball-Pitcher Tug McGraw einen hoch dotierten Vertrag mit den Philadelphia Phillies. Kurz darauf fragte ihn ein Sportjournalist, was er mit all dem Geld anfangen werde. »90 Prozent davon gebe ich für Spaß, Frauen und irischen Whiskey aus«, sagte er. »Die übrigen 10 Prozent ... werde ich vermutlich verschwenden.«

Ben Franklins anderer berühmter Ausspruch, »Zeit ist Geld«, ist eine Philosophie, die besser zum amerikanischen Wertekanon passt als die Tug McGraws. 250 Jahre später ist Geld in Amerika immer noch das höchste Ziel aller Wünsche. Leider ist unsere Obsession mit dem schnöden Mammon etwas aus dem Ruder gelaufen. Wir wissen nicht mehr, wozu wir ihn überhaupt brauchen: nämlich um Dinge zu kaufen, die wir benötigen oder haben möchten. Geld ist ein Tauschmittel. Es ist insofern nützlich, als man damit Waren und Dienstleistungen erstehen kann, die das eigene Leben und das Leben lieber Menschen bereichern. Doch per se ist Geld nur ein Symbol. Sein Wert liegt darin, was man dafür kaufen kann.

Das haben wir aus den Augen verloren. Erinnern Sie sich an das psychologische Experiment, dessen Teilnehmer Lärm aus dem Kopfhörer ertrugen, um sich Pralinen zu verdienen, die sie nicht essen durften – weder jetzt noch später? Die Probanden konnten besser produzieren als konsumieren. Sie praktizierten ein »sinnloses Anhäufen« durch »Bevorratung nutzloser Schätze«. Ganz ähnlich verhält es sich, wenn Sie gedankenlos Geld anhäufen, das sie nie ausgeben werden. Junge Investmentbanker an der Wall Street arbeiten 100 Stunden die Woche und verdienen enorme Summen, doch sie haben weder die Zeit noch die Energie, etwas damit anzufangen. Der übliche Plan ist, »jetzt einzuzahlen« und, wenn sie es dann »geschafft haben«, weniger zu arbeiten und ihren Reichtum und ihre Freizeit zu genießen.

Doch leider funktioniert das nur selten. Die jungen Tycoons haben eine abgenudelte amerikanische Strategie übernommen: *Reich werden, damit ich aufhören kann zu arbeiten und die »Freiheit« habe, das zu tun, was ich wirklich tun möchte.* Ein paar wenigen mag das sogar gelingen, und Ruheständler, die vernünftig geplant haben, können vielleicht noch ein paar unbeschwerte Jahre ohne Finanzsorgen genießen, selbst wenn sie nicht im Geld schwimmen. Aber denken Sie an den 68-jährigen William Gross, der 200 Millionen Dollar im Jahr verdiente und es nicht fertigbrachte, eine Stunde dem Büro fernzubleiben, um Golf zu spielen. Treuhänderische und berufliche Verpflichtungen, aber auch psychologische Konditionierung halten uns oft davon ab, »Geld auf dem Tisch« zu lassen, um freie Zeit zu genießen, selbst wenn es theoretisch möglich wäre. Wenn Zeit wirklich Geld ist, dann funktioniert diese Gleichung aber nur in eine Richtung, denn irgendwie gelingt es uns nie, Geld gegen Zeit einzutauschen.

Wir betrachten Zeit inzwischen als Rohstoff wie Weizen oder Erdöl. Doch das ist sie nicht. Rohstoffe sind austauschbar. Händler können sie weltweit kaufen und verkaufen, weil Hartweizen eben Hartweizen ist: Man weiß immer, was man bekommt. Zeit ist aber untrennbar mit Erfahrungen verbunden. Deshalb ist Zeit so einzigartig und persönlich. Wir können unsere Zeit zwar für einen Stundensatz verkaufen, doch wie der Prostituiertenverband Coyote aus San Francisco feststellte, *verkaufen* Callgirls ihren Körper nicht, sondern sie *vermieten* ihn nur. So vermieten wir auch unsere Zeit gegen ein Salär.

Zeit ist offenbar ein Kontinuum aus Vergangenheit, Gegenwart und Zukunft, das wir in Segmente wie Stunden oder Tage unterteilen können. Schattenarbeit beansprucht immer mehr dieser Segmente. Sie kann zwar Zeit »sparen«, indem sie bestimmte Transaktionen beschleunigt, sie kann uns aber auch Zeit stehlen – Minuten oder Stunden, die wir verlieren ohne Gegenleistung. Das ist die Uhrzeit: messbare Einheiten, die auf dem Markt austauschbar sind.

Erfahrungszeit dagegen lässt sich nicht aufteilen und kennt weder Vergangenheit noch Zukunft. Das Leben findet ausschließlich jetzt statt. *Echtzeit*, ob wir sie mit Arbeit, Schattenarbeit oder schlafend zubringen, ist nicht übertragbar. Ist Zeit wirklich Geld? Geld besitzt zwar einen realen Wert, doch dieser ist unbestreitbar begrenzt. Arbeit lohnt sich in mehrfacher Hinsicht, spirituell und materiell. Zeit dagegen ist unbeschreiblich, und ihr Wert ist unbegrenzt. Zeit ist Leben. Nun aber bleiben Arbeit, Geld, Zeit, diese drei; aber die Zeit ist die größte unter ihnen.

Dank

Meine Eltern, denen dieses Buch gewidmet ist, schenkten mir die Art von Liebe, die sich wohl jedes Kind wünscht. Sie verschafften mir jeden Vorteil, den sie nur konnten, um mir meinen Start ins Leben zu erleichtern, ohne mir über ihr eigenes großartiges Vorbild hinaus jemals nahezulegen, wie dieses Leben auszusehen hatte. Mama und Papa machten mir ein großzügiges Geschenk, ohne Bedingungen daran zu knüpfen.

Es heißt, seine Freunde kann man sich aussuchen, seine Verwandten nicht. Hätte ich mir Geschwister aussuchen können, hätte ich sicher die genommen, die die Natur für mich vorgesehen hatte. Meine Schwester Nanette Zucker bewährt sich als lebenslange Kameradin, deren Gesellschaft ich sehr genieße. Ihr Humor, ihre Haltung, ihre Ausgeglichenheit und ihre stets positive Einstellung haben mir in all den gemeinsam verbrachten Jahrzehnten Rückhalt gegeben. Außerdem spielt sie noch gut Tennis. Inzwischen ist mir auch mein Schwager Daniel Zucker ans Herz gewachsen wie ein weiterer Bruder. Es ist stets anregend, sich mit dieser brüderlichen Seele wahlweise im Schlagabtausch von Ideen oder Tennisbällen zu messen.

Jeffrey Lambert hat seinen älteren Bruder viele Dinge gelehrt, größtenteils durch Vorbild – nicht zuletzt in der praktischen Kunst der Elternschaft, die er so meisterlich beherrscht. Als eingefleischte Red-Sox-Fans haben Jeff und ich Momente des Hochgefühls und des Schmerzes geteilt, die nur echte Gleichgesinnte nachvollziehen können.

Tom Tiffany, ein enger Freund seit Collegezeiten, brachte mir mindestens die Hälfte dessen bei, was ich über das Rudern weiß – das Thema meines ersten Buches. Wir haben unzählige Male herzlich miteinander gelacht und erbauliche Erfahrungen geteilt als die einzigen Mitglieder des internationalen Verbands der Bootsführer im Sternzeichen des Schützen und als Mitbegründer des Sesamnudel-Ruderklubs, zwei der exklusivsten und unbekanntesten Organisationen im Ruderuniversum.

Peter Desmond war schon mein Freund, als wir am College anfingen. Als Schriftstellerkollege hat Des mir mit seiner schwarzhumorigen Begabung für obskure Philologie seit jeher das Leben versüßt. Und weiß Gott, wo ich heute wäre, hätte er mich nicht in Steuerangelegenheiten all die Jahre so gut beraten.

Ein weiterer Autorenkollege, Charles Coe, ist mir zuverlässiger Resonanzboden für Ideen zu Literatur und Sport, was seine Bandbreite deutlich macht. Auf die Frage, was er denn als Afroamerikaner in den 1980er-Jahren in der Sowjetunion zu suchen hatte, antwortete Charles, er sei als Leadsänger einer Jazzgruppe auf Tournee gewesen. Und genau so war es. Was gibt es da hinzufügen?

Mit Phyllis Barajas verbringe ich nicht nur gern meine Zeit, sondern wir kochen auch zusammen. Vor Jahren hat sie sich selber zur Präsidentin des Craig-Lambert-Fanklubs ernannt, und seither füllt sie diesen Posten mustergültig aus, dessen Verpflichtungen sich durch den Umstand verringern, dass sie das einzige offizielle Klubmitglied ist.

Nell Porter Brown, Redakteurskollegin beim *Harvard Magazine*, unterstützt mich seit Jahren durch ihr Verständnis und ihre Fähigkeit zuzuhören. Ich bin ihr sehr dankbar dafür, wie sie mir in vielfacher Weise dabei half, mein Potenzial voll auszuschöpfen.

Steve Potter, noch ein Freund aus Collegezeiten, glaubte schon an dieses Buch, als es noch kaum mehr war als eine Idee. Während seiner Entstehungszeit ist mir Steve mit seiner Frau Kathy Drake eine Quelle anhaltender Ermutigung und Unterstützung gewesen.

Brad Adison schätze ich als Freund, seit wir in der Leverett House Dining Hall, der Mensa der Harvard-Universität, Eingeweihten auch als »Lev Dine« bekannt, eine enge Verbindung zueinander aufgebaut haben. Während der jahrelangen Arbeit an der Entwicklung, der Vermarktung und am Schreiben von *Zeitfresser* wie auch bei vielen früheren Projekten hat mich Brad großzügig unterstützt – mit zuverlässiger Resonanz, aber auch mit aufmunternden Worten, Ideen, Kritik und klugem Rat. Unsere Gespräche von Küste zu Küste sind angefüllt mit Lachen, Anregungen und Erkenntnissen: für mich ein Beispiel für Freundschaft in ihrer besten Form.

Lenny Singer ist der ältere Bruder, den ich nie hatte. Als echter Seelenverwandter hat auch Lenny eine Leidenschaft für Sport, besonders für die Bostoner und die Harvard-Variante, die, soweit ich weiß, keine zeitlichen oder räumlichen Grenzen kennt. Meines Wissens ist er auch der einzige jüdische Berufspilot mit Harvard-Abschluss, den es je gegeben hat.

Ohne meinen langjährigen Freund Tom Vinciguerra wäre *Zeitfresser* vielleicht nie entstanden. Tom, kompetenter Autor und erfahrener Mitarbeiter der *New York Times*, stellte mich einem *Times*-Kolumnisten vor, was wiederum zur Veröffentlichung meines Essays über Schattenarbeit führte – dem Samenkorn, dem dieses Buch entspross.

Obwohl mir Jesse Kornbluth im College nur ein Jahr voraus war, haben wir uns erst kennengelernt, als wir beide beruflich schon erste Erfolge verbucht hatten und er für seine Website eine fantastische Rezension meines ersten Buches *Über den Wassern* verfasste. Wir wurden schnell Freunde und vor Jahren bezeichnete ich Jesse als meinen »Rabbi« in der Welt der Literatur. Er ist mein stets zuverlässiger Ratgeber in beruflichen Fragen und er hat sich als klug, kenntnisreich und humorvoll bewährt. Und jawohl, es kommt noch besser: »Jesse the K« rangiert ganz oben in Sachen Großzügigkeit – ob mit Ideen, Rat, Warnungen oder der Vermittlung von Kontakten. Seine unvergleichlichen E-Mails sind außerdem eine Kunstform, die es mit Haiku darin aufnehmen kann, mit möglichst wenig Worten die größte Wirkung zu erzeugen.

Meine Literaturagentin Julia Lord zeigte Beharrlichkeit bei der Vermarktung von *Zeitfresser* und platzierte das Buch schließlich bei dem angesehenen Verlag Counterpoint Press. Sie ist Teamkollegin, Resonanzboden und Ressource für das gesamte Projekt gewesen. Julia widerlegt alle Klischees über unnahbare, unkommunikative Agenten. Und das Beste: Sie ist das menschliche Gegenstück zum Geländefahrzeug. Sie erreicht ihr Ziel, auch in unwegsamstem Terrain.

Mein Redakteur Dan Smetanka begriff sofort, dass *Zeitfresser* eine große Idee war. Dan hat sich wirklich für dieses Buch engagiert. Dabei bewies er die Klugheit eines erfahrenen Redakteurs, sowohl in dem, was er tat, als auch in dem, was er nicht tat – beides gleichermaßen wichtig.

Jim Harrison, der geniale Fotograf des *Harvard Magazine,* leistete meisterliche Arbeit mit dem Startbild für meine Website. Zu dem Foto wäre es ohne meine Freundin Beth Whittaker nicht gekommen, die zu den Toparchitekten von Boston gehört und als Model fungierte. Wer so schön ist wie Beth, wird sicher sein ganzes Leben lang gefragt, ob er nicht als Model arbeiten möchte. Ich fühle mich sehr geschmeichelt, dass sie für mein Foto zum ersten Mal zusagte – und ihre Aufgabe erwartungsgemäß mit professioneller Souveränität erfüllte.

Jean McGarry, eine alte Freundin und hoch qualifizierte Roman- und Kurzgeschichtenautorin, las mein Manuskript, Kapitel für Kapitel.

Sie lieferte mir reichlich Unterstützung und Vorschläge – die noch überzeugender wurden durch den Umstand, dass Jean den Studiengang kreatives Schreiben an der Johns-Hopkins-Universität leitet.

Mein guter Freund Danny Klein, der zufällig auch ein herausragender Schriftsteller und Bestsellerautor ist, stand mir großzügig in jedem Stadium des Arbeitsfortschritts zur Seite. Er las das Manuskript und stellte mit seinen »Mazel tov!«-Ausrufen[9] einen Guinness-Rekord auf. Danny hatte viel Positives zu den Entwürfen zu sagen, und angesichts seiner literarischen Referenzen war ich sogar geneigt, ihm zu glauben. Dannys Frau Freke Vuijst schien manchmal mehr für das *Zeitfresser*-Konzept zu brennen als ich selber. Sie ist eine kluge, erfahrene amerikanische Journalistin mit niederländischen Wurzeln, die mir einige Beispiele für Schattenarbeit in Europa lieferte. Sie trugen dazu bei, mich von der Globalität dieses Phänomens zu überzeugen.

Robert und Ilona Bell, die beide am Williams College Englisch unterrichten, investierten freigiebig ihre Zeit in die Lektüre meiner Kapitel. Beide halfen, das Buch zu verbessern. Zunächst einmal war es einfach eine Erfahrung der Bestätigung, die Musterung durch literarische Köpfe ihres Kalibers zu bestehen. (Auf Bobs Kommentar zu *Über den Wassern* sagte ich ihm, erst durch seine Erklärung hätte ich begriffen, was für ein gutes Buch ich geschrieben hatte.) Ilona ist eine detailversessene Leserin und brillante Lektorin. Ich übernahm nahezu alle ihre Anregungen, einschließlich eines Vorschlags, mit dem sie mich in einem späten Stadium dazu brachte, das ganze Manuskript umzustrukturieren. Besonders schön ist aber, dass beide Bells so angenehme Gesellschafter sind.

Abschließend hat mich meine Angebetete Anne Undeland die ganze Zeit über inspiriert. Ihre Liebe, ihr Verständnis, ihr geerdeter gesun-

---

9 Jüdisch: Glückwunsch!

der Menschenverstand und ihre großmütige Seele sind durch alle Phasen der Arbeit hindurch ein Talisman gewesen, und ihre Präsenz und ihr Sinn für Humor sind schlicht unverzichtbar.

Stichwortverzeichnis